盧建榮主編
歷史與文化叢書 16

# 台灣史學的中國纏結

彭明輝／著

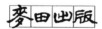

歷史與文化叢書 16

# 台灣史學的中國纏結

作　　　者：彭明輝
主　　　編：盧建榮
責 任 編 輯：鄧立言
發 行 　人：涂玉雲

出　　　版：麥田出版
　　　　　　台北市信義路二段 213 號 11 樓
　　　　　　電話：(02)2351-7776　傳真：(02)2351-9179
發　　　行：城邦文化事業股份有限公司
　　　　　　台北市愛國東路 100 號 1 樓
　　　　　　電話：(02)2396-5698　傳真：(02)2357-0954
　　　　　　郵撥帳號：18966004　　城邦文化事業股份有限公司
　　　　　　網址：www.cite.com.tw　E-Mail: service@cite.com.tw
香 港 發 行 所：城邦（香港）出版集團
　　　　　　香港北角英皇道 310 號雲華大廈 4 字樓 504 室
　　　　　　電話：25086231　傳真：25789337
馬 新 發 行 所　城邦(馬、新)出版集團
　　　　　　Cite(M)Sdn.Bhd.(458372 U)
　　　　　　11, Jalan 30D/146,
　　　　　　Desa Tasik Sungai Besi,
　　　　　　57000 Kuala Lumpur, Malaysia
　　　　　　電話：603-9056 3833　傳真：603-9056 2833
印　　　刷：凌晨企業有限公司
登 記 　證：行政院新聞局局版北市業字第 405 號
初 版 一 刷：2002 年 1 月

ISBN：957-469-914-5　　　　　　　　　　售價：　320 元

# ▌ 作者簡介 ▐

## 彭明輝

　　筆名吳鳴，台灣花蓮人，原籍客家，1959 年生，東海大學歷史系畢業(1981)，政治大學歷史學博士(1993)，現任政治大學歷史系專任副教授；研究範圍主要為近、現代中國史學史，近年亦投注心力於當代臺灣史學研究與臺灣歷史教育；著有《疑古思想與現代中國史學的發展》、《歷史地理學與現代中國史學》、《舉頭三尺有神明：中和地區的寺廟與聚落發展》、《中文報業王國的興起：王惕吾與聯合報系》、《歷史花蓮》等；並撰寫國中教科書《認識台灣‧社會篇》(台北：國立編譯館，1997；與林富士合寫)。

　　文學創作以散文為主，內容主要以成長歷程的農村經驗，及歷史情境的思維為主題，1990 年代以後漸轉向學院式思考；結集作品有《湖邊的沈思》、《長堤向晚》、《結愛》、《晚香玉的淨土》、《素描的留白》、《我們在這裡分手》、《浮生逆旅》等。

# 自序

這本小書是在偶然機緣下決定出版的。

2001 年一個初秋的向晚,任教於政治大學法律系的摯友吳秀明兄與我在學校山上網球場打完球,坐在簡易水泥座休息椅上閒聊,談到這些年來的教學與研究,不免有許多感慨。秀明是我花蓮中學低一班的學弟,我服完預官役到政治大學讀碩士班時兩人同屆,我在歷史研究所,秀明讀法律研究所;我取得博士學位返回母校任教的第三年,秀明獲慕尼黑大學法學博士,自德國返回政治大學任教;由於同來自花蓮和前後同學的機緣,兩人常相約到山上網球場打球,既是總角至交,亦是生活上相扶持的好友。我提到這些年寫的幾篇論文,以及因意外機緣而撰寫的中學教科書,秀明對我的一些論文興味盎然,建議我或許可以出一本論文集。我對自己的學術論文和文學創作向不經心,有些文章發表後就不再理會,抽印本和剪報散亂放置,加上搬了一次家,換了三間研究室,直到 2001 年 9 月搬到學校山上的研究室才稍較安定。俗話說"三搬當一燒",何況搬了四次;搬到新研究室後,一些文稿雖已上架,仍不免零亂雜沓。

　　從網球場下山，繞過校園回到位於網球場另端的山上研究室，在大樓附設的盥洗室洗過澡後，我把海布勒(Ingrid Haebler)演奏的莫差爾特(Wolfgang Amadeus Mozart)《第 10 號鋼琴奏鳴曲》(*Piano sonata 10 in C. K. 330*)放在唱盤上，當唱針輕輕滑過唱片溝紋時，莫差爾特永遠快樂的音符就瀰漫了整個研究室；這是一首輕快的曲子，嚴格地說並不適合用來思考，不過我發現自己最近常聽這類令人愉悅而毋須費心思索的音樂，聽莫差爾特的時間顯然比貝多芬(Ludwig van Beethoven)多很多。也許研究和教學工作太過枯索，我常常讓輕快愉悅的旋律，伴我度過研究室的枯索和寂寥。海布勒在二十世紀鋼琴演奏家中並非耀眼巨星，就像一個鄰家女孩，粗壯的身裁，村姑般的外形，殊不引人矚目，但我卻喜愛她演奏的莫差爾特鋼琴奏鳴曲全集，以及她和小提家謝霖(Henryk Szeryng)合作的莫差爾特小提琴奏鳴曲全集；或許正因爲她的平凡，她是少數平穩安適度過一生的音樂家，而在她平凡的琴音中，我聽到了莫差爾特的古典樣式，一種更貼近我內心深處的聲音。

　　或許平凡正是我生活的寫照，每天讀書五小時，聽音樂三小時，每個禮拜上十二堂課，在研究室待六十小時，上山打三次網球，這就是我生活的節奏，有如四四拍子的慢板。音樂、運動和閱讀是我生活的基調，研究工作亦是尋常學術工作者的一般樣式，我喜愛這樣平淡的生活調子。在莫差爾特鋼琴奏鳴曲的陪伴下，我開始認真思考出一本論文集的可能性。於是在電腦目錄區找尋過去幾年所寫的研究論文，挑出性質相近的篇章略事整理，本書的雛形於焉初具。

　　蒐錄在本書中的論文，主題大抵環繞現代中國史學和當代臺灣史學的範疇，而臺灣史學發展又與現代中國史學有著千絲萬縷的關係。在整理、修訂及改寫書中論文的過程中，思索再三，決定以《臺灣史學的中國纏結》為書名。書名的決定，主要依據書中各篇所論，均同時觀照海峽兩岸的史學發展，而使用"纏結"並沒有傾向或疏離的意味，而僅僅是一個中性的名詞，對政治敏感的朋友們，毋須費心猜測本書究竟傾向臺灣心或中國情之類的論題。一九八○年代中期以後，臺灣結／中國結成為政治上的敏感話題，本書不以"中國結"為名，用意即在避開學術之外的不必要聯想。在決定書名的過程中，亦曾考慮諸如"情結"或"情懷"之類的字眼，均因語意容易引發誤解或聯想而放棄，最後覺得"纏結"應是比較中性的字眼，或許可以避免一些非學術的聯想。

〈五四史學的方法與方法論意識〉是一個新的嘗試，由於個人在史學研究之外，自少年時代起長期從事散文創作，並且也是古典音樂愛好者，這篇論文同時運用了文學的"眾聲喧嘩"(raznorechie)，和音樂的"複音音樂"(polyphony)概念，試圖為五四史學找出一個可能的解釋。當時在中央研究院近代史研究所會議室宣讀這篇論文時，我播放了顧爾德(Glenn Gould)彈奏的巴赫(Johann Sebastian Bach)《二聲部創意曲》(15 *2part Inventions BWV 772/786*)，並用投影片打出曲譜，與會學者甚覺新鮮有趣，或許也為向來較為嚴肅的歷史學術會議添增一點好玩的氣氛。

〈民族主義史學的興起：以考據與經世為主軸的討論(1919-1945)〉，論析五四到抗戰勝利期間史學工作者的研究論著，借用古典音樂的"主題與變奏"(Theme and Variations)，提出考據與經世的雙主題變奏和民族主義史學概念，上海復旦大學朱維錚教授在評論時認為將當時歷史學者的論著用民族主義史學加以貫穿，是一個饒富新意的見解。

　　〈臺灣地區的歷史研究機構與歷史系課程(1945-2000)〉和〈臺灣地區歷史研究所博、碩士論文取向：一個計量史學的分析(1945-2000)〉是姊妹作，最初發表時以〈臺灣地區的歷史教學與研究(1945-1995)〉爲題，其後將資料增補至 2000 年，並分開發表。撰寫這兩篇論文的最初動機，起於中國大陸與海外學者常詢及臺灣史學的研究概況，苦無可資說明的相關論著，於是將臺灣地區的歷史研究機構與歷史系課程做一簡介，方便國外學者對臺灣歷史研究與教學機構有一個鳥瞰式的認識。將歷史研究所博、碩士論文取向用量化的方式進行分析，亦出於同一想法。這篇論文沒有採用敘述的方式處理，主要是不想對各領域的研究成果做過多評騭，一方面耽心可能會有我個人的偏見，另一方面也可能引發不必要的誤解，讓數字說話或許是一個比較好的方式。而論文嘗試採取文隨圖走的呈現方式，避免過去部分歷史論著圖文分離所造成的閱讀障礙。

　　〈臺灣的歷史教育與歷史教科書(1945-2000)〉乃膺海德堡大學漢學系(Institute for Chinese Studies, University of Heidelberg, Germany)所主辦"現代中國史學與歷史思想研討會"(Workshop on Modern Chinese Historiography and Historical Thinking; 2001. 5.23-27)所寫；緣於一九九〇年代臺灣地區的歷史課程改革引發主辦單位的興趣，希望我能向大會做一些報告。臺灣地區分別在 1993、1994、1995 年修訂的國民小學、國民中學、高級中學課程標準，和過去幾次修訂的課程標準有明顯差異，1993-1995 年所修訂的課程標準，歷史課程較此前各版課程標準更強調歷史學本身的意涵，且較具世界觀，不再以狹隘的民族主義史觀爲中心，雖然國家立場的主體性和民族精神教育的內涵繼續存在(而且也必須存在)。1990 年代新修訂的課程標準，對中、小學的歷史教學產生極大衝激，其中國民中學"認識臺灣"教科書甚至引發學者在媒體上的激烈論戰。這篇論文對 1945 年以後臺灣地區中、小學歷史教育大體做了一個鳥瞰式的論析,也略微討論了 2001 年開始實施的國民中、小學"九年一貫課程"能力指標中有關歷史教育部分。由於我個人曾參與部分教科書的撰寫和課程規劃,有身歷其境的經驗,這篇論文對從事相關工作者或許有一些參考的價值。

蒐錄在本書中的篇章,具有與時代同脈搏的特色,而各篇論文的時代脈搏其實有兩個,一個是論述客體的時代脈搏,一個是作者所處的時代脈搏。法國年鑑學派開山祖師馬克·布洛克(Marc Bloch, 1886-1944)說:「歷史是研究"在時間之流裡的人"的科學。」(History is the science of men in time),這裡的"時間之流"係指研究客體的時間,同時也是研究者所處的時間,本書所錄篇章大抵均同時觀照這兩個"時間",或許可以說明個人治學的思考邏輯。

值本書出版之際,我要特別感謝就讀花蓮中學時引發我對音樂產生興趣的郭子究老師,他開啓了我的音樂之門;我也要感謝引領我進入音樂殿堂的張繼高先生和戴洪軒先生,他們對音樂的鑑賞力和品味,影響了我對音樂的看法;而常與我切磋音樂賞析的樂友陳家帶兄,雖然彼此對音樂的看法時相逕庭,但他對演奏錄音版本的熟悉,省卻我許多摸索的時間;長輩和友朋論樂之樂,使我成爲古典音樂愛好者,也間接觸動我用音樂概念討論史學的想法。

書中的電腦統計和繪圖,緣於就讀博士班時,已然而立之年的我,看到花甲之年的蘇雲峰老師勤習電腦,因而不敢怠惰,乃步趨老師之後塵;本書的電腦統計、繪圖和排版,就是在這種機緣下摸索出來的,在此謹向鼓勵我學習電腦的蘇雲峰老師敬致謝悃。

本書樣稿自電腦輸出後,愛妻吳翎君女士與摯友劉季倫兄曾分別校閱一過,減少書中的許多錯誤;"歷史與文化叢書"主編盧建榮兄慨允收入本書，盛情雅意可感；麥田編輯部鄧立言先生費心處理編輯出版事宜，使本書能以典雅的面貌出現在讀者面前；在此一併致謝。

這本小書的寫作時間長達數年，在這段期間陪我一起工作的助理們極是辛苦，他們是林果顯、李清瑞、烏惟揚和蔡惠如，謝謝他們在資料蒐集和論文打印過程中的協助，使我的研究工作能順利進行，也讓找的研究室生活顯得不那麼形單影隻。

彭明輝　謹識　2001 年 10 月 6 日　指南山下

# 目次

# 台灣史學的中國纏結

彭明輝／著

# 五四史學的方法與方法論意識*

## 一、引論

　　五四史學最突出的，並不在於完成了多少史學著作，或者解決了哪些歷史上的重大問題，而是方法與方法論的革新。處在五四時期的知識分子，面臨舊學與新知並存、中學與西學同在的時代，我們很難明確指出何者為新，何者為舊，其中尤以史學為然。如果我們把古史辨運動視為史學之"新"，那麼，與古史辨運動緊密關連的晚清經今文學運動，是不是一種"舊"？如果我們把杜威實驗主義當成"新"，那麼，胡適用來印證杜威實驗主義的白話小說與先秦文獻，是否為一種"舊"？當胡適推動整理國故運動時，他心中所存想的究

*　本文曾於國立政治大學文學院、中華發展基金管理委員會主辦之"五四八十週年學術研討會"(1999. 4. 24- 25)上宣讀，會中蒙張灝、張玉法教授提供寶貴意見，特此申致謝悃；撰寫期間，資料蒐集與文稿打印，由政治大學歷史研究所碩士班研究生林果顯、李清瑞協助。

竟是國故之"舊",還是方法之"新"?五四史學即是在此種新瓶舊酒
的弔詭中發展,加上中、西文化的交錯,形成諸說並起,甚或急弦
嘈切的樣貌。

如果我們把所有現代中國史學的建立,都歸功於五四時期,恐
不免有點言過其實;如果認為五四新文化運動對傳統只有破壞而沒
有建設,可能也犯了以偏概全的毛病。王國維曾指出,中國現代新
史學的成立,端賴新史料的發現[1],就史學而言,新史料的發現顯
然是一個重大的建設,可以用來解決文獻材料和考古材料的問題。

五四時期的史學,對中國現代史學最具意義的,應是提出方法
與方法論的優先性。在傳統中國史學的發展過程當中,可以說沒有
任何一個時代像五四時期這般對方法與方法論如此興致盎然。就古
史辨運動而言,以顧頡剛為中心的疑古陣營,固然高舉方法與方法
論大旗,反對陣營的史地學報派,也同樣從方法與方法論的角度和
和疑古派進行論辯,並且雙方都認為自己所用的才是正確的方法[2]。
類似情形也出現在胡適和李大釗有關"問題與主義"的辯論上,論辯
雙方甚至將"主義"當作一種方法。胡適以杜威實驗主義為其"科學
方法"做張本[3];李大釗提出解決問題的方法為馬克思唯物論,馬克

---

[1]  王國維認為,自古以來新學問的發展大都由於新發現,諸如孔壁古文、汲
    冢竹簡等,晚近發現之殷墟甲骨文與敦煌文書等大量資料,尤多於前代,
    使當代成為"發見時代";王國維,〈最近二三十年中國新發見之學問〉,
    《學衡》,45 (上海,1925. 09;本文所據為台北:台灣學生書局 1971 年景
    印本): 6151-6163; 所引在 6151。

[2]  彭明輝,《疑古思想與現代中國史學的發展》(臺北:臺灣商務印書館,1991),
    83-92。

[3]  雖然有學者指出胡適的科學方法其實是一種科學主義;郭穎頤(D.W.Y.
    Kwok), *Scientism in Chinese Thought,1900-1950* (New Haven: Yale University

思主義在此次論辯中也變成了一種方法。

　　由於五四時期發生儒學解體[4]，造成諸說並起的現象，相關討論，大抵緊扣五四前夕中國知識分子迫切探求文化新契機的渴望[5]，並且希望突破張之洞"中體西用"的舊格局[6]，用新的眼光看待中學與西學的問題。

　　本文所擬討論者，為五四時期儒學解體、諸說並起的學術環境中，中國現代新史學究竟透過怎樣的方式建構？在建構的過程中，方法與方法論有何關鍵性的意義？

## 二、儒學解體，諸說並起

　　五四運動發生的時代背景極為複雜，學術界對此一運動的定義與解釋，亦莫衷一是，尤其當五四運動與政治、思想、文化、社會等各層面糾結難分時，學者們的解釋更是各出機杼，難有定論。五四時期是中國現代史上一個急遽轉變的時代，雖然對於五四運動的看法言人人殊，但無論如何，其在學術思想上的影響是有目共睹的。

---

Press, 1965)；林毓生(Lin Yü-sheng), *The Crisis of Chinese Conscious-ness, Radical Antitraditionalism in the May Fourth Era* (Madison, Wisconsin: The University of Wisconsin Press, 1979), 91-92.

[4] 林毓生教授以"全盤性反傳統主義"、"儒學普遍王朝的崩潰"，解釋五四時期的反儒學運動；林毓生(Lin Yü-sheng), *The Crisis of Chinese Consciousness, Radical Antitraditionalism in the May Fourth Era*, 85, 89, 91-92；林毓生，《思想與人物》(臺北：聯經出版公司，1983)，78-89。

[5] 余英時，《中國近代思想史上的胡適》(臺北：聯經出版公司，1984)，10-11。

[6] 余英時，《中國近代思想史上的胡適》，11-15。

　　研究五四運動的學者，對於影響現代中國極鉅的五四運動，一般有兩種基本看法：(一)以五四事件為主的觀點，亦即認為五四僅係一學生的愛國運動；(二)以宏觀的眼光看待五四運動，亦即以整個學術思想的演變來加以探討；兩種說法均有支持者，亦各有其反對者[7]。

　　如將"五四"設定於政治層面或學生運動、群眾運動之範域，則以五四事件代表"五四"可做一合埋的解釋；至於大陸史學工作者對五四運動所做的擴大歷史解釋，將 1920 年代的政治、社會、思想文化等變化，均歸諸五四運動，則不免於是過度推論，甚或帶有特定的政治色彩[8]。

　　在政治層面與學生運動之外的"五四"，學術研究工作者慣以新文化運動為思考方向，其內容包含白話文運動與相關之各領域，以及學術思想的轉型等等。

　　五四時期的學術風氣[9]，大體可以從下列三個方向加以思考：

---

[7] 有關五四的定義，參考：周策縱(Chow Tse-tsung), *The May Fourth Movement: Intellectual Revolution in Modern China* (Cambridge Mass.: Harvard University, 1960)；陳曾燾(Joseph T. Chen), *The May Fourth Movement in Shanghai: The Making of a Social Movement in Modern China* (Leiden: 1972)；林一新，〈五四運動的歷史意義〉，《中華文化復興月刊》，10. 6(臺北，1977. 06): 14-22。。

[8] 這方面的著作甚多，較具代表性的如：胡繩武、金沖及，《從辛亥革命到五四運動》(長沙：湖南人民出版社，1983)；李澤厚，《中國現代思想史論》(北京：東方出版社，1988)，7-57。

[9] 周策縱教授以 1917-1921 為五四時期的上下限，其解釋為 1917 年以《新青年》和北京大學為中心的新思想和新文學運動，是五四新文化運動的先聲，具有關鍵性的意義；1921 年以後，新思潮運動的方向轉到政治上，不再是單純的思想運動，因而以此年為五四運動的下限；周策縱又將此一時間斷

　　(一)濃厚的反儒學傳統氣息：不論是提出把線裝書丟到毛坑裡
或主張打倒孔家店，都具有這方面的意義[10]。雖然以今日學術眼光
來看不免有所偏頗，但對當時的知識分子而言，認為只有這樣纔有

---

限以 1919 年 5 月 4 日為中點，分為前後兩個時期，前期新知識分子以新
思想灌輸學生及青年；後期則開始攻擊傳統與保守主義，並將運動的方向
擴及到知識活動的範圍以外；周策縱(Chow Tse-tsung), *The May Fourth
Movement: Intellectual Revolution in Modern China*, 1-3。張玉法教授主張
1915-1923 年間(甚至以後)為五四運動的上下限，以 1915 年為五四運動啟
始年代的理由有三：(1)1915 年日本向中國提出二十一條要求，引起當時
普遍的反日情緒，這種情緒到 19198 年巴黎和會，中國不能從德國手中收
回山東利權而爆發，釀成反帝國主義，特別是反日本帝國主義運動；(2)《新
青年》創刊於 1915 年 9 月；(3)白話文運動是五四新文化運動的重要課題
之一，這個運動最早由胡適於 1915 年發起於美國；而五四運動止於 1923
年的原因，張玉法教授認為也有三個理由：(1)《新青年》停刊於 1923 年
12 月；(2)五四時期的思想特徵是百家爭鳴，而在這方面最具代表性的東
西文化論戰、科學與玄學論戰，都發生在 1922 年而止於 1923 年；(3)五四
運動在政治上最大的成就是民眾的政治覺醒和國家統一的要求，1923 年國
民黨在統一的大目標下開始聯俄容共，奠定 1928 年北伐的基礎。但張玉
法教授也指出，如果從反帝國主義的角度而論，五四運動的時代可以延伸
到 1925 年的"五卅慘案"；而如果就學術思想自由的風氣而論，也可以延伸
到 1930 年前後的"中國社會史論戰"。張玉法，《中國現代史》，上(臺北：
東華書局，1980)，253-264。本文對"五四運動"、"五四時期"與"五四新文
化運動"，採取廣義的說法，包括 1915 年《新青年》雜誌創刊至 1923 年
前後的"科學與玄學"論戰，其間各種思想、文化、政治、經濟之變遷。本
文使用五四運動、五四新文化運動和五四時期，均廣泛地指這段時間學術
思想之變化，與張玉法教授所稱之"啟蒙運動"略等。

[10] 關於五四反傳統運動，可參考：林毓生(Lin Yü-sheng), *The Crisis of Chinese
Consciousness, Radical Antitraditionalism in the May Fourth Era*, 85, 89, 91-
92；陳昭順，〈五四時期的反儒學思潮〉(臺北：國立政治大學歷史研究所
碩士論文，1989，未刊稿)；彭明輝，〈古史辨運動與五四反儒學思潮〉，
《史學集刊》，20(臺北，1988. 05): 265-324。

可能使中國走向富強之道，而追求富強是晚清以降中國知識分子所
日思夜慕的[11]。

(二)科學主義的呼聲甚囂塵上：雖然在討論"問題與主義"的幾
篇文章中，胡適曾極力呼籲"多研究些具體的問題，少談些抽象的
主義"[12]；然則他自己在提倡"科學方法"時，卻不免有流爲科學主義
的危險[13]。而此一科學主義的時代風潮，卻成爲五四時期各學門的
攻堅利器，不論自然科學、社會科學或人文學科，都以"科學"自命，
形成五四時期一個極爲特殊的現象。

(三)到民間去的呼聲此起彼落：此風氣主要可分爲兩個系統，
一是以體驗民間生活及鄉村建設爲基調的各種運動，另一則是研究
民間文化的田野調查之類。前者可以晏陽初"平民教育"和"勤工儉
學運動"爲代表[14]；至於在研究民間文化方面，則以兩個方向爲分支：

[11] 史華慈教授(Benjamin I. Schwartz)在這方面有精闢的見解；Benjamin I.
Schwartz, *In Search of Wealth and Power: Yen Fu and The West* (Cambridge,
Mass.: Havard University, 1964)；另，黃進興，〈梁啓超的終極關懷〉，《史
學評論》，2(臺北，1980. 07): 85-100，對此亦有深入分析。

[12] 胡適，〈問題與主義〉，《胡適作品集》，4(臺北：遠流出版公司，1986)，
142；相關討論可參考：林毓生，〈「問題與主義」論辯的歷史意義〉，
收入：余英時(等)，《中國歷史轉型時期的知識分子》(臺北：聯經出版公
司)，1992)，63-71；胡適主張對於各種主義與學理都應該研究，但「祇可
認作一些假設的見解，不可認作天經地義的信條；祇可認作參考印證的材
料，不可認作金科玉律的宗教」。胡適，〈問題與主義〉，《胡適作品集》，
4/142。

[13] 郭穎頤(D.W.Y. Kwok), *Scientism in Chinese Thought, 1900-1950*; 林毓生(Lin
Yü-sheng), *The Crisis of Chinese Conscious-ness, Radical Antitraditionalism in
the May Fourth Era*, pp. 91-92.

[14] 關於晏陽初的平民教育，參考：李孝悌，〈平教會與河北定縣的鄉村建設
運動〉，收入：張玉法(主編)，《中國現代史論集》，8/301-334；勤工儉

1.以白話文運動衍生的民歌採集爲中心，形成一股採集民歌以編輯
現代詩經的風潮；2.到邊疆去的呼喚，形成西北考察熱潮，則與清
中葉以降的西北史地研究有相當密切的關連[15]。

　　由於上述學術風氣的影響，造成五四時期的幾個重要論辯與運
動：如以胡適、陳獨秀等人爲主的“文學革命派”推行白話文運動，
吳宓、梅光迪等人的“學衡派”則與之相抗[16]；張君勱與丁文江的科
學與玄學論戰；以北大胡適、錢玄同、顧頡剛等人爲主的古史辨運
動，引起對立陣營“南高”系統的強力反擊，柳詒徵、劉揆藜等人以
《史地學報》爲主要陣地，對古史辨運動大加撻伐[17]；以及由社會史
論戰引發的史觀之爭，並因而掀起研究中國社會經濟史的熱潮等
等[18]，均可視爲五四學術風氣之切片，其重要意義在在說明了傳統
儒學解體、諸說興起的歷史現象。

---

學運動以“少年中國學會”爲中心，對當時的青年學生頗具號召力；參考：
陳正茂，〈少年中國學會之研究〉(臺北：國立政治大學歷史研究所碩士論
文，1988，未刊稿)。

[15] 有關清中葉以降到 1949 年間的西北史地研究，請參閱：彭明輝，《歷史地
理學與現代中國史學》(臺北：東大圖書公司，1995)，333-352。

[16] 關於學衡派的討論，參考：沈松僑，《學衡派與五四時期的反新文化運動》
(臺北：臺灣大學文學院，1984)，61-120。

[17] “南高”指南京高等師範學校，1924 年易名爲東南大學，1929 年改名爲中央
大學，即今大陸南京大學的前身，亦爲臺灣中央大學前身。在白話文運動
的反對陣營中，《學衡》的主編吳宓是反對白話文最力的，學衡派的其他
要角，如柳詒徵、胡先驌與劉伯明等人則任教於南京高等師範學校；《史
地學報》爲南京高等師範學校“史地研究會”之機關刊物；彭明輝，《歷史
地理學與現代中國史學》，79-91。

[18] 如陶希聖創辦《食貨半月刊》開啓研究社會經濟史的風氣，即起於社會史
論戰；有關馬克思主義史學輸入中國，以及中國社會經濟史研究風氣的形
成，參考：Arif Dirlik, *Revolution and History, The Origins of Marxist*

上述現象中，值得探討的是：在傳統儒學崩解之後，當時的知識分子如何找尋替代方案？這些替代方案是從傳統中探索或向西學取經？在西學與中學之間又如何找到平衡的座標？

而再就五四新文化運動的本質而言，若其基本精神可視為一反儒學傳統之運動，那麼，在五四時期紛擾的學術討論中，傳統與反傳統之間的弔詭[19]，產生了傳統／現代、中國／西方的對立與結合，不能不說是現代中國史學發展過程中一個相當特殊的現象。

五四新文化運動具有儒學解體、諸說興起的意涵，處在此種學術風氣下，史學研究一方面具有傳統再生的力量，另一面則是在反傳統中找尋傳統的現代性[20]。

由於五四時期的知識分子面臨傳統與反傳統之兩難，因而在找

---

*Historiography in China, 1919-1937* (Berkeley & L. A., California: University of California Press, 1978)；此外可參考：杜正勝，〈中國社會史研究的探索——特從理論、方法與資料、課題論〉，收入：國立中興大學歷史學系(主編)，《第三屆史學史國際研討會論文集》(臺北：青峰出版社，1991)，25-76；潘光哲，〈郭沫若與中國馬克思主義史學的起源〉(臺北：政治大學歷史研究所碩士論文，1992)；鄭學稼，《社會史論戰簡史》(臺北：黎明文化公司，1978)；遠耀東，《中共史學的發展與演變》(臺北：時報出版公司，1979)，29-53。

[19] 余英時，〈五四運動與中國傳統〉，收入：汪榮祖(編)，《五四研究論文集》(臺北：聯經出版公司，1979)，113-124。

[20] 近年大陸出版的幾本有關中國近代史學專著，將五四時期引介的西方史學，均列為資產主義的史學，似有落入既定框限之嫌，而忽略了各種思想與方法的分野；且均視馬克思史學之輸入為中國新史學的曙光，亦有太過政治化之嫌；袁英光、桂遵義，《中國近代史學史》，下(江蘇：江蘇古籍出版社，1989)；320-435；胡逢祥、張文建，《中國近代史學思潮與流派》(上海：華東師範大學出版社，1991)，309-370；馬金科、洪金陵，《近代中國史學發展敘論》(北京：中國人民大學出版社，1994)，207-421。

尋替代方案時不免左右躑躅；有西化的一方，自有捍衛傳統之一方，
乃陷於膠著難分之境地。因而在討論五四時期的學術風氣時[21]，常
面臨傳統與反傳統難以釐清的現象。

　　五四時期的史學，承繼清代以復古爲解放的知識歷程，以及晚
清學術的濃厚經世思想，反映出當時史學界對時局變動的敏感性，
加上西方文化的衝擊，呈現多元並進、百家爭鳴的現象。

　　標舉杜威實驗主義旗幟的胡適，表現出有別於傳統知識分子對
方法與方法論的濃厚興趣；運用"科學方法"研究中國古籍的"整理
國故"運動[22]，顯示胡適學術志業的依歸；顧頡剛掀起的古史辨運動，
自詡以"科學方法"研究古史，卻也因此招致柳詒徵、劉掞藜等人以
《史地學報》爲主要陣地，對古史辨運動大加撻伐[23]。新舊學術的交
錯雜揉，使五四時期的史學顯得活潑而多樣化。

　　在這種學術氛圍下，擔負批判中國傳統舊思想與介紹西方新思
想的《新青年》，正式將馬克思主義介紹到中國，引發李大釗與胡
適等人論戰"問題與主義"，兩種西方思想在五四時期的中國進行交
鋒，象徵五四時期知識界大量汲取西學的諸種面向；而馬克思史學

---

[21] 關於五四學術風氣的討論，杜維運教授認爲民國以來的自由學風取代了清
　　代的篤實學風，形成輕浮、謾罵的學風，與本文所論尋求新知、到民間去
　　之風氣，是兩個層面的問題，杜維運教授著重學者個人的氣質修養，本文
　　則從大時代的背景加以考量，兩者的討論基礎非一，不可一概而論。參考：
　　杜維運，〈民國以來的學風〉，收入：杜維運，《聽濤集》(臺北：弘文館
　　出版社，1985)，207-266。

[22] 陳以愛，〈北京大學研究所國學門早期的發展(1922-1927)兼論中國現代學
　　術研究機構的興起〉(臺北：政治大學歷史研究所碩士論文，1997，未刊稿)，
　　111-178。

[23] 彭明輝，《疑古思想與現代中國史學的發展》，1-14; 52-127。

輸入中國後，在中國歷史尋求相關階段的論據，引發了 1930 年前
後的"社會史論戰"。而傅斯年所主張的"史料即史學"，則強調利用
科學的方法整理史料即可使事實顯明，因此致力於擴充史料的範圍
以及檢證史料的方法，大異於馬克思史學重視理論的方法，而這兩
種史學方法的歧異，成爲後五四時期中國史學界的兩種基調，影響
至今。

　　五四時期的思想文化，顯然不是單音或獨白式的存在[24]，而是
在各種領域或論戰中，出現激烈的對話[25]。史學是整個學術思想的
一環，在五四新文化運動風起雲湧的年代，史學自不能獨立於思想
文化之外。1920 年代前後，五四新文化運動帶來整理國故的風氣，
而史學顯然被視爲"國故"的一部分，甚至成爲整理與研究的焦點[26]。
但相較於五四時期的思想啓蒙與白話文運動，五四史學受到的矚目
顯然較少，其中原因甚多，大要言之，約有下列數端：

　　(一)五四的根本精神，有礙於史學的獨立發展。在"外爭主權，
內除國賊"的口號下，民族主義代替了理性思考，對需講求獨立學

---

[24] 單音、獨白(monologic speech)：語出巴赫汀的文學評論，意指唯我獨尊、
　　自閉自足的言談思維方式；M. M. Bahktin, *Problems of Dostoevsky's Poetics.*
　　ed. and trans. by Emerson (Minneapolis: Minesota University press, 1984), 166.

[25] 對話(Dialogism)：語出巴赫汀，意指一種不斷與他我或他人交相融接、衝
　　激來往的言談思維方式，指向一意義更開放及自由的天地；M. M. Bahktin,
　　*Problems of Dostoevsky's Poetics*, 166.

[26] 陳以愛，〈北京大學研究所國學門早期的發展(1922-1927)兼論中國現代學
　　術研究機構的興起〉，69；汪榮祖，〈五四與民國史學之發展〉，杜維運、
　　陳錦忠(編)，《中國史學史論文選集》，3(臺北：華世出版社，1980)，509；
　　汪榮祖教授指出，1920 年代與 1930 年代的學術期刊中，以史學刊物爲最
　　多，汪榮祖所據爲余秉權，《中國史學論文引得》，〈序〉。

術研究的史學而言，是很難去除的迷障[27]。

　　(二)五四反映出浪漫主義精神[28]，有利於文學創作而不利於需要縝密思考分析的史學研究。在浪漫思潮迷漫的時代，史學受民族主義的影響，易與政治相結合，而失去其客觀的基本史學倫理。

　　(三)中學西學的論爭，使中西各種思潮齊聚一堂，有利於思想啟蒙，但亦使史學研究易走向方法與方法論的迷思，而無法進入理性分析的深刻見解。

　　基於上述因素的影響，五四時期的史學可以說是百花齊放，各式論述層出不窮，以今日的後見之明探討五四史學，將會發現方法與方法論是當時論述的主軸，對於實際的歷史研究，反而著墨無多，這是一個相當值得探索的問題。而方法與方法論不僅是五四史學人物極關心的主題，也成為五四以後中國史學呶呶不休的論述，甚而影響及臺灣史學的發展[29]。從 1920 年代前後的五四時期，到 1949年以後的海峽兩岸，史學工作者不斷重新檢討史學方法與方法論的問題。雖然任何一門學科之得以成立，均有待典範的建構[30]，而建構典範過程中必須不斷重新檢討方法與方法論的正確性，但回顧五四以後的史學發展，對方法與方法論的相關論述，真可謂漪歟盛哉[31]。

---

[27]　汪榮祖，〈五四與民國史學之發展〉，杜維運、陳錦忠(編)，《中國史學史論文選集》，3/505-539。

[28]　李歐梵，〈五四文人的浪漫精神〉，收入：周策縱(等)，《五四與中國》(臺北：時報出版公司，1979)，295-315。

[29]　李東華，〈一九四九年以後中華民國歷史學研究的發展〉，《中國論壇》，21.11(臺北，1985.10): 36-43。

[30]　有關典範的說法，參考：Thomas Kuhn, *The Structure of Scientific Revolutions*; 王道還(編譯)，《科學革命的結構》(臺北：遠流出版公司，1989)，53-66。

[31]　本文的論述主體，係以五四時期的方法與方法論為中心，探索五四前後各

# 三、走出今古文問題的糾葛

　　今古文問題是中國學術史上長久以來無法解決的糾結，從漢代
的今古文問題，列入學官與不列入學官的爭議[32]，到晚清變法論者
藉今文立說，在孔子軀殼注入自己的王心論[33]，在在顯現了今古文
這個學術公案的爭議性。而今古文之所以陷入長期以來的學術糾
葛，部分雖然可能與秦人以降造成的版本、辨偽相關，但大部分時
期的真正問題，仍在於現實政治的權力掌控。以清代的今文學發展
而言，由常州學派莊存與、劉逢祿一路下來的今文家們，一面致力
於學術真偽的考辨，另一面則是學術與現實政治結合，使得晚清的
經世思想得以借孔子之屍，還其變法之魂[34]。這種借屍還魂的現象，
使晚清今文學派的歷史解釋，依違於考辨學術真偽與為現實政治服
務之間，真正切入版本、考據的意涵反而被削弱。基於為現實政治
服務的目的，使得今古文之爭不再具有絕對的學術真偽，而成為家
法與現實政治的意氣之爭。今文家不斷曲解孔子的意旨，注入自己
的變法改革思想，無形中將今文經可能有的學術地位亦加以鏟除[35]。
今文學的殿軍康有為，不免成為打倒孔家店的急先鋒，這種弔詭的

---

式方法提出的背景及其影響，至於五四史學在各斷代或專史領域解決了哪
些問題，則非本文所欲檢視。而關於五四時期個別史家的史學研究，論者
已多，本文不擬在此多費筆墨，惟在論述過程中，將酌量徵引各學者的相
關論著。因此，個別史家的成就，個別史家的史學論著或影響等，均非本
文重點。

[32] 杜維運，《中國史學史》，1(臺北：三民書局，1993)，237-244。
[33] 王汎森，《古史辨運動的興起》(臺北：允晨出版公司，1987)，164-183。
[34] 彭明輝，《歷史地理學與現代中國史學的發展》，32。
[35] 王汎森，《古史辨運動的興起》，193-208。

發展，正好替五四時期的儒學衰頹、諸說並起，做了很好的舖路工作，胡適正巧站在這樣的轉捩點上。

　　身爲五四新文化運動燃燈者之一的胡適，在五四時期各種文化向度都扮演了相當重要的角色，從文學革命、整理國故到中西文化的討論，胡適都親歷其役[36]。而在這些論戰中，不論贊成或反對其理論者，均不能不以他所提出的問題爲出發點，余英時教授在《中國思想史上的胡適》認爲，「從思想史的觀點上，胡適的貢獻在於建立了孔恩(Thomas S Kuhn)所說的新典範(Paradigm)」[37]。余英時教授進一步指出，胡適所建立的“新典範”約略具有孔恩所說的廣狹兩義，就廣義方面而言，涉及全套的信仰、價值和技術的改變；就狹義方面而言，胡適的具體研究成果(如《中國哲學史大綱》)，則起了示範的作用。即一方面開啓了新的治學門徑，另一方面又留下了許多待解決的問題[38]。

　　從余英時教授的論述中，可以了解胡適對五四新文化運動所構成的整體性影響，正因爲這樣的角色，使得在 1954 年由郭沫若所領導的批胡運動中，洋洋灑灑地舉了八項批判，包括“哲學思想”、“政治思想”、“歷史觀點”、“文學思想”、“文學史觀點”、“哲學史觀點”、“歷史和古典文學的考據”、“紅樓夢研究”等項目[39]。而從中國大陸出版的 8 輯《胡適思想批判》來看，可以了解胡適治學範圍的廣泛與全面性，可以說幾乎觸及了廣義人文學的各個面向，但這並

---

[36] 余英時，《中國思想史上的胡適》，19。

[37] 余英時，《中國思想史上的胡適》，19。

[38] 余英時，《中國思想史上的胡適》，20。

[39] 逯耀東，《胡適與當代史學家》(臺北：東大圖書公司，1998)，87-121；余英時，《中國思想史上的胡適》，28。

不意味胡適在這些專門學術上都有高度的造詣[40]。以研究成績而言，
胡適在中國思想史和文學史方面，有較高的成就，這種開創性的成
就主要來自他所提倡的方法、觀點和態度。正因爲在方法論層面的
突破與創新，建立了余英時教授所說的"新典範"，胡適思想的影響
力，才擴散到他本行以外的廣大領域[41]。

　　在審視五四史學的內容時，無可避免的涉及上層文化／下層文
化、中國文化／西方文化、新工具／舊材料等問題，晚清的經今古
文學之爭，在民國以後已是強弩之末，這不僅涉及今古文何真何僞
的問題，而是儒學的地位已然崩解。當儒學成爲被打倒的對象，那
麼，今古文的誰是誰非還有什麼意義？顧頡剛在《秦漢的方士與儒
生・自序》中描述當時以今古文互攻的情形，貼切地表達了五四時
期打倒孔家店，造成儒學崩解的現象[42]。這種擊碎玉連環的方式，

---

[40] 許冠三教授認為胡適因對義理的缺乏了解，因而以方法與方法論來掩飾其
　　思想的不夠深刻；許冠三，《新史學九十年 1900-》，上(香港：中文大學
　　出版社，1986)，164-169。

[41] 余英時，《中國思想史上的胡適》，29；但杜維運教授對這點有不同的看
　　法，他認為現代中國史學的"科學方法"，其實是乾嘉考據的現代版；杜維
　　運，〈民國史學與西方史學〉，收入：孫中山先生與近代中國學術討論集
　　編輯委員會(編)，《孫中山先生與近代中國學術討論集》，2(臺北，1985)，
　　344-358。

[42] 顧頡剛說：
　　今文家攻擊古文經僞造，這話對；古文家攻擊今文家不得孔子的眞意，
　　這話也對。我們今天該用古文家的話來批評今文家，又該用今文家的話
　　來批評古文家，把他們的假面目一齊撕破，方好顯露出他們的眞象。
　　顧頡剛，《秦漢的方士與儒生》，〈序〉(臺北：里仁書局，1985)，5；不
　　過在這段話的後面，顧頡剛也認為這樣的看法是有點偏的，他說：
　　這番議論從現在看來也不免偏，偏在都要撕破，容易墮入虛無主義。但
　　在那時，當許多經學家在今、古文問題上長期爭議之後，我覺得這是一

將今古文的矛與盾互戳,最後終不免兩敗俱傷。在今古文兩敗俱傷
的同時,儒家的高文典冊不再是"聖經",乃可與通俗文化放在同樣
的天平上稱斤掂兩,造成諸子史料化、六經史料化的現象,此時儒
家經典與通俗白話小說成為同階的"史料",並無誰高誰低的成見,
甚至在史學研究中,通俗小說的真實性有時反而被視為高過儒家典
藉,而五四時期"六經史料化"的現象,可以說是現代史學發展過程
中的一個重要轉折[43]。

為什麼是"六經史料化",而不是其他?關鍵在於宋代以後儒家
典籍形成絕對的威權,從學校到科舉,均以儒家經典為依歸[44],而
六經的內容為上古歷史,以考據為主軸的北方學統,由六經入手論
述古代史實的重建,是一符合內在邏輯的發展,古史辨運動的掀起
狂濤巨浪,殆源自於此。

因為六經內容本為中國古代的歷史,當此儒學崩解之際,經過
晚清以來長久的今古文之爭,不論今文學派或古文學派,都已如舊
牆傾圮,古史辨派只須輕加一指之力,便化做石堆瓦礫,甚至在倒
洗澡水的時候把嬰兒也倒掉了[45]。

---

個極銳利,極徹底的批評,是一個擊碎玉連環的解決方法,我的眼前彷
彿已經打開了一座門,讓我們進去對這個二千餘年來學術史上的一件大
公案作最後的判斷了。

[43] 彭明輝,〈顧頡剛與中國史學現代化的萌芽:以史料學為中心的探討〉,
《國史館館刊》,復刊 12 (臺北,1992): 9-24。

[44] 這裡不上溯到漢武帝採董仲舒〈天人三策〉之議而獨尊儒術的緣由,是因
為魏晉、隋唐時期,儒學並未構成唯一的權威;有關史學脫離經學而獨立
的討論,參考:逯耀東,〈經史分途與史學評論的萌芽〉,《大陸雜誌》,
71. 6 (臺北,1985. 12): 1-7。

[45] 王汎森,《古史辨運動的興起》,297。

　　事實上，今古文問題在古史辨運動時期已是強弩之末，面對打
倒孔家店的呼聲甚囂塵上，儒家經典的傾頹已是指顧間事；而當儒
學崩解之後，如何找尋替代方案成爲五四知識分子的迫切課題，不
論在中國文化找尋新契機，或在西方文化探索新方向，都具有這一
層意義，胡適的《中國哲學史大綱》正好塡補了這一段空白[46]。一
方面代表了中國文化的轉型，另一方面又用西方哲學史的論述方式
裝點新的門面，這種一手古代一手現代，一手中國文化一手西方文
化的模式，有如巴洛克時期的複音音樂[47]，兩條旋律線交錯出現，
既照顧到傳統中國文化，又引介了西方文化。胡適一面著手進行整
理國故[48]，一面則不忘提倡杜威實驗主義的方法論。雖然許冠三教

---

[46]　余英時，《中國思想史上的胡適》，10。

[47]　複音音樂(polyphony)：係根據對位法(counterpoint)作曲，在和協的原則之
　　　下，參差進行兩個或兩個以上獨立性的曲調。西洋音樂自上古起至 900 A. D.
　　　左右，所有古代希臘音樂皆屬單音音樂；到了第 10 世紀，由於奧爾港農
　　　(Organum)的發明，開始進入複音音樂的時代。其後由於拉梭與巴勒斯替
　　　納等人的倡導與改進，複音音樂始具備健全的形式，採用對位的方法創作
　　　卡農與賦格等樂曲。巴赫((Johann Sebastian Bach))憑藉其浩瀚的才華，寫
　　　出了無數美麗的曲調，而使複音音樂獲致千古不滅的光輝。複音音樂特別
　　　注重每一聲部的旋律性，部分樂段以 A 旋律為主奏聲部，部分樂段以 B 旋
　　　律為主奏聲部，亦有部分樂段為兩條主旋律互相對話的情形，有異於以和
　　　弦伴奏旋律的主調音樂。在複音音樂中，每一個聲部的旋律都可能成為主
　　　奏聲部，也可能轉換為伴奏聲部，或彼此對話；重要的複音音樂包括經文
　　　歌、輪唱曲、卡農、複調彌撒曲與賦格等。參考：Don Michael Randel, *The New
　　　Harvard dictionary of music* (Cambridge, Mass.: Belknap press of Harvard
　　　University press, 1986), 645; Stanley Sadie, *The New Grove dictionary of music
　　　and musicians* Vol.15 (London: Macmillan Publishers; Washington, D.C.:
　　　Grove dictionaries of music, 1995), 70-72;王沛綸(編著)，《音樂辭典》(臺北：
　　　音樂與音響雜誌社，1989)，397。

[48]　陳以愛，〈北京大學研究所國學門早期的發展(1922-1927)兼論中國現代學

授在《新史學九十年》中指出胡適引介的杜威思想過於淺薄，只有淺出而沒有深入，但這裡要思考的並非深淺問題，而是被引介的杜威實驗主義在五四時期造成了多大的影響。正因胡適用淺白的文字引介杜威實驗主義，使得當時稍具中學生程度的讀者都能了然其說，其影響乃無遠弗屆。所以，當胡適藉杜威實驗主義的方法論，而以乾嘉考據爲方法，論述先秦思想的邏輯方法(名學)，使得中國古代材料運用乾嘉樸學考據，配上杜威實驗主義的方法論，完成了材料、方法、方法論三位一體的學術新典範，使得儒家與先秦諸子放在同一個天平上稱斤掂兩，加速了儒學的崩解，而依附於儒學的"六經"乃面臨"皮之不存，毛將焉附"的處境，自章太炎以來的諸子史料化、六經史料化，到胡適手上可謂是千里來龍到此結穴，今古文問題的糾葛亦到此告一個段落。

## 四、方法與方法論的迷思

五四是一個迷信方法與方法論的年代，知識分子們相信方法與方法論的問題解決了，一切問題便迎刃而解。更值得注意的是，五四時期知識分子對方法與方法論的思考並未分門別類，同樣的方法與方法論可以用在相異學門上，形成一法多用的情形。從這個角度來加以觀察，便可以了解爲什麼胡適的治學領域可以橫跨文學、哲學、思想、歷史、教育等諸學門；類似情形也發生在後五四時期的郭沫若身上，他既是詩人、思想家，又是史學家，成爲自 1930 年代起到 1970 年代現代中國的重要學術人物之一[49]。郭沫若在人文學

術研究機構的興起〉，111-132。

[49] 胡適與郭沫若的種種恩怨情仇，逯耀東教授有鞭辟入裡的分析；參考：逯

科與社會科學諸範疇的影響力，和胡適於五四時期所代表的意義類近；其他前五四、後五四時期的中國知識分子，往往也是由方法與方法論入手，涉足於廣義的人文與社會科學諸領域，王國維、梁啓超、胡適、傅斯年、柳詒徵、陳寅恪等人，都代表了這樣的意義，這也是爲何五四以後人文與社會科學急於找尋治學新方法的緣由。陳寅恪曾戲寫一付對聯暗諷這個現象，"不通家法科學玄學，語無倫次中文西文"[50]，此聯雖係對科學與玄學論戰而發，但很可以道盡當時學術風氣的一般情形。

因此，在論析史學的方法與方法論問題時，必須考量五四時期所討論的方法與方法論並非特別針對史學而發，而是面對中國文化與西方文化時的整體性思考，因而五四時期所發生的各次論戰，諸如白話文學與古典文學、古史辨運動、科學與玄學論戰、社會史論戰等，幾乎都環繞在方法與方法論的問題進行攻防，而在各次論戰中，攻防雙方所持的重要武器即爲方法與方法論；以今日的學術眼光來看，五四時期所發生的各次論戰，其實常有以思想爲方法、以思想爲方法論、以方法論爲方法等層次混淆，論述渾沌的現象，思想／方法／方法論的交錯運用，常常模糊了論辯的焦點，而且在論戰過程中，並沒有絕對的勝負，僅係局部的、片面的彼此互占上風或處於下風，除了宣稱自己找到學術的真理外，彼此間的說服力其

---

耀東，《胡適與當代史學家》，87-158。

[50] 北伐成功，全國統一，政府派羅家倫接長清華，羅家倫去看陳寅恪，羅家倫贈以所編新書《科學與玄學》，此書記載張君勱、丁文江辯論的舊事，陳寅恪翻了翻便說：「志希，我送你一聯如何？」羅家倫說：「甚好，我即刻去買上好的宣紙來。」陳寅恪說：「不用了，你聽著：不通家法科學玄學，語無倫次中文西文。」蔣秉南，《陳寅恪編年事輯》(臺北：弘文館出版社，1985)，63。

實非常薄弱。因此，如果杜威實驗主義可以用來解決一切學術上的問題，馬克思主義同樣也可以；兩種主義在面對政治現實時，又同樣各自宣稱自己所擁護的真理四海皆準。而這種以主義為思想、方法的模式，其實比較接近信仰，這也是為何五四時期各種主義爭勝，方法與方法論意識高漲的原因，因為各種主義的擁護(信仰)者，都宣稱自己找到通往真理的道路，而這條通往真理之路以當時的名詞來說就是"科學方法"[51]。

"科學方法"成為五四時期知識分子解決各種問題的萬靈丹，至於"科學方法"為何，則是言人人殊，各出機杼，彷彿只要戴上"科學方法"的帽子，一切問題便迎刃而解。

但事實是否如此？當論戰各方都戴上"科學方法"的帽子，那麼，真理站在哪一邊？如果各方主張的"科學方法"都是真理，學術研究又將何去何從？

五四時期引介到中國的各種主義、思想，並非有秩序的，而係片斷的，甚至雜亂或缺少整體認知的；猶似溺水者抓到的任何一支稻草，都當成是救命的倚靠；五四時期西方各種思想紛紛引入中國，其目的在追求中國之富強，這是自 1940 年代以來晚清知識分子所驅於努力者，這種由張之洞"中體西用論"一路發展下來，迄魏源提出"師夷長技以制夷"的理論，與長久以來中、西接觸的主軸，基本上可以說是矛盾的，五四時期的知識分子亦然。他們一方面舉著"外抗強權，內除國賊"的大旗，另一方面卻又主張全盤西化論，造成了現實政治與西方對抗，文化思想向西方學習的矛盾情緒，而五四

---

[51] 郭穎頤(D.W.Y. Kwok), *Scientism in Chinese Thought, 1900-1950*; 林毓生(Lin Yü-sheng), *The Crisis of Chinese Conscious-ness, Radical Antitraditionalism in the May Fourth Era*, 91-92. 。

史學的方法與方法論意識便形成中國材料／西方方法的奇特模式。

　　現代中國史學對"方法"的提倡，梁啓超的《中國歷史研究法》(1922)、《中國歷史研究法補編》(1933)，爲蓽路藍縷之作[52]。稍後的胡適，更是提倡"科學方法"的燃燈人，主張用科學的方法"整理國故"[53]。但他的整理國故和科學方法其實很有科學主義的意味[54]。在科學主義的涵蓋之下，"科學方法"幾近無所不能；歷史研究顯然屬於"國故"的一部分，同樣應該講求"方法"，尤其是"科學的方法"。

　　五四時期，有關方法與方法論的著作甚多，如：何炳松的《歷史研究法》(1927)、李泰棻的《史學研究法大綱》(1920)、楊鴻烈的《歷史研究法》(1939)等；此外，兩本代表西方實證史學的著作亦譯成中文，陳韜譯德國伯倫漢(Ernst Bernheim)的《史學方法論》(1926) (*Lehrbuch der Historichen Methode*, 1889)，李思純譯法國朗格諾瓦(Ch. V. Langlois)和瑟諾博司(Ch. Seignobos)合著的《史學原論》(1926) (*Introduction aux Etudes Historiques*, 1887)，亦甚有影響。1920 年代前後，馬克思主義傳入中國，一些左派史家開始以唯物史觀解釋歷史，以唯物辯證法

---

[52] 黃進興，〈論「方法」及「方法論」：以近代中國史學意識為系絡〉，收入：康樂，黃進興(編)，《歷史學與社會科學》(臺北：華世出版社，1981)，21-42；所引在 25。

[53] 胡適說：「新思潮對於舊文化的態度，在消極的一面是反對盲從，是反對調和；在積極的一面，是用科學的方法來做整理的工夫。」胡適，《胡適文選》(臺北：文星書店，1967)，51。

[54] 胡適談到科學方法時說：「科學的方法，說來其實很簡單，只不過"尊重事實，尊重證據"。在應用上，科學方法只不過"大膽的假設，小心的求證"。在歷史上，西洋這三百年的自然科學都是這種方法的成績；中國這三百年的樸學也都是用這種方法的結果」。胡適，《胡適文選》，360。

處理歷史問題，從不同的方向助長了此一強調"方法優先性"的史學
意識[55]。

就五四史學的方法與方法論意識而言，梁啟超、胡適、何炳松、
顧頡剛與傅斯年，是幾位較具代表性的人物。

## (一)梁啟超：抨舊史，迎新史

五四時期提倡新史學最有力，又最具影響力，可為新史學燃燈
者的，首推梁啟超。

梁啟超晚年全心致力於學術研究，尤其 1920 年歐遊歸國後，
講學時間更多，範圍大部分關乎史學，除在清華大學任教外，亦常
到南、北各大學講學，對當時青年學子在史學方面的認識極具啟發
性。

梁啟超多采多姿的一生，中外學者興趣盎然[56]；亦有部分學者

---

[55] 黃進興，〈論「方法」及「方法論」：以近代中國史學意識為系絡〉，康
樂、黃進興(編)，《歷史學與社會科學》，25；黃進興教授在文中並指出：
中國社會史研究的開山者陶希聖先生同憶當年的"社會史論戰"，略謂此次
論戰的參與者將"社會史"視為史學的研究方法，而非史學研究的分門別支。
這種觀點對於今天已經習慣於學科分類的人們，似乎十分奇特，但倘若我
們把此一觀點放入長遠以來"方法意識"的潮流，則其中的真切涵意便能凸
顯出來。

[56] 對梁啟超事功作全面性研究最著名的是張朋園教授；參考：張朋園，《梁
啟超與清季革命》(臺北：中央研究院近代史研究所，1972)；張朋園，《梁
啟超與民國政治》(臺北：食貨出版社，1981)；對其思想作全面性分析者，
有美國學者李文森(Joseph Levenson)、張灝、黃宗智，此三人皆有專書著
作；Joseph Levenson, *Liang Chi-chao and Mind of Modern China*，張灝，*Liang
Chi-chao and Intellectual Transition in China 1890-1907*，黃宗智著有《梁啟
超與近代中國之自由主義》，此書晚於 Joseph Levenson 之著作，對於 Joseph

對其史學進行討論[57]。

　　梁啓超在史學方面的專著與論文，如《中國歷史研究法》、《中國歷史研究法補篇》、《清代學術概論》、《中國近三百年學術史》、《國史研究六篇》、《先秦政治思想》、〈新史學〉等，對現代中國史學的方法與方法論意識產生了重大影響[58]。

　　影響梁啓超思想與學術的學者，以清代學者最爲重要，如黃宗羲、顧炎武、顧棟高、章學誠、趙翼[59]。同時代學者對其有影響的包括康有爲、夏曾佑、譚嗣同、黃遵憲、蔣智由、蔣百里、張君勱、丁文江、胡適、嚴復等人。尤其是丁文江、胡適、嚴復等通西文的朋友，直接間接幫助梁啓超接受西洋史家的治史方法或觀點。1918

---

Levenson 將梁啓超情感與理智二分的觀點已有所匡正。

[57] 本文無意探討梁啓超的整體史學研究成績，而將焦點集中於方法與方法論，對梁啓超史學有興趣的讀者，可參考下列相關著作：(1)汪榮祖，〈梁啓超新史學試論〉，杜維運、黃進興(編)，《中國史學史論文選集》，2(臺北：華世出版社，1976)，955-968；(2)林德政，〈梁啓超對傳統史學的態度及其新主張〉，《成大歷史學報》，16(臺南，1990. 5): 229-255；(3)林德政，〈論梁啓超的治史方法〉，《歷史月刊》，14(臺北，1989): 154-155；(4)許冠三，《新史學九十年 1900-》，上/9- 53；(5)羅炳綿，〈梁啓超對中國史學研究的創新〉，《新亞學報》，10. 1(香港，1971): 148-268；(6)康虹麗，〈論梁任公的新史學和柳翼謀的國史論〉，收入：杜維運、陳錦忠編，《中國史學史論文選集》，3/429-498；(7)張朋園，〈梁啓超與五四時期的新文化運動〉，《國立中央圖書館館刊》，6. 1(臺北，1973. 03): 1-15。梁啓超本人有關方法與方法論的著作，可參考：梁啓超，《中國歷史研究法》(內含〈新史學〉、《中國歷史研究法》《中國歷史研究法補編合刊本》)(臺北：鼎文書局，1994)，下文引述梁啓超本人之著作，未特別標明者皆出自此書所錄。

[58] 康虹麗，〈論梁任公的新史學和柳翼謀的國史論〉，杜維運、陳錦忠(編)，《中國史學史論文選集》，3/429-430。

[59] 羅炳綿，〈梁啓超對中國史學研究的創新〉，《新亞學報》，10. 1: 157-161。

年，梁啓超到歐洲遊歷，接觸了西方的進步思想、自由主義與民族
主義等觀念，這些新思想是他革新史學觀念的重要因素之一[60]。

　　梁啓超的治史緣起，除了受早年讀史與師友的影響外，其所處
的時代亦影響甚巨[61]。或許將梁啓超視爲一民族主義史學家，可能
較易了解其對中國舊史學之抨擊。

## 1.批評舊史，提倡新史

　　梁啓超認爲不將舊史的弊病革除，新史學無從立足。1902 年，
梁啓超在〈新史學〉中，指陳中國舊史學的弊病有四：(1)知有朝廷
而不知有國家；(2)知有個人而不知有群體；(3)知有陳跡而不知有
今務；(4)知有事實而不知有理想。而其所主張的新史學包括：(1)
反對歷史爲朝廷君主而作，歷史應該爲國民而作；(2)提出舊史不能
爲群體著想的缺點；(3)提出著書的宗旨是爲了經世之用；(4)認爲
中國舊史缺乏探究深遠宏大的理想[62]。

　　指出中國舊史的四大弊病之後，梁啓超認爲舊史根於這些缺
點，產生了兩大病症：(1)鋪敘而不能別裁，(2)因襲而不能創作[63]；

---

[60] 羅炳綿，〈梁啓超對中國史學研究的創新〉，《新亞學報》，10.1: 167。

[61] 汪榮祖教授在討論梁啓超的思想時，指出梁啓超之學旨在"經世救民"，並
　　說明梁啓超的史學是「經世之史學也，自由之史學也，民族之史學也」；
　　汪榮祖，〈梁啓超新史學試論〉，杜維運、黃進興(編)，《中國史學史論
　　文選集》，2/ 958；羅炳綿也認為在國家存亡之際，知識分子挺身而出是
　　常有的事，因此他認為在史學觀念中，梁啓超往往會有前後不同的看法和
　　主張，但有一點始終未變者，即欲藉歷史以刺激中國人的愛國心；羅炳綿，
　　〈梁啓超對中國史學研究的創新〉，《新亞學報》，10.1: 148。

[62] 梁啓超，〈新史學〉，4-6。

[63] 梁啓超，〈新史學〉，7-8。

此處係指史學著作的外在形式而言[64]。

然而，梁啓超對舊史並非感到一無是處[65]；在舊史的體裁方面，他最推崇記事本末體，認為這種體裁與理想的新史最接近，並表示這是過去史學界進化之軌跡[66]。

梁啓超在〈新史學〉中，除了提出舊史學的四個病源外，亦反對中國舊史中的一些觀念；如正統論、書法、紀年等[67]。

基本上梁啓超反對正統的觀念，認為正統論的源起，完全是統治者的私心作崇，是霸者為了鞏固自己的地位，以箝制人民之口特地製造的，因而他反駁正統論，主張民有統及君無統[68]。

梁啓超反對舊史學中以為書法善則為良史，反之則為穢史的觀點。他認為過去史家之言書法，皆源於孔子春秋之義[69]；他所主張

---

64 梁啓超，〈新史學〉，9。

65 梁啓超承認舊史仍有某些優點；相關討論可參看《中國歷史研究法》第二章〈過去中國之史學界〉；在史家方面，梁啓超認為劉知幾是中國史家中最出類拔萃者，「事理縝密，識力敏銳，其勇於懷疑，勤於綜核，王充以來，一人而已」；他將劉知幾、鄭樵和章學誠並列，認為「自有劉知幾、鄭樵、章學誠，然後中國始有史學」；梁啓超，《中國歷史研究法》，69。

66 梁啓超，〈中國歷史研究法〉，64。

67 這方面的討論，參考：梁啓超，〈新史學〉，26, 33-39。

68 梁啓超認為：「中國史家之謬，未過於言正統也。言正統者，以為天下不可一日無君也，於是乎有統……千餘年來，陋儒斷斷於此事，攘臂張目，筆鬥舌戰，支離蔓衍，不可窮詰，一言以蔽之曰，自為奴隸根性所束縛，而得以搆惑人之奴隸而已。」梁啓超，〈新史學〉，26。

69 梁啓超指出：「春秋之書法，非所以襃貶也……春秋之作，孔子所以改制而自發表其政見也，生於言論不自由時代，政見不可直接發表，故為之符號標誌焉，以代之，書尹氏卒，非貶尹氏也，借尹氏以譏世卿也，書仲孫忌師師圍運，非貶仲孫忌也，藉仲孫忌以譏二名也。」梁啓超，〈新史學〉，33。

的書法則接近西方的傳統史學[70]。

　　紀年一直是中國歷史上的大問題，傳統中國史學的紀年方式為一帝王一年號，甚或一帝有眾多年號，梁啓超認為這種方式造成考史和讀史的不便，因而反對用帝王年號，但也不贊成採西元或黃帝紀元，而主張用孔子紀年[71]。

　　由於舊史的諸多弊病，梁啓超認為史學需要革命，而史書的著作，可以參考近代的西方史學。梁啓超認為近代西方史學進步的原因有二：(1)客觀資料之整理；(2)主觀的觀念之革新，以史為人類活態之再現，為全社會之業影，而非一家一人之譜錄[72]。

　　梁啓超在《中國歷史研究法》第一章〈史的意義及其範圍〉，闡述史的意義，認為治史者絕不能只知有局部之歷史，而不知有全史，不能侷限於一地或一時代，不能只知有史學而不知史學和其他學科，如地理學、人類學、言語學、群學、政治學、宗教學、法律學、經濟學等的關係[73]。雖然梁啓超的說法，並非畫時代的新見解，因為傳統中國史學將天文志、地理志等均視為史的範圍，但他也擴大增入新的內容，且將舊史中不必要的部分屏除。新史的範圍更充

---

[70] 梁啓超提出的書法是：「當如布爾特之英雄傳，以悲壯淋漓之筆，寫古人之性行事業，使百世之下，聞其風氣，贊嘆舞蹈，頑廉懦立，字跡其精神血淚，以養成活氣之人物，……吾以為書法者，當如吉朋之羅馬史，以偉大高尚之理想，襃貶一民族之全體之性質，若者為優，若者為劣，某時以何原因而獲強盛，某時以何原因而至衰亡。至後起之民族讀焉，而因以自鑑曰：無儔宜爾，無儔宜勿爾。」梁啓超，〈新史學〉，36。

[71] 梁啓超，，〈新史學〉，39。

[72] 梁啓超，《中國歷史研究法》，43。

[73] 梁啓超，《新史學》，7。

實豐富，且更適合於今日的群眾之需要[74]。

## 2.搜集史料，分類鑑別

梁啓超於《中國歷史研究法》中，論史料的章節有兩章，分別為第四章〈說史料〉，及第五章〈史料的蒐集與鑑別〉。

梁啓超提出三種蒐集史料的方法：(1)匯集同類事，然後加以比對；(2)求消極性的史料，某時代有某種現象謂之積極性史料，某時代無某現象則謂之消極性史料，他認為從消極性的史料中，往往可以看出歷史的意義；(3)博蒐旁證，即廣泛蒐集史料，特別是難以找尋的史料，認為此種方法往往能引起無數史蹟的發現[75]。

蒐集到的史料，須加以正誤和辨偽才可使用，梁啓超認為最直接的方法是舉出有利反證，若無明確反證可使用時，亦須先消極的表示懷疑，第二步則是立假說以後還再審定[76]。

## 3.專史通史，交互為用

梁啓超認為通史撰寫非易，若能個人各做專史的一部分，合起來即為一部好的通史；他所謂的專史包括下列五種：(1)人物專史；

---

[74] 羅炳綿，〈梁啓超對中國史學研究的創新〉，《新亞學報》，10.1: 174。

[75] 梁啓超，《中國歷史研究法》，111-118。

[76] 金毓黻對梁啓超鑑別史料的方法頗為推崇，《中國史學史》云：「梁氏之所謂鑑別，即吾之所謂整理。鑑別者，整理之始功，整理者，鑑別之終事也。故不精於鑑別，不能侈言整理，蓋自羅王諸氏，以及中央研究院之致力於此，蒐集整理之功，可謂著有成績，而梁氏又言其方法，以為蒐集整理之準，近代史學之趨勢，此蓋其一端也。」金毓黻，《中國史學史》(臺北：鼎文書局，1983)，350。

(2)事的專史，即舊史的記事本末體；(3)地方的專史，即舊史的方志體；(4)斷代的專史，如舊史中的斷代史體，但不必以一姓興亡畫分，如"春秋史"、"戰國史"、"晚唐藩鎮及五代十國史"、"宋遼金夏時代史"等[77]；其《中國歷史研究法補編》即偏重如何下手研究上述各種專史。

整體而言，梁啟超的新史學，包括：(1)在歷史觀念的革新中，標明"史須為國民而作"的目的，並畫定歷史應包括的範圍；(2)期待良好的中國通史產生(3)留意方法論，參考西方近代史學，提倡中國的新史學。

雖然梁啟超的部分史學觀念遭受批評[78]，但大部分學者仍肯定他在史學研究方面的貢獻[79]。

## (二)胡適：科學方法與實驗主義

胡適是中國近代思想學術史上影響極為巨大的學者，從 1917年提出文學改良芻議到 1962 年逝世，40 年中胡適幾乎涉及學術與思想的各個領域[80]，其思想具有相當的全面性[81]。而且因為胡適本身

---

[77] 梁啟超，《中國歷史研究法補編》，182。

[78] 林德政教授即認為梁啟超主張孔子紀年的方式不合時宜；林德政，〈梁啟超對傳統史學的態度及其新主張〉，《成大歷史學報》，16: 247；有關專史與通史的寫作，羅炳綿教授對梁啟超認為個人各做一部專史合起來便成一部很好的通史，是一種過於理想化的想法；羅炳綿，〈梁啟超對中國史學研究的創新〉，《新亞學報》，10. 1: 213。

[79] 許冠三教授教授認為梁啟超：「不僅是首創"史學革命"的新史學開山，理論和實踐並重的史學巨靈，而且也是才識兼長和影響最為廣泛的現代史林泰斗。」許冠三，《新史學九十年 1900-》，上/3。

[80] 中共在 1954 年對胡適思想進行批判，其中包含哲學思想、政治思想、歷史

著作的複雜性，使得相關討論很難提綱挈領，如《中國古代哲學史》
便包括哲學、史學、文學甚至方法論等論題；他晚年所研究的禪宗
則牽涉宗教、思想與歷史等範疇，在小說考證方面則涉及版本、作
者、社會史的背景等層面，因此胡適對研究工作者向來具有濃厚的
吸引力。雖然胡適在和李大釗辯論時要人"多談方法，少談主義"[82]，
但他自己也無可避免地犯了"科學主義"的毛病，事實上，他所提倡
的科學方法乃係清代學者之考據[83]。所以，胡適雖然頭上戴著杜威

---

觀點、文學思想、哲學觀點、文學史觀點、歷史與古典文學的考據、紅樓
夢研究等項目，可了解胡適涉獵範圍之廣泛；逯耀東，《胡適與當代史學
家》(臺北：東大圖書公司，1998)，126-127。

[81] 胡適是臺灣與大陸地區的熱門研究對象，相關著作可謂汗牛充棟，本文不
擬費事贅述，而僅就史學方法與方法論部分略加討論；對胡適研究或胡適
史學有興趣的讀者，可參下列著作：(1)余英時，《中國近代思想史上的胡
適》；(2)呂實強，〈胡適的史學〉，中央研究院近代史研究所，《近代中
國歷史人物論文集》(臺北，1983)，581-616；(3)許冠三，《新史學九十
年1900-》，上/137-172；(4)逯耀東，《胡適與當代史學家》，3-158；(5)
周質平，《胡適叢論》(臺北：三民出版社，1992)；(6)胡適，《胡適口述
自傳》(臺北：傳記文學出版社，1981)，(7)王震邦，〈臺灣近三十年來的
胡適研究(傳記類專著部分)〉，上，《國文天地》，6.9(臺北，1991.02):
108-111；(8)王震邦，〈臺灣近三十年來的胡適研究(專論類專著部分)〉，
下，《國文天地》，6.10(臺北，1991.03): 107-111；(9)朱鴻召，〈文化與
政治的岐途——胡適與五四新文化運動〉，《中國文化月刊》，203(臺北，
1997.02): 73-87；(10)何炳棣，〈讀史閱世六十年——胡適之先生雜憶〉，
《歷史月刊》，70(臺北，1993.11): 68-76；(11)張朋園，〈胡適與梁啟超：
兩代知識分子的親和與排拒〉，《中央研究院近代史研究所集刊》，15(下)(臺
北，1986.12): 81-108；(12)蔡學海，〈胡適對史學方法論及文化史的見解
和貢獻〉，《大陸雜誌》，67.2(臺北，1983.08): 3-26。。

[82] 胡適，《胡適作品集》，4/113-126。

[83] 胡適在〈清代學者的治學方法〉一文中說：「中國舊有的學術，只有清代
的"樸學"確有"科學"的精神。」胡適，《胡適作品集》，4/155-185。又，

實驗主義的帽子，實質上他所倡導的"科學方法"，是頗爲粗陋的，用胡適自己的話來說就是"大膽的假設，小心的求證"[84]，並經由歸納法得出結論。雖然胡適標舉用"科學方法"整理國故，在他本人的研究中似乎並未超越清代學者的原有系統。

## 1. 科學方法，整理國故

胡適認爲國學是國故學的縮寫，中國一切過去的文化歷史都是國故；而國故中又有"國粹"與"國渣"的分別，所以胡適認爲如果不了解國渣，就不懂得何者是國粹[85]。他也反對用附會的方式，對西方的制度或思想進行比較[86]。

---

杜維運教授認為現代中國史學的"科學方法"，其實是乾嘉考據的現代版；杜維運，〈民國史學與西方史學〉，收入：孫中山先生與近代中國學術討論集編輯委員會(編)，《孫中山先生與近代中國學術討論集》，2/344-358。

[84] 胡適，《胡適作品集》，4/182。

[85] 胡適整理國故的主張是：

所以我們現在要擴充國學的領域，包括上下三四千年的過去文化，打破一切的門戶成見：拿歷史的眼光來統整一切，認清了"國故學"的使命是整理中國一切文化歷史，便可以把一切狹陋的門戶之見都掃空了。整理國故，必須以漢還漢，以魏晉還魏晉，以唐還唐，以宋還宋，以明還明，以清還清；以古文家還古文家，以今文家還今文家；以程朱還程朱，以陸王還陸王，……各還它一個本來面目，然後評判各代各家各人的義理的是非。不還它們的本來面目，則多誣古人。不評判它們的是非，則多誤今人。但不先弄明白了它們的本來面目，我們絕不配評判它們的是非。胡適，《胡適作品集》，7/9。

[86] 胡適反對今文學家稱基督教是墨教的緒餘，墨家的巨子就是矩子，而矩子就是十字架的說法；胡適認為應該採用西方經濟、社會、語言制度來比較，進一步發現中國的性質與價值。例如胡適所寫的《墨子》經上、下就是其中的例子。胡適，《胡適作品集》，7/16-17。

　　由於胡適引進杜威實驗主義[87]，並且杜威本人也在 1919-1920
年之間在中國巡迴講學，使得杜威著作被廣泛地譯爲中文，而胡適
自己的博士論文〈中國先秦名學的發展〉(The Development of Logical
Method in China)[88]，即是以杜威實驗主義之方法，中國古籍爲材料寫
成著作之最佳範例。

　　胡適認爲整理國故要用"科學方法"，而且要"擴大研究範圍"，
其目的在打破一切的門戶之見，以歷史的眼光來統整歷史的方法，
亦即"重新估定一切價值"的批判態度，將中國如何現代化的問題，
從科技和政制層面提升到文化層面[89]，因而能突破中體西用的思想
格局；爲中國學者從清代中葉以後所困惑的中、西學問題，指出了
一個新方向；另一方面他也打破了自漢代以來的今、古文之爭，迫
使學術界的知識分子從新思考這些問題。

　　胡適整理國故的方法，簡單地說就是以時代還其時代，「以漢
還漢，以魏晉還魏晉，以唐還唐，以宋還宋，以明還明，以清還清」，
而要做到"各還它一個本來面目"的重要方法就是審定史料。

　　胡適認爲審定史料的方法，必須注重證據，而他所謂的證據有
五種：(1)史事：書中的史事是不是和作書的人年代相符；(2)文字：
一個時代有其特殊的文字，不會在前代出現後世的字彙；(3)文體：
一個時代有其自己的文體；(4)思想：胡適認爲一個著書立說者的思

---

[87] 賈祖麟(Jerome B. Grieder), *Hu Shih and the Chinese Renaissance: Liberalism
in the Chinese Revolution, 1917--1937* (Cambridge Mass.: President and
Fellows of Harvard College, 1970), 173-209.

[88] 此論文其後改名《中國哲學史大綱》，後又改名《中國古代哲學史》，由
商務印書館出版。

[89] 余英時，《中國近代思想史上的胡適》，18。

想應該會有一個系統可以遵循，不致於會有嚴重前後矛盾，思想衝突的情形；(5)旁證：胡適認為前四種都是內證的方法，都是從書中找出來的證據，他認為還有一些證據是從別的書找出來的，稱為旁證[90]。

除此之外，胡適又提出整理史料的三個方法，分別是：(1)校勘，(2)訓詁，(3)貫通；胡適認為作到上述這些方法之後，才算是做到"述學"這項基本功夫[91]。

胡適認為各時代的文學、思想都有一定的特色，而研究歷史必須抓住其時代特色，而後將演進的軌跡找出來。所以他提倡使用"歷史演進法"來研究歷史，而他認為使用歷史演進法的步驟有四：(1)把每一件史實的種種傳說，依先後出現的次序排列起來；(2)研究每件事在每一個時代有什麼樣子的傳說；(3)研究這件事的漸漸演進：由簡單變為複雜，由陋野變成雅馴，由地方的(局部的)變為全國的，由神變為人，由神話變為史事，由寓言變為事實；(4)遇可能時，解釋每一次演變的原因[92]。

但是在排比故事演進過程時，要如何運用這些證據？誤用證據很可能會推出錯誤的結論。所以胡適又提出在運用這些證據之前要先問五個問題：(1)這種證據是在什麼地方尋出的？(2)什麼時候尋出的？(3)什麼人尋出的？(4)地方和時候上看起來，這個人有做證人的資格嗎？(5)這個人雖有證人資格，而他說這句話時有作偽(無心

---

[90] 許冠三，《新史學九十年　1900-》，上/149-155；但胡適後來的觀念亦有所修正，而認為思想線索有其危險性，不能免除主觀的成見，是一把兩面鋒的劍，可以兩邊割的。

[91] 許冠三，《新史學九十年　1900-》，上/156。

[92] 《古史辨》，1(臺北：明倫出版社，1970，景印本)，193。

的或有意的)的可能嗎[93]？

　　胡適在很多地方都使用這種歷史演進法，例如有關井田辨的考
證，以及白話小說考訂，特別是《水滸傳》、《三俠五義》、《龍圖公
案》、《醒世姻緣傳》、《紅樓夢》等，都是如此。因為胡適認為要了
解那個時代的文學，必須先了解那個時代[94]；從這些例子可以略知
他如何運用歷史研究法於小說版本之考證。

　　在歷史研究中，胡適相當重視社會史與生活史的重要性，因此
反對寫通史的時候專著眼於政治,而忽略社會史與文化史的層面[95]，
而應選擇能代表時代變遷的事實，寫出文化的進退與人民生活的狀
況[96]。

---

[93]　《古史辨》，1/197-8。

[94]　胡適在〈水滸傳考證〉中提到：

　　　不懂得南宋的時代，便不懂得宋江等三十六人的故事何以發生。不懂得
　　　宋元之際的時代，便不懂的明初何以產生《水滸傳》。不懂得元明之際
　　　的文學史，便不懂得明初的《水滸傳》何以那樣幼稚。不讀《明史》的
　　　〈功臣傳〉，便不懂得明初的《水滸傳》何以有招安的事之外又加宋江等
　　　有功被讒遭殺害和李俊、燕青見機遠遁等事。不讀《明史》的〈文苑傳〉，
　　　不懂得明朝中葉的文學進化的程度，便不懂得七十回本《水滸傳》的價
　　　值。不懂得明末流賊的大亂，便不懂得金聖嘆的《水滸》見解何以那樣
　　　迂腐。不懂得明末清初的歷史，便不懂得雁宕山樵的《水滸後傳》。不
　　　懂得嘉慶、道光間的遍地匪亂，便不懂得俞仲華的《蕩寇志》。——這
　　　叫做歷史進化的文學觀念。

　　　胡適，《胡適作品集》，5/108-109。

[95]　胡適，《胡適作品集》，10/183-184。

[96]　胡適認為：「與其記誦五代十國的帝王世系，不如研究錢鏐在浙江興的水利
　　　或王審知入閩後種族上和文學上的影響；與其痛罵馮道的無恥，不如研究
　　　當日政府雕板的監本九經的歷史；……與其比較《新五代史》與《舊五代
　　　史》的文字優劣和義法寬嚴，不如向當時人的著作裏去尋那些關於民生文
　　　化的新史料。范仲淹的文集裡，無意之中，記載著五代時江南的米價，那

## 2. 實驗主義，萬法歸宗

胡適提倡的杜威(John Dewey)實驗主義(Pragmatism)，可以說是五四
時期影響中國學術界極巨的重要思想。胡適把杜威學說簡化成一種
解決問題的方法論，並用這一套方法批評、分析各種學問，而非著
重於杜威的理論架構上[97]。因此，胡適在歷史研究中所重視的，只
是一家學術或思想背後的方法與態度而非實際內容。而"大膽的假
設，小心的求證"以及"拿出證據來"，就在這種想法之下提出，實
驗主義亦成為他治學上的萬靈丹[98]。

---

是真重要的史料。……比起這種真正的史料來，什麼謹嚴的史傳，什麼痛
快的論贊，都變成一個錢不值的了！」從胡適的說法來看，他反對中國傳
統寫史的方法與材料，主張轉而研究"關於民生文化的新史料"；亦即胡適
已經不再認同舊的歷史觀點，不再將政治史當成歷史研究的主流，而是將
政治、社會、經濟、文化甚至小說都納入歷史研究的範圍。胡適，《胡適
作品集》，10/183-184。

[97] 許冠三教授認為胡適"只有淺出，而無深入"，並且認為胡適對杜威實驗主
義"事實上從未充分領會並運用它的精義"；甚至批評胡適淺薄或不知長進；
許冠三，《新史學九十年 1900-》，上 /164-165；但本文不擬討論這些問
題；而將重點放在胡適所了解的杜威學說究竟為何，以及對於五四史學發
生哪些影響。學說之傳播，有時其實是透過"誤讀"(misreading)的程序，對
胡適而言，很可能正因他用淺白的文字介紹杜威思想與方法論，因而才造
成如此大的影響。而胡適雖然過度強調方法論，但反過來說，亦正因胡適
如此重視方法與方法論，導致看事物的眼光不同，才會將春秋時代諸子學
說的不同只當成"為學方法"的不同，程、朱、陸、王的不同也簡約成方法
的不同，也才能夠"以平等的眼光"看待諸子與各家、各派的觀點。

[98] 胡適在〈杜威先生與中國〉中介紹杜威的實驗主義：
杜威先生不曾給我們一些關於特別問題的特別主張——如共產主義、
無政府主義、自由戀愛之類——他只給了我們一個哲學方法，使我們用
這個方法去解決我們自己的特別問題。他的哲學方法總名叫做「實驗主

胡適將杜威實驗主義的兩個重要方法，"歷史方法"與"實驗方
法"運用到中國材料上，對五四時期的學術思想造成了普遍而廣大
的影響。在史學方面的貢獻，可分爲兩方面來了解：(1)超越儒學的
體系：胡適將"六經"與"諸子"納入同一個體系，用平等的眼光對待[99]。
雖然晚清以來章炳麟、梁啓超提倡諸子學也有這種傾向[100]，但胡適
《中國哲學史大綱》所提供的並非個別之觀點，而是一整套的典範，
所以才造成了革命性的影響[101]。(2)將通俗文學列入研究範圍：傳統

義」；分開來可作兩步説：
　　歷史的方法——「祖孫的方法」他從來不把一個制度或學説當作一個
孤立的東西，總把他看作一個中段：一頭是他所以發生的原因，一頭是
他自己發生的效果。上頭有他的祖父，下面有他的孫子。抓住了這兩頭，
他再也逃不出去了！這個方法的應用，一方面是很忠厚寬恕的，因為他
處處指出一個制度或學説所以發生的原因，指出他的歷史背景，故能了
解他在歷史上佔的地位與價值，故不致有過分的苛責。一方面這個方法
又是最嚴厲的，最帶有革命性質的，因為他處處拿一個學説或制度所發
生的結果來評判他本身的價值，故最公平，又最厲害。這種方法是一切
帶有評判精神的運動的一個重要武器。
　　實驗的方法——實驗的方法至少注重三件事：(一)從具體的事實與境
地下手；(二)一切學説理想，一切知識，都只是待證的假設，並非天經
地義；(三)一切學説與理想都須用實行來試驗過；實驗是真理的唯一試
金石。……
胡適，《胡適作品集》，4/380-381。
[99] 胡適認為《中國哲學史大綱》的貢獻是：
　　我那本著作裡至少有一個新特徵，那便是我(不分"經學""文學")把各家
思想，一視同仁。我把儒家以外的，甚至反儒非儒的思想家，如墨子，
與孔子並列，這在一九一九年的[中國學術界]便是一項小小的革命。
胡適，《胡適口述自傳》(臺北：傳記文學出版社，1981)，216。
[100] 王汎森，《章太炎的思想：兼論其對傳統的衝擊》(臺北：時報出版公司，
1985)。
[101] 余英時，《中國近代思想史上的胡適》，79-88。

中國學術多以經史爲重心，輕視通俗文學，胡適將小說當成社會史、
經濟史的材料，擴大了史學的範圍，尤其他將小說版本與歷代政治、
思想演變相結合，以補充正史之不足。胡適將小說與儒家經典放在
同樣的地位加以批判、研究，脫離了傳統的權威與家派束縛，以平
等的眼光對待一切典籍與文獻。對胡適而言，不論儒家經典或話本
小說，都只是研究時使用的史料，而無高下之分。

## 3. 建立典範，影響深遠

　　胡適對現代中國史學的貢獻，就廣義而言，是建立了孔恩所謂
的新典範。而這個典範是全套信仰、價值和技術的建立與改變。就
狹義而言，胡適的研究成果，一方面開啓了新的治學門徑，另一方
面又留下許多爭議與待解決的問題。不僅接受他說法的人受到影
響，連不接受胡適說法的人也必須從胡適所提出的問題出發，參與
相關的學術討論[102]。

　　而五四時期的年輕史家，如顧頡剛、傅斯年、羅爾綱等人，或
多或少、或直接或間接都受到胡適學說的影響[103]，因此也影響了現
代中國史學的發展方向。顧頡剛受到胡適歷史演進法的啓迪，創發
了"層累造成說"，並激起古史辨運動[104]。傅斯年則創辦中央研究院
歷史語言研究所，成爲史料學派的燃燈人[105]。羅爾綱在太平天國史

---

[102] 余英時，《中國近代思想史上的胡適》，19-20。
[103] 逯耀東，《胡適與當代史學家》，87-140。
[104] 彭明輝，《疑古思想與現代中國史學的發展》，128-169。
[105] 但傅斯年並非僅受胡適影響，而且他的某些觀點也影響了胡適，參考：王
　　　汎森，〈傅斯年對胡適觀點的影響〉，《漢學研究》，14. 1(臺北，1996. 06):
　　　177-193。

的研究中發展其考證技術，並對史料重新建構與解釋；俞平伯有關
《紅樓夢》的研究等等[106]；使得胡適所提倡的方法與方法論，對現
代中國學術思想造成一定程度的影響。

　　胡適並非專業史學家，所引介的杜威實驗主義及所提倡的科學
方法，亦遭部分負面批評，這些批評包括文字過於淺白、學問只有
淺出而沒有深入，或指摘他太過強調實驗主義以及科學方法，但不
免流爲口號，而非完整之方法論[107]。但反過來說，正因爲他的淺白、
淺出，才造成這麼大的影響力，幾風靡民國初年知識界的各個面向[108]。
胡適是風氣的倡導者，思想的啓蒙家，因此，苛求他介紹一套完整
的方法學，或拿他在歷史或古文上的造詣比擬章炳麟和王國維，不
免於是將胡適的角色過分放大。而且因爲胡適所涉獵的範圍太廣，
當然會有不足之處，但如能以其所處時代加以衡量，將會獲得一同
情的了解。

## (三)何炳松：社會科學與史學的結合

　　何炳松曾任北京大學史學系教授，授課所用課本，多爲哥倫比
亞大學"新史學"派教授的著作[109]，如查爾斯‧比爾德(Charles A. Beard)
《歐洲史綱》(*An Outline of European History*)、《現代歐洲史》(*History of*

---

[106] 許冠三，《新史學九十年 1900-》，上/134。

[107] 許冠三，《新史學九十年 1900-》，上/164-165。

[108] 余英時，《中國近代思想史上的胡適》，61-65；余英時教授認為嚴復與章
　　　炳麟的古文都比胡適深晦，所以影響力反而遜色。

[109] 劉寅生、謝巍、房鑫亮(編校)，《何炳松論文集》(北京：商務印書館，1990)，
　　　533-535；507-508；王晴佳，〈胡適與何炳松比較研究〉，《史學理論研
　　　究》，2(北京，1996): 66。

*European, Our Own Time*)，詹姆士‧魯賓遜(James Harrey Robinson)《西歐史導論》(*An Introduction to the History of Western Europe*)；由何炳松授課的內容，可以看出他在此時期的主要興趣在於將西方史學引介到中國[110]。雖然如此，何炳松對傳統中國史學仍有所關注，他和胡適同時都對章學誠產生興趣，胡適寫成《章實齋年譜》，為此書寫序的就是何炳松。但何炳松對章學誠研究的興趣顯然只是牛刀小試，並未太過用心，因為他認為當時重要的不是振興國學，而是深入理解中國文化。在討論中國文化時，何炳松指出章學誠的學說固然值得研究，但他覺得這種程度已經夠了，無庸過分熱心[111]，因為他覺得過分熱心會有"腐化"的危險；何炳松同時也對當時中國原有的東西不管好壞，只要加上"國"字做為保鏢的武器，如"國醫"、"國術"、"國菜館"，就變成時髦的玩意兒，而這些都是"國學"所引出來的流弊[112]。

以何炳松和胡適的交情，應該不致於和胡適所推動的整理國故運動唱反調，比較可能的解釋是何炳松在這個時期極力鼓吹西方史學的成就，甚至認為用西方的方法論來整理中國舊學(國故)，可能過度抬高這些舊學的地位，而忽略了西洋近代史家對史學的貢獻，因而呼籲中國學者們"多做一點介紹西洋史學的工作"[113]。

---

[110] 王晴佳，〈胡適與何炳松比較研究〉，《史學理論研究》，2: 66。

[111] 《何炳松年譜》，劉寅生、謝巍、房鑫亮(編校)，《何炳松論文集》，543-544。

[112] 《何炳松年譜》，劉寅生、謝巍、房鑫亮(編校)，《何炳松論文集》，544。

[113] 何炳松說：「我們倘使把章實齋的史學鼓吹過分了，那不但要使章氏和我們自己流入腐化的一條路上去，而且容易使得讀者看不起西洋史家近來對於史學上的許多重要的貢獻。」《何炳松年譜》，劉寅生、謝巍、房鑫亮(編校)，《何炳松論文集》，543-544。

## 1. 治學途徑，思想主導

　　何炳松有關章學誠的研究論著，在觀點上與胡適亦有上下床之
別，何炳松不採取和胡適一樣的考據方式，而是將章學誠的史學方
法與西方史學進行比較分析。何炳松認爲章學誠對中國史學有三大
貢獻：(1)將著作與材料分離，即指出史學(撰述)與史料(記注)的不同；
(2)強調通史的寫作；(3)章學誠對史學主觀與客觀關係的闡述[114]；
從這些論述來看，何炳松對章學誠史學的分析，主要是架構於近代
西方史學的理論與方法上，和胡適撰寫《中國哲學史大綱》的手法
可謂如出一轍[115]。但兩人在研究章學誠的取徑，則略有所異，胡適
謹守乾嘉樸學考據的方法，何炳松則是用西洋史學的成就來反觀章
學誠的史學。反映在著作上的特色自亦有異，胡適重考據，何炳松
重思想[116]。胡適推廣"科學方法"時，係採取將西方"科學方法"運用
到中國材料的模式，亦即西方科學方法是一條主旋律線，中國材料
是另一條主旋律線，形成複音音樂的現象；何炳松則同樣以西方方
法爲一條主旋律線，但另一條主旋律線則是用西方方法反觀中國史
學的考據方法與史學思想；所以，同樣是複音音樂，在主旋律的選
擇上卻有所不同，胡適是西方科學對中國材料，何炳松在中西史學
的討論上，方法對方法，思想對思想；表面上看起來，何炳松和胡

---

[114] 何炳松，〈章實齋年譜序〉，《胡適作品集》，33/7-10。

[115] 但這裡要指出的是，胡適是結合杜威實驗主義的方法論、乾嘉樸學考據的
方法與西方哲學史觀點，何炳松則直接切入章學誠的方法論，並將其與西
方史學比較。

[116] 何炳松認為浙東史學是程朱學派影響下的發展，陳訓慈則加以反駁；陳訓
慈，〈清代浙東之史學〉，收入：杜維運、黃進興(編)，《中國史學史論
文選集》，2/597-666。

適似乎都論及中、西文化問題,但在手法上卻大相逕庭。

## 2. 譯介新史學,中西復宏通

1920 年,何炳松應北大史學系主任朱希祖之請,開設"歷史研究法"課程,以魯賓遜(James Harrey Robinson)《新史學》(The New History)爲教材,並用該書爲"西洋史學原理"課的教材。

如果說胡適是將杜威實驗主義帶到中國的第一人,何炳松則是引介美國新史學到中國的燃燈者,因而北大史學系成爲中國最早將社會科學與歷史學結合者,開啓了往後現代中國史學與社會科學聯姻的先聲。自此以後,歷史學與社會科學的互動,成爲探討方法與方法論者所關心的課題,自 1920 年代迄 1990 年代的臺灣,可謂歷久不衰[117]。

何炳松正式翻譯魯賓遜《新史學》始於 1921 年 2 月,此項譯事獲得北京高等師範大學學生江興若之助;其後因江興若另有他事,倩友人傅東華相助。1921 年 8 月,譯稿完竣,由朱希祖審定,胡適校閱,成爲北京大學史學系的講義[118];1924 年,《新史學》由商務印書館正式出版,對當時學術界造成巨大的影響[119],可視爲社

---

[117] 黃進興,〈論「方法」及「方法論」:以近代中國史學意識爲系絡〉,康樂、黃進興(編),《歷史學與社會科學》,21-42;黃俊傑,〈近十年來國內史學方法論的研究及其新動向(民國六十年至民國七十年)〉,上,《漢學研究通訊》,2. 2(臺北,1983. 04): 69-76;內史學方法論的研究及其新動向(民國六十年至民國七十年)〉,下,《漢學研究通訊》,2. 3(臺北,1983. 07): 135-145。

[118] 胡適,《胡適的日記》,272-273。

[119] 譚其驤,〈本世紀初的一部著名史學譯著〉,劉寅生、謝巍、房鑫亮(編校),

會科學研究方法對現代中國史學的第一波衝擊；其後於 1930 年前
後發生的中國社會史論戰，則是以馬克思史學解釋中國歷史發展，
造成眾說紛云所引起的論戰，而其火藥線早在何炳松引介《新史學》
時即已埋下，雖然真正點燃這條火藥線的是"科學與玄學"論戰[120]。

　　魯賓遜所主張的"新史學"特點有四：(1)歷史的實用性：要求史
學工作者注意那些與現實有關的史實，反映美國進步史學的實用主
義傾向。(2)擴大歷史學的研究範圍，注意歷史上社會力量的發展，
不能只研究一些偉大人物。(3)加強與其他社會科學的聯繫，運用社
會科學方法研究和預測歷史的發展。(4)重申歷史學研究的客觀性，
雖然"新史學"派的歷史學者並不認爲歷史是一門不折不扣的科學[121]。

　　這些主張事實上是美國"新史學"派對德國蘭克(Leopold von Ranke)
學派的反動，亦即對 19 世紀以來科學派史學的反動。不過，值得
注意的是反蘭克科學派的史學於 1921 年由何炳松先引介到中國，
而蘭克史學輸入中國則是 1928 年傅斯年創立中央研究院歷史語言
研究所的事，雖然稍早或可上溯至 1926 年傅斯年於廣州中山大學
創辦語言歷史研究所[122]。

---

《何炳松論文集》，74。

[120] 逯耀東，《中共史學的發展與演變》(臺北：時報出版公司，1979)，37-40。

[121] 王晴佳，〈胡適與何炳松比較研究〉，《史學理論研究》，2: 66；臺灣的
史學工作者可能會發現，類似的論調在 1970 年代的臺灣史學界又重新熱
炒一次；黃俊傑，〈近十年來國內史學方法論的研究及其新動向(民國六十
年至民國七十年)〉，《漢學研究通訊》，2. 2: 69-76；2. 3: 135- 145；杜正
勝，〈發刊詞〉，《新史學》，1. 1(臺北，1990. 03): 1 -4。。

[122] Wang Fan-shen(王汎森), "Fu Ssu-nien: History and Politics in Modern China,"
(Princeton: Princeton University, Ph.D. Dissertation, 1993), 102-106。

## (四)顧頡剛：古史辨與史料學革命

在現代中國史學的發展過程中，古史辨運動無疑是相當具有爭議性的。擁護者認為是吹響新史學革命的號角，反對者認為是破壞傳統文化的罪魁禍首，而緊咬住"大禹是蜥蜴類"的論題不放[123]，而忽略了古史辨運動對現代中國史學發展的正面意義。

不同於胡適等人，顧頡剛從未出過國，對科學方法的認知並不多[124]，然而卻無礙其史學成就，主要關鍵在於他所採行的研究方法融合了"基礎的科學方法"與"故事的眼光"。

就"基礎的科學方法"而言，顧頡剛雖未直接沈浸於國外的科學研究環境，但五四時期"德先生"與"賽先生"的影響力是不容忽視的；而且影響顧頡剛最深的老師胡適，是將杜威實驗主義引介到中國的學者，其"歷史演進法"啓發了顧頡剛的史學研究，並因而發展出"層累造成說"。

---

[123] 筆者無意在此討論這方面的問題，有興趣的讀者可參閱下列著作：(1)王汎森，《古史辨運動的興起》；(2)彭明輝，《疑古思想與現代中國史學的發展》；(4)許冠三，《新史學九十年》，上/137-172；(4)陳志明，《顧頡剛的疑古史學》(臺北：商鼎文化出版社，1993)；(5)Laurence A. Schneider, *Ku Chieh-kang and China's New History* (California: University of California Press, 1971); (6)施耐德(Schneider, Laurence A.)著，梅寅生(譯)，《顧頡剛與中國新史學》(*Ku Chieh-kang and China's New History*) (臺北：華世出版社，1984)；(7)葉憶如，〈顧頡剛古史神話觀研究〉(高雄：國立高雄師範大學國文研究所碩士論文，1993)；(8)張中雲，〈整理國故運動的研究：以章太炎、胡適、顧頡剛為例〉(臺北：東吳大學中國文學研究所碩士論文，1996，未刊稿)。

[124] 顧頡剛本人在《古史辨》第1冊自序中也坦承自己對科學認知的淺薄，《古史辨》，〈自序〉，1/94-95。

　　《古史辨》第 1 冊出版於 1926 年，但顧頡剛與胡適、錢玄同
討論古史的來往書信卻早在 1920 年底到 1921 年初之間就開始了[125]。

　　由於顧頡剛與胡適有師徒之誼，顧頡剛也和胡適同樣提出用科
學方法整理國故的主張[126]，使得古史辨運動很容易貼上杜威實驗主
義的標籤，也更加強了顧頡剛受胡適影響而從事古史辨運動的說服
力[127]。顧頡剛究心古史固受胡適之啟迪，而他對科學的認知也同他
的老師胡適一樣是說得多做得少。如果顧頡剛真的服膺"科學方法"
進行古史討論，那麼，他所採取的將是一條一條細密考證史料的歸
納法，而不是在一開始就全面否定上古史的可信度，就此點而言，
顧頡剛的先有成見而後動手找材料證明其說，毋寧是比較接近"刺
蝟式"立論而非"狐狸式"。

---

[125]　《古史辨》第 1 冊收錄的前 14 封信，始於 1920 年 11 月 23 日至次年 1 月
　　　28 日之間，均為胡適與顧頡剛往來討論姚際恆《偽書通考》與崔述《考信
　　　錄》之文字；據《古史辨》第 1 冊所收錄函札來看，似乎很容易獲得這樣
　　　一個結論：顧頡剛討論古史主要是受胡適的影響。而且，如果只讀《古史
　　　辨》第 1 冊〈自序〉而不細心分析 7 冊《古史辨》的內容，也很容易有這
　　　種錯覺，更易誤解的可能是過度擴大杜威實驗主義在中國的影響力；本文
　　　無意在此剖析施耐德之論點，何況古史辨運動亦非單一思想下之產物，而
　　　有其源遠流長之發展線索。雖然表面上看起來顧頡剛受胡適啟迪而走向研
　　　究古史之路，但章太炎和康有為的影響也不容忽略。如果沒有今古文問題，
　　　吾人實難想像顧頡剛會從所謂"科學方法"點燃古史辨運動的火花。

[126]　顧頡剛，〈我們對國故應取的態度〉，《小說月報》，141(上海，1923): 26。

[127]　美國漢學家施耐德(Laurence A. Schneider)的《顧頡剛與中國新史學》即採
　　　取此一觀點；Laurence A. Schneider, *Ku Chieh--Kang and China's New
　　　History*, 62-3.

## 1. 樸學考據與科學方法

　　顧頡剛一面自詡爲以"科學方法"研究古史，一面自清學汲取養分，顧頡剛與錢玄同所引發的古史討論，爰引了康有爲立足於今文學攻擊古文的部分，用崔述"考信於六藝"的說法懷疑諸子關於上古之事的可信度，然後再用古文家的說法攻擊今文家。而顧頡剛唯一的宗旨是依據各時代的時勢來解釋各時代的古史[128]，這方面的思想淵源即直承清學而來[129]。

　　事實上顧頡剛舉起疑古大旗的目的，並不在經學的考據或家派之分野，而是古史之真僞，但因"六經"本爲古史之記錄，因此不得不把儒學經典當成要擊碎的對手。用今文家的說法攻古文經，用古文家之說攻今文經[130]，使儒學經典陷入"皮之不存，毛將焉附"的境地。但全面否定古史，考辨那些書是僞書，那些事是僞事，並非古史辨運動的最後成績(雖然這是顧頡剛等人的最初動機)，而是此一運動提出了"六經史料化"的觀念，爲現代中國史學注入了新生命。

## 2. 民俗戲曲與儒學經典

　　古史辨運動的形成，非單一線索所能解釋，包括杜威實驗主義、

---

[128]　《古史辨》，〈自序〉，1/65。
[129]　顧頡剛說：
　　　　清代的學風和以前各時代不同的地方，就是：以前必要把學問歸結於政
　　　　治的運用，清代學者則敢於脫離應用的束縛，以前說好規定崇奉的一尊，
　　　　而清代學者爲要回復古代的各種家派，無意中把一尊的束縛也解除了
　　　　《古史辨》，〈自序〉，1/77。
[130]　顧頡剛，《秦漢的方士與儒生》，〈序〉，5。

經今古文問題、戲曲與小說、故事的眼光等[131]；其中最重要的關鍵在於以平等的眼光看待儒學經典與民間戲曲，造成現代中國史學的史料觀念革命。

　　由於用平等的眼光看待儒學經典與民間戲曲，發展出"典籍史料化"的觀念，典籍史料化係指將傳統中國的目錄學分類拆散，以平等的眼光來看待古籍，這樣一來，經史子集的內容就成為辨偽書與偽事的材料，而無高下等第之分[132]。

　　從中國近代到現代的學術思想發展來看，五四時期的知識分子，在精神上、思想上有很多和變法派人物之間存在著千絲萬縷的糾結，由康有為"意在尊孔，乃至疑古"的線索[133]，到五四時期結合反儒學思潮而形成的古史辨運動，可以說是一脈相承的。在審視顧頡剛的史學內容時，我們發現他所運用的材料、方法，與前此的考證辨偽學者，並沒有太大差異，那麼，何以前人的辨偽工作，並未發展成古史辨運動般的狂濤巨浪？這一點必須從時代背景來加以了解。在崔述進行《考信錄》的辨偽工作時，同時代的學者們正耽於考據之學，不但忽略，甚且鄙夷他的工作；易言之，崔述和他同時代的學者並不在同一範疇進行論辯，而是各自擁有自己的治學領

---

[131] 彭明輝，《疑古思想與現代中國史學的發展》，50-204。

[132] 錢玄同在民國十年致顧頡剛的信札說道：

　　考辨真偽，目的本在於得到某人思想或某事始末真象，與善惡是非全無關係。即以孔二先生而論，假使禮運是偽書，春秋繁露非孔學之真，則"大同"之意，"三世"之說，縱極精美，卻不可視為孔學，假使墨子非儒篇或莊子盜跖篇等不但非偽書，而且所記是實錄，則我們雖甚愛孔二先生，也不能替他遮掩剝人家衣裳的拆梢行徑和向土匪磕頭禮拜的醜態。

　　錢玄同，〈論近人辨偽見解書〉，《古史辨》，1/25。

[133] 王汎森，《古史辨運動的興起》，91-109

域；因此，不論崔述提出多麼驚人的說法，都不易受到重視；至於
康有爲在著述《新學僞經考》與《孔子改制考》時，敵對的保守陣
營猶方興未艾，附和者亦難造成聲勢，尤其保守派的反擊更使其論
點處於岌岌可危之勢。但到古史辨運動時期就不同了，此時參與論
辯的學者們(不論贊成或反對)，所使用的材料與方法，都顯示他們是在
同一範疇進行討論。這種在同一範疇進行討論問題的方式，使得古
史辨運動得以造成風潮，捲起千堆雪，這是其他時代辨僞工作者所
沒有的背景，其中將"六經"與"諸子"史料化，是一個相當重要的關
鍵。

## 3. 典籍史料化

　　古史辨運動打破儒學定於一尊的古史解釋，使得後來的史學工
作者可以用平等的眼光看待一切上古史料，這是中國史學發展過程
中相當重要的里程碑。

　　顧頡剛曾指出古史辨運動時期研究古代典籍風氣勃興的兩個因
素：(1)學問上的束縛解除了，大家可以做自由的批判；(2)文籍考
訂學的方法趨於一致，而觀點頗有不同，因此易起辯論[134]。打開研
究諸子學的大門之後，經學與諸子學便可以放在同一天平上稱斤掂
兩了[135]。提出諸子的重要性，實即拈出古史辨運動對史料觀念的重

---

[134]　《古史辨》，〈序〉，4/15。

[135]　顧頡剛說：

　　　中國的古籍，經和子占兩大部分。普泛的說來，經是官書，子是一家之
　　　言。或者說，經是政治史的材料，子是思想史的材料。但這幾句話在漢
　　　代以前說則可，在漢以後說則不可。經書本不限於儒家所誦習，但現在
　　　傳下來的經書確已經過了戰國和漢的儒家的修改了；倘使不把他們所增

要突破。顧頡剛注意到儒學對傳統中國的支配性，而現在正是打破這層迷霧的時刻[136]。他明白揭示古史辨運動對史料的看法，也掃除了儒學"經世"理論的支配性，乃能將政治的歸政治，學術的歸學術，並且拋棄儒學舊有的心法，就歷史而論歷史。從諸子學地位的提升，發展到反儒學運動的勃興，毋寧是一而二、二而一的事。從辨"僞書"與辨"僞事"，到儒學權威性的崩潰，正好說明了古史辨運動一步一步超越儒學體系的思想線索，因爲只有儒學的權威性崩解了，才能將"六經"和"諸子"放在平等的地位，而均視之爲研究古史的材料，使現代中國史學的發展，邁向更廣廓的天地。

史料是史學的基礎，對史料觀念的轉變，正是現代中國史學發展過程的重要突破，如果不是古史辨運動對史料觀念的重新釐清，那麼，今天的上古史研究很可能仍停留在解經、注經的框限中而難以超脫。

---

　　加的刪去，又不把他們所刪去的尋出個大概，我們便不能遽視爲官書和古代的政治史料，我們只能認爲是儒家的經典。因此，經竟成了子的附庸；如不明白諸子的背景及其成就，即無以明白儒家的地位，也就不能化驗這幾部書的成分，測量這幾部書的全體。因此，研究中國的古學和古籍，不得不從諸子入手！俾在諸子方面得到了眞確的觀念之後再去治經。諸子書地位的重要，由此可見。

《古史辨》，〈序〉，4/15-16。

[136] 顧頡剛説：

　　我們要使古人只成爲古人而不成爲現代的領導者；要使古史只成爲古史而不成爲現代的倫理敎條；要使古書只成爲古書而不成爲現代的煌煌法典。這固是一個大破壞，但非有此破壞，我們的民族不能得到一條生路。我們的破壞並不是一種殘酷的行爲，只是使他們各個回復其歷史上的地位：眞的商周回復其商周的地位，假的唐虞夏商周回復其先秦或漢魏的地位。總之，送他們到博物院去。

《古史辨》，〈序〉，4/13-14。

　　以吾人今日的眼光來看古史辨運動，常有兩種頗為極端的看法；一種看法是衛道之士所特有的，他們認為古史辨運動對上古史造成了無以彌縫的大破壞，使得上古史研究到今仍支離破碎，經過80年的歲月，重建中國上古史依然遙遙無期。但如不經這一番破壞，中國上古信史又將從何建構起？另一種看法是將古史辨運動視為現代中國史學的革命，這似乎又過度誇大了古史辨運動的成績。事實上，古史辨運動僅僅止於是史料學的革命，而不能視為史學革命，因為正是此一運動，重建了史料學的新觀念，將古史研究自經學的附庸獨立出來，使中國史學能夠邁開腳步，擴展史學和史料學的視野，開拓出現代中國史學的新局面。

## (五)傅斯年：史料與史學的對話

　　不論多麼新穎的理論，所有的歷史研究都必須先通過史料這一關，經不起史料考驗的歷史研究，一切無非空中樓閣而已。"沒有史料，沒有歷史"之類的論調，雖然不免失之偏激，而忽略了史學本身的地位[137]，卻道出了史料與史學之間的真實關係。傅斯年說"史料即史學"、"史學就是史料學"[138]，雖不免有史料掛帥之嫌，而忽略了歷史工作者潛心思考的殫精竭智，而在他領導之下的中央研究院歷史語言研究所也形成所謂的"史料學派"[139]。然而，對史料觀念的重新檢討，無疑有助於我們今天的歷史研究。

---

[137]　杜維運，《史學方法論》(臺北：三民書局，1985)，131。

[138]　傅斯年，〈史學方法導論‧史料略論〉，《傅斯年全集》，2(臺北：聯經出版公司，1980)，6。

[139]　劉龍心，〈史料學派與中國史學之科學化〉(臺北：國立政治大學歷史研究所碩士論文，1992，未刊稿)，74-123。

身爲中央研究院歷史語言研究所的創辦者，傅斯年在中國現代史學的影響力不言可喻[140]。他曾留學歐洲 7 年，先到英國入倫敦大學從 Charles E. Spearman 教授學實驗心理學，兼及生理學與數學。1933 年自英至德入柏林大學哲學院研究，除心理學外，還旁聽愛因斯坦的相對論與勃朗克的量子論[141]。但後來他既沒有從事這些學科的任何研究，甚至很少提到這方面的學問。

但就其日後事業而言，傅斯年留歐時受益最深的應屬當時德國科學治史的風氣。在這種風氣的影響下，傅斯年修習語言學的課程，接觸語言文字考據的方法。後來他所倡導的"史學即史料學"，與當時盛行於德國及其他歐洲國家之"科學的史學"頗爲類近[142]。

1926 年冬天，傅斯年束裝返國，就任廣州中山學文學院院長之職，兼任文、史兩系的系主任，並創辦中山大學語言歷史研究所；1928 年創辦中央研究院歷史語言研究所並應聘爲第一任所長，至1950 年去世爲止。自 1926 年歸國到 1937 年是他教學與研究上的黃金時代，最重要的學術論著差不多都是在這個時期完成[143]。

傅斯年史學的最大特色，乃係提出材料和工具的重要性，他在〈歷史語言研究所工作之旨趣〉中認爲，凡能直接研究材料、能擴

---

[140] 有關傅斯年的史學研究，可參考下列著作：(1)Wang Fan-shen(王汎森), "Fu Ssu-nien: History and Politics in Modern China," (2)許冠三，《新史學九十年1900-》，上/209-234；(3)劉龍心，〈史料學派與現代中國史學之科學化〉。

[141] Wang Fan-shen(王汎森), "Fu Ssu-nien: History and Politics in Modern China," 81-142.

[142] 王汎森教授指出，雖然一般認爲傅斯年創辦史語所是受到蘭克學派的影響，但在傅斯年本人的著作中，並無任何相關之論述；Wang Fan-shen(王汎森), "Fu Ssu-nien: History and Politics in Modern China," 94.

[143] 劉龍心，〈史料學派與中國史學之科學化〉，74-89。

張研究材料的便進步，因而發展出史料學派本於清代樸學考據照著
材料出貨的精神[144]，“上窮碧落下黃泉，動手動腳找東西”，並提出
近代史學只是史料學的觀點[145]。在方法與方法論方面，傅斯年的具
體成就有三：(1)揭櫫近代歷史學只是史料學的宗旨；(2)在方法上
發展王國維的二種證據法，力主直接、間接材料並重，並融合中西
歷史語言學(philology)治史的門徑；(3)建立中國第一個具有規模的研
究機構——中央研究院歷史語言研究所，該所亦成爲史料學派的大本
營[146]。

## 1. 史學便是史料學

　　傅斯年在史學與史料學的對話中，提出“史學便是史料學”、“史
學本是史料學”、“史學只是史料學”等說法，其內涵包含下列意義：
(1)認定從史料中獲得大量的客觀知識，而堅實的事實只能得之於最
下層的材料；(2)相信只要把材料整理好，則事實自然顯明；(3)肯
定史學的對象是史料，史學的本業在於純就史料以探史實。(4)史學
的起點爲保存材料，蒐集材料；史學的擴充在擴充材料，尤其是史
料的發現，足以促成史學的進步，而史學之進步，最賴史料之增加[147]。

---

[144] 傅斯年，〈歷史語言研究所工作之旨趣〉，《傅斯年全集》，4/261-262。
[145] 傅斯年在〈史學方法導論・史料略論〉中說：
　　史學的對象是史料，不是文詞，不是神學，並且不是社會學。史學的工
　　作是整理史料，不是做藝術的建設，不是做疏通的事業，不是去扶持或
　　推倒這個運動，或那個主義。
　　傅斯年，《傅斯年全集》，2/5。
[146] 許冠三，《新史學九十年 1900-》，上/215。
[147] 許冠三，《新史學九十年 1900-》，上/221-222。

　　至於到何處找尋材料？傅斯年主張要實地搜羅材料，到民衆中尋方言，到各文化遺址去發掘，到各種的人間社會去采風問俗[148]。

　　傅斯年雖然非常重視語言學，認爲思想哲學是語言的副產品，並與歷史研究有密不可分的關係，但他自認在這方面的研究著力不多，其功力所淬主要在中國歷史。傅斯年認爲史學是科學，且與自然科學無別，頗似當時正流行於歐西諸國之"科學的史學"主張。傅斯年所說的"科學"，其實是用科學的方法處理史料。在〈歷史語言研究所工作之旨趣〉中，他開宗明義指出「近代歷史學只是史料學，利用自然科學供給我們的一切工具，整理一切可碰著的史料」，而只要「把材料整理好，則事實自然顯明了」[149]，而整理史料的方法則是比較不同的史料[150]。他甚至以"史學便是史料學"訂爲他在北大講授史學方法導論的"中央題目"，把"史料學便是比較方法的應用"訂爲討論〈史料略論〉這一講的主旨[151]。利用科學方法(比較方法)考證史料，再根據確定真僞後的史料重建過去的事實，這是典型的"科學的史學"。因爲只有這種歷史才是"純粹客觀"的歷史，才是"科學"的歷史，所以傅斯年堅決反對把歷史當作藝術創作，反對從任何先驗的觀念解釋歷史，更反對歷史當作鼓吹某種意識型態的工具[152]。他更進一步說推論是危險的事，以假設爲可能當然是不誠實，所以他強調處理史料的原則是"存而不補"，"證而不疏"，只根據材料的

---

[148]　傅斯年，〈歷史語言研究所工作之旨趣〉，《傅斯年全集》，4/261-262。
[149]　傅斯年，〈歷史語言研究所工作之旨趣〉，《傅斯年全集》，4/261-262。
[150]　傅斯年說：「假如有人問我們處理史料的方法，我們要回答說：第一是比較不同的史料，第二是比較不同的史料，第三還是比較不同的史料。」傅斯年，《傅斯年全集》，2/5。
[151]　傅斯年，〈史學方法導論・史料略論〉，《傅斯年全集》，2/5。
[152]　傅斯年，〈史學方法導論・史料略論〉，《傅斯年全集》，2/5。

有無多寡說話[153]。材料既然如此重要，研究歷史的人就必須擴張研究的材料。所以，他在〈歷史語言研究所工作之旨趣〉中說：「我們不是讀書人，我們只是上窮落下黃泉，動手動腳找東西」[154]。

## 2. 考古、語言與文獻整理

　　傅斯年"史學即史料學"的主張決定了他的學術活動，在他主持史語所期間，雖然不能"上窮碧落"，但他確實"下黃泉"去找新材料。他主持殷墟與城子崖的發掘成果震動全世界，為中國史前史與古代史找到寶貴的新材料。他也在地上找材料，先後為史語所取得居延漢簡 13,000 餘片，金石拓片 25,000 餘種，俗曲 8,000 冊，以及許多敦煌卷冊與善本書。另外有大批明清檔案，亦為 1927 年冬由傅斯年建議蔡元培以大學院名義向私人購得轉贈中央研究院，交由史語所保管整理。他也推動有系統的整理《明實錄》，並且蒐集到 7 種版本對校。在語言調查方面，史語所在成立之初即計畫對各地方言進行調查，到 1940 年已調查的有廣東、湖南、湖北、四川、雲南、徽州的方言。對日抗戰期間，史語所所到之處，每多就地調查，史語所因而藏有大批方言調查資料[155]。

　　傅斯年將史料的範圍擴及地上文獻材料與地下考古材料，結合了文獻考證學派(疑古派)與文物考證學派(考古派)，使史學研究邁向一個更寥廓的新天地。傅斯年提倡語言學與歷史學的結合，所創立的

---

[153] 傅斯年在〈《史料與史學》發刊詞〉中說：「一分材料出一分貨，十分材料出十分貨，沒有材料便不出貨。」傅斯年，〈《史料與史學》發刊詞〉，《傅斯年全集》，4/356。

[154] 傅斯年，〈歷史語言研究所工作之旨趣〉，《傅斯年全集》，4/261-262。

[155] 劉龍心，〈史料學派與中國史學之科學化〉，74-89。

中央研究院歷史語言研究所，將語言、考古與文獻整理合為一體，使他所主張的"材料擴充"與"工具革新"，必能達到史學進步的理論落實到實踐層面。在傅斯年領導下的中央研究院歷史語言研究所，於考古、語言與文獻整理三方面，均有可觀的成績。

## (六)小結

上述各人所討論的方法與方法論，對五四史學造成了程度不一、面向多元的影響[156]，部分學者著專書剖析方法與方法論，部分則在相關論文中述及，並非人人皆有融鑄一體之論著，而係對方法與方法論時有縈懷，這是五四時期學術思想的一個共通面向，冀期方法與方法論的解決，可促進現實政治、思想文化等一切問題的解決。

就學術研究而言，檢驗某一個方法對該學門是否有益的最佳途徑，乃是這個方法對實質問題的解決是否有幫助，然後就方法所建構的典範(paradigm)檢討，分析其方法論；所以，就學術發展的一般歷程而言，實質問題的解決有其優先性，而非方法與方法論先於問題而存在。五四時期的學術思想慣常以思想／文化的方法與方法論

---

[156] 本文未討論對當代中國史家影響巨大的馬克思史學家，係因馬克思史學成為現代中國史學重要論題已是 1930 年前後的中國社會史論戰；未論及陳寅恪、張蔭麟，係因陳寅恪於 1925 年歸國，張蔭麟於 1934 年歸國，稍遠於五四新文化運動；本文所論五四時期之年代斷限為 1915-1923；參考：周策縱(Chow Tse-tsung), *The May Fourth Movement: Intellectual Revolution in Modern China*, 1-3；張玉法，《中國現代史》，上(臺北：東華書局，1980)，253-264。傅斯年雖於 1926 年方始歸國，但因他在 1919 年已是五四運動的健將，因而列入討論，並非筆者別有厚愛於傅斯年。

入手，試圖藉方法與方法論解決所面臨的各種難題。以今日的"後
見之明"分析五四史學的方法與方法論意識，對當時引介的各種西
方思潮、主義、方法與方法論，看似琳瑯滿目，美不勝收；另一方
面卻也是雜亂無章，各出機杼。當我們試圖檢閱五四時期所引介的
各種西方思想、主義、方法與方法論時，將會發現這些引介並非有
系統、有組織、有秩序的狀態，甚至有點隨機取樣的意味，局部的、
零散的各類學說同時出現在五四時期的思想學術界，直教人丈二金
剛摸不著頭腦，當各類精闢／粗糙的思想出現在五四時期的學術舞
臺，直是五光十色，令人目不遐給，另一方面卻亦是取法維難。這
是爲什麼五四時期出現的各種論題，在後五四時代繼續燃燒的重要
因素，包括科學、民主、白話文學、史學、社會科學等論題，在大
陸與臺灣的討論幾乎無時或衰，而結合人文學科與社會科學樞紐的
歷史學，自然成爲探討方法與方法論的重要陣地；這是長久以來臺
灣與大陸地區歷史學研究強調方法優先性的重要線索，而由何炳松
引介魯賓遜《新史學》所引發的結合歷史學與社會科學方法論問題，
在 1970 年代的臺灣，又再度搬上臺面；1990 年代以後，方法與方
法論在歷史研究中仍屬重要論題，全於臺灣地區的大學歷史系、所
課程，亦均將史學方法(論)、研究實習等課程列爲必修[157]；臺灣歷
史學界強調方法與方法論的優先性，可說是由五四史學的方法與方
法論意識一路發展下來的，而史學方法與方法論意識的幽靈，80
年來不斷地在臺灣與大陸史學界重現，其影響之深遠由此可見一

---

[157] 杜維運，〈史學方法的教與寫〉，收入：張哲郎(主編)，《歷史學系課程
　　教學研討會論文集》，上(臺北：政治大學歷史系，1993)，45-64；黃俊傑，
　　〈關於「史學方法論」教學工作的幾點思考〉，收入：張哲郎(主編)，《歷
　　史學系課程教學研討會論文集》，上/65-136。

斑。

　筆者並不意味自五四以後，臺灣與大陸地區在史學方法與方法論上沒有任何突破；事實上，每個時期所面臨的學術思想環境不同，縱使處理同一面向的問題，結果仍舊有異。1970 年代臺灣史學界掀起的行爲科學(社會科學)熱潮，當然不會是何炳松引介魯賓遜《新史學》的翻版，也不會是張蔭麟引介西方社會科學方法治史的狗尾續貂[158]；類似的情形亦出現在大陸史學界，1949 年以後大陸史學工作者以馬克思主義爲"聖經"所進行的各種運動，從 1960 年代文化大革命的"以論代史"[159]，到 1980 年代中期以後發出"史學危機"的呼聲[160]，絕非 1930 年前後中國社會史論戰的餘緒。每個時代有其新的時代命題，但史學方法與方法論意識的歷久不衰，甚至每當面臨新思潮或新運動出現時，方法與方法論就重新下鍋，再度炒熱，這是五四史學的方法與方法論意識影響最深遠者。當然，每一個學門在創新其領域內的研究時，都會面臨新方法的問題，而當新方法創造出新典範後，有關方法論剖析便隨之出現。但筆者所欲指出者，乃係方法與方法論意識的優先性，在後五四時期臺灣與大陸史學界受重視的程度，可能遠遠超過其他學門，而重視方法與方法論的優先性，正是五四史學最具關鍵的影響。這些是長遠以來，臺灣與大

---

[158] 張其昀，〈張蔭麟先生的史學〉，收入：張蔭麟，《張蔭麟先生文集》，上(臺北：九思出版公司，1977)，5-11。

[159] 魏格林(S. Weigelin-Schwiedrzik)，〈"史"與"論"——中國史學類型學的研究〉，收入：魏格林(S. Weigelin-Schwiedrzik)、施耐德(Axel Schneider)主編，《中國史學史研討會：從比較觀點出發論文集》(International Symposium: Chinese Historiography in Comparative Perspective)(臺北：稻鄉出版社，1999)，323-347。

[160] 逯耀東，《史學危機的呼聲》(臺北：聯經出版公司，1987)，69-82。

陸史學界"方法意識"高張的潛在因素。以臺灣而言，1960 年代末期
"行為科學"(behavioral sciences)的介紹及輸入，不僅加強此一意識，而
且添入新血，許冠三教授的《史學與史學方法》(1963)即是這方面的
代表性著作[161]；1970 年代歷史學與社會科學的結合影響尤為深遠[162]。

# 五、眾聲喧嘩：舊學與新知

　　每個時代都有符合其時代的新史學，五四時期亦然。當胡適舉
起杜威實驗主義的大旗，以實驗主義的方法，用儒家與諸子著作為
材料撰寫其博士論文〈中國先秦名學之發展〉(《中國古代哲學史》)時，
建立了新方法用在舊材料上的新意義。

　　雖然胡適一生治學以中國研究為主，但他卻是著名的全盤西化
論者，正好顯現了複音音樂多主旋律的特性；何炳松於 1921 年將
美國史學家魯賓遜的《新史學》譯為中文，卻在 1935 年參與起草

---

[161] 許冠三教授認為，今日史學研究的要求較為嚴格，除所治領域的歷史知識
而外，史學家還得具有其他許多科學知識，"常識"是不夠的，史學家的"共
同必修科學"包括下列學科：(1)邏輯學與方法學；(2)社會科學，或稱行為
科學，最主要的有人類學，社會學，心理學；政治學，經濟學等；(3)自然
科學；(4)哲學；許冠三，《史學與史學方法》(臺北：莘莘出版社，1963)，
28。

[162] 杜正勝，〈中國社會史研究的探索——特從理論、方法與資料、課題論〉，
收入：國立中興大學歷史學系(主編)，《第三屆史學史國際研討會論文集》，
25-76；黃俊傑，〈近十年來國內史學方法論的研究及其新動向(民國六十
年至民國七十年)〉，上，《漢學研究通訊》，2. 2: 69-76；黃俊傑，〈近
十年來國內史學方法論的研究及其新動向(民國六十年至民國七十年)〉，
下，《漢學研究通訊》，2. 3: 135-145。

和發表〈十教授宣言〉，提倡中國文化本位[163]。

　這種差異正好說明了五四史學雖然都在中、西文化的論題上打轉，不論是杜威的實驗主義，魯賓遜的新史學，甚至學衡派引介白璧德(Irving Babbitt, 1965-1933)的新人文主義(Neo-Humanism)[164]，都顯現了五四時期文學、史學、文化諸問題的眾聲喧嘩[165]。因此，檢討這段

---

[163] 王晴佳，〈胡適與何炳松比較研究〉，《史學理論研究》，2 (1996): 63。

[164] 白璧德(Irving Babbitt, 1965-1933)，美國新古典主義、新人文主義巨擘，其中國弟子梅光迪、吳宓等人將其學說引介到中國，成為學衡派的代表性人物，反對五四新文化運動最力；侯健，《從文學革命到革命文學》(臺北：中外文學月刊社，1974)，239-248。

[165] 眾聲喧嘩(raznorechie)：俄籍評論家巴赫汀(M. M. Bakhtin, 1895-1975)獨創的俄文名詞，用來描述文化的基本特徵，即社會語言的多樣化、多元化現象。眾聲喧嘩存在於社會交流，價值交換和傳播的過程中，凝聚於個別言談的生動活潑、千姿百態的音調、語氣之內，是一種文化的基本型態。對文化的研究，主要是把握其組織、結構型態，而語言乃是錯綜複雜的文化現象中結構性、形式感最強的東西，也是最基本的東西。眾聲喧嘩理論基本上有三個有機組成部分：(1)小說話語理論，(2)西方語言、歷史、文化史，(3)小說的文體與形式理論，包括戲擬、時空型等。小說理論是巴赫汀文化理論的一條主線，他由小說的歷史嬗變來審視，闡發文化史的規律。在巴赫汀的論述中，"眾聲喧嘩"指涉人類在使用語言，傳達意義的過程中，所不可避免的制約、分化、矛盾、修正、創新等現象。這些現象一方面顯現文字符號隨時空而流動嬗變特性，一方面也標明其與各種社會文化機構往來互動的多重關係。在反駁"單音獨鳴"(monoglossia)之語言觀的前提下，"眾聲喧嘩"的理念亦可及於我們對文化、歷史、政治等範疇的再思考。"眾聲喧嘩"的另一個重要特點是其歷史性，因為只有在文化發生劇烈動盪、斷層、裂變的時刻，只有在不同的價值體系、語言體系發生激烈碰撞、交流的轉型時期，眾聲喧嘩才全面地凸顯，成為文化的主導。本文所用raznorechie(眾聲喧嘩)之中譯為王德威教授所譯。相關討論，請參考：M. M. bakhtin, *The Dialogic Imagination*, ed. by Michael Holquist, Trans. by Caryl Emerson & Michael Holguist(Austin: University of Texas press, 1981), 428；

時期的史學發展，似不能只扣緊史學的命題，而須將史學當成整體中、西文化的衝突與融合來加以觀察。

在這類討論中，還有一個必須釐清的觀念，即西方文化並非單一的、或精當無誤的，同樣都是引介西方文化，白話文運動的反對者學衡派，引介新人文主義、新古典主義，就和胡適所引介的杜威實驗主義不同，但都是西方文化的一支。所以，西方文化本身亦是一種複音音樂的樣式，當五四新文化運動在中、西學術的對立與融合中發展，中國文化本身有其複音音樂的特性，加上西方文化的複音，彼此交錯、對立、融合，形成五四新文化運動內涵的多樣性，這種複雜的眾聲喧嘩，顯然不是中國／舊學、西方／新學、中國／傳統、西方／現代，這類二元分法所能完全解釋，這也是爲何胡適要提出國粹／國渣對立論述的關鍵[166]。在中、西文化的取向上，我們看到胡適所採取的方式主要是西方方法／中國材料的模式，雖然他是著名的全盤西化論者，但顯現於論著中的卻以中國部分居多；而在五四時期同樣主張向西方學習的何炳松，則是一心一意地將西方史學介紹到中國來，他和南京高等師範學校的徐則陵[167]，均爲致力西方史學輸入中國的重要學者。徐則陵和何炳松所引介的西方史學，大抵從理論入手，而且直指西方近代史學，他們和胡適、梁啓

---

王德威，《眾聲喧嘩》(臺北：遠流出版公司，1988)，5；劉康，《對話的喧聲：巴赫汀文化理論述評》(臺北：麥田出版公司，1995)，14, 208。

[166] 胡適，《胡適作品集》，7/9。。

[167] 徐則陵曾任東南大學歷史系主任，其論著在譯介外國史學上著墨甚多，如介紹魯賓遜(James Harrey Robinson)之《新史學》(*New History*)，柏克(H. T. Buckle)的《英格蘭文化史》(*History of Civilization in England*)，甚至對馬克思主義史學亦有所論及，也引介了威爾斯(H. G. Wells)的《世界史》；彭明輝，《歷史地理學與現代中國史學的發展》，99。

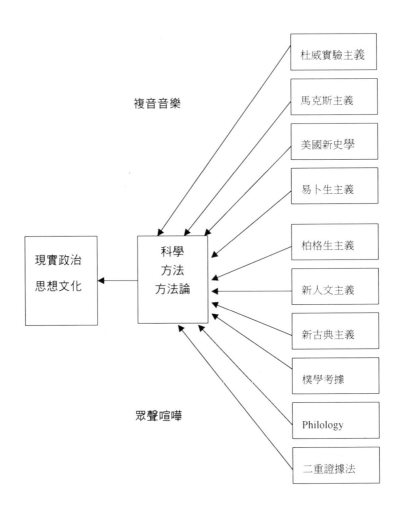

超所採行的方式是大異其趣的，胡適和梁啓超對西方史學的引介，常常是呼籲大於實踐。

　　五四新文化運動造成的儒學崩解，使知識分子們忙於找尋替代方案，這些方案中，有的是新瓶舊酒，如胡適的杜威實驗主義裝了乾嘉考據的舊酒；有的是以主義為方法，如馬克思主義以方法的面貌出現[168]。1930 年前後的社會史論戰，學者們試圖以馬克思主義解釋中國社會發展的歷史過程，參與中國社會史論戰的學者，基本上都穿著馬克思主義的紅色甲冑登場，爭議焦點其實是參與論戰者對馬克思主義的理解不同，造成對階段的年代畫分與解釋有異，這種以同一思想對中國歷史發展各階段做出不同解釋的情形，不僅在 1930 年代中國社會史論戰時出現，1949 年以後的中共史學又再度出現，爭論的焦點仍在奴隸制度之有無、資本主義萌芽與中國上古史分期等問題[169]。而中國大陸在 1960 年代的文化大革命時期，更發展出儒法鬥爭、厚古薄今、以論代史等史學論題或指導原則[170]。

　　五四史學便是在各種主義／方法、方法／方法論、思想／方法、思想／方法論、思想／主義雜揉的交鋒中發展的，於是我們看到各種主義、思想、方法、方法論彼此爭勝，呈顯了儒學崩解，亟尋新

---

[168] 黃進興，〈論「方法」及「方法論」：以近代中國史學意識為系絡〉，康樂、黃進興(編)，《歷史學與社會科學》，25。

[169] 逯耀東教授用"漢儒注經"和"宋明儒解經"來說明中共史學家用馬克思主義詮釋中國歷史發展的現象；逯耀東，《史學危機的呼聲》，〈序〉，2-3。

[170] 逯耀東，《史學危機的呼聲》，25-68；魏格林(S. Weigelin-Schwiedrzik)，〈"史"與"論"——中國史學類型學的研究〉，收入：魏格林(S. Weigelin-Schwiedrzik)、施耐德(Axel Schneider)主編，《中國史學史研討會：從比較觀點出發論文集》(*International Symposium: Chinese Historiography in Comparative Perspective*)，323-347。

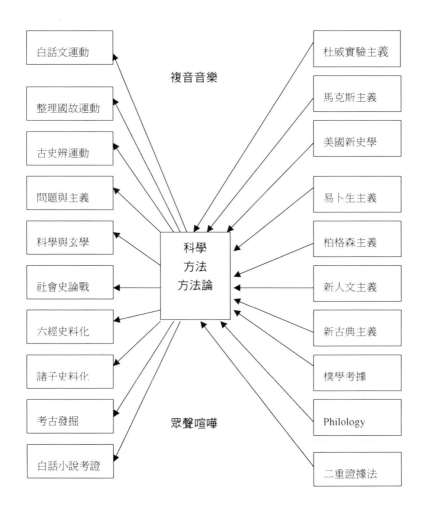

索的焦切。

　　從五四時期所輸入的各種方法與方法論，可以看出五四新文化運動的眾聲喧嘩，各種學說、思想均非以單音音樂(monophony)的樣式存在[171]，而係以複音音樂的樣式出現。包括史學方法與方法論在內的各種思潮，其目的都不是為了解決單一的問題，而是企圖在思想、文化、社會、方法、文學諸領域中尋求可能的解決方案，其旋律並非以單音的樣式出現，而以複音的形式互為主奏旋律，從新文學運動中白話與文言的論爭、問題與主義的論辯、古史辨運動、科學與玄學論戰，一路延燒到 1930 年代的中國社會史論戰，我們看到琳瑯滿目的各式思想、主義、方法、方法論，猶似電光石火，五光十色，令人目不遐給。而在各次大小論辯中，我們聽到不同時期、不同論辯場次出現了各式各樣的主奏旋律，如白話文運動中以文學為主奏旋律，科學與玄學論戰的主奏旋律是思想，問題與主義的主奏旋律是方法，古史辨運動則是儒學與反儒學、杜威實驗主義、民俗與戲曲等諸旋律交次出現。至於中國社會史論戰則是以史學為主

---

[171] 單音音樂：單音音樂(Monophony)，意指只有旋律、而沒有獨立或襯託性伴奏的音樂；音樂進行的過程中，同時只有一個聲音或一群相同的聲音。例如中國古樂，笛子吹工工四尺上，胡琴拉工工四尺上，其他樂器所奏者皆為工工四尺上。900A.D.以前的西洋音樂，皆為單音音樂，當時雖亦有數人同唱或數人同奏之舉，但彼此所唱或所奏之音，皆係相同之音，而非相異之音，到了第 10 世紀起，遂由單音音樂進而為複音音樂。素歌、民歌、獨唱曲、法國吟唱詩人的香頌(Chanson)，以及大多數非歐洲音樂均屬此類。參考：　Don Michael Randel, *The New Harvard dictionary of music*, 507; Stanley Sadie, *The New Grove dictionary of music and musicians*, Vol. 12/498; 王沛綸(編著)，《音樂辭典》，343。

巴赫(Johann Sebastian Bach)《賦格的藝術》(*The Art of fugue, BWV 1080*)，
是複音音樂的極致，圖為《賦格的藝術》樂譜第 1 頁。

奏旋律,以馬克思主義為主題,形成主題與變奏的樣式[172]。

由上述五四時期各場論戰的內容,可以了解五四新文化運動的駁雜,對研究者而言,最困難的是如何找到主奏旋律,因為這場思想文化運動不像是其他有明確主題的歷史事件,以單一的旋律登場,其餘只是和聲伴奏。在五四新文化運動中,各範域的主題都可能成為主奏旋律,形成多旋律線的現象,加上待解決的問題蓁多,因而混雜了各種相干不相干的思想學說,形成眾聲喧嘩樣式,而五四知識分子為找尋文化新出路的急弦嘈切,亦是可以理解的了。

# 六、結論

五四新文化運動所涉面向既廣,論題亦非單一,而被視為最具統合功能的歷史學範疇所受衝擊亦最巨大。五四時期的各場論戰幾乎均涉及歷史層面,因而學者們提出的各種解決方案中,史學一直是焦點所在。中、西文化的衝突與融合,白話文學與文言的對立論述,古史辨運動對傳統史學的挑戰,杜威實驗主義與馬克思主義的

---

[172] 主題與變奏(Theme and Variations):主題指樂曲的音樂實體,由若干音符組成,通常具有旋律性,是樂曲的主要樂思或幾個主要樂思之一,在器樂曲中,主題是鋪敘、展開或變奏的基礎;變奏則是改變一個主題、音型或經過句,但仍能使人認出它是由原型變化而得。參考:Don Michael Randel, *The New Harvard dictionary of music*, 844, 902-904; Stanley Sadie, *The New Grove dictionary of music and musicians*, Vol. 18/736; Vol.19/536;汪啓璋、顧連理、吳佩華(編譯),《外國音樂辭典》(上海:上海音樂出版社,1993),775,814-815。重要的主題與變奏樂曲,如巴赫(J. S. Bach)《郭德堡變奏》(*Goldberg Variations BWV 988*);布拉姆斯(Johannes Brahms)《海頓主題變奏曲》(*Haydn Variations Op. 56A*);貝多芬(Ludwig Van Beethoven)《迪亞貝里主題變奏曲》(*33 Diabelli Variations Op. 120*)。

對壘，在在顯現了五四時期學術思想複音音樂的多旋律樣式，在各
種方法與方法論的對話中，史學的方法與方法論成爲涵蓋面極廣的
主奏旋律，當這些方法與方法論在不同領域發揮作用時，我們發現
各領域所使用的方法與方法論雖有其分殊，在本質上卻是理一的。
因此，在檢討五四史學的方法與方法論意識時，過度局限於史學層
面，可能無法探析五四時期學術思想的全貌。就學術研究而言，除
了少數著作具有典範的意義[173]，大部分僅止於提出問題[174]，並未獲
得實質解決。歷經 80 年的雨露風霜，五四的論題仍繼續燃燒。但
除了提出諸如"啓蒙與救亡的雙重變奏"[175]、"中國的文藝復興"[176]，"全
盤性反統主義"[177]，或其他各種相關解釋之外，五四新文化運動究
竟完成了哪些"典範"，以及如何開啓後五四的學術思想，似乎很難
明確指出。本文提出方法與方法論意識，旨在說明五四史學真正的
貢獻，並非解決了哪些重大的歷史問題，或提出哪些至當歸一的理
論，而是揭櫫方法與方法論的優先性，這個觀念影響了後五四時期
80 年來臺灣與大陸地區的史學研究。至於局部問題的解決，諸如"大
禹是否爲蜥蜴類"，"中國是否存在奴隸社會"，"中國的資本主義萌
芽於何時"等問題，便顯得不是那麼重要了。至於余英時教授慨歎
現代中國史學發展過程中，史觀學派與史料學派分道揚鑣所造成的

---

[173] 余英時，《中國近代思想史上的胡適》，20。

[174] 如五四時期的幾個重要論戰，古史辨運動、科學與玄學論戰、中國社會史
論戰等論題，均未獲得至當歸一的解釋。

[175] 主要是大陸史學工作者提出的觀點，如：胡繩武、金沖及，《從辛亥革命
到五四運動》；李澤厚，《中國現代思想史論》，7-57。

[176] Jerome B. Grieder(賈祖麟), *Hu Shih and the Chinese Renaissance: Liberalism
in the Chinese Revolution, 1917--1937*, 173-209.

[177] 林毓生，《思想與人物》，78-89。

不幸[178]，如果從五四史學的方法與方法論意識加以釐析，或可略窺
其可能的發展軌跡。從這個角度思考，或許可以比較直接切入五四
史學的中心論題，而避免陷入傳統／反傳統、中西文化衝突／融合
的論辯。而對五四史學的方法與方法論意識何以影響如此深遠，便
可以獲得一較合理的解釋。

---

[178] 余英時，〈中國史學的現階段：回顧與展望〉，收入：余英時，《史學與
傳統》(臺北：時報出版公司，1982)，1-29。

# 民族主義史學的興起：
## 以考據與經世為主軸的討論(1919-1945)*

## 一、引論

　　自 1840 年代以降到 1931 年的"九‧一八事變"，民族主義史學的興起，是近、現代中國史學發展的重要課題之一；在此前提下，考據與經世的交互爲用，成爲現代中國史學發展過程中的重要轉折；民族主義史學的興起，一方面承續了舊的傳統，另一方面則開啓新的契機。史學在時代的呼喚裡，不再是象牙塔裡的餖飣考據，而係關乎國計民生的大事，甚而爲中國的未來找尋方向。

---

\*　本文曾於海德堡大學漢學系(Institute for Chinese Studies, University of Heidelberg, Germany)所主辦"中國史學史國際學術研討會：從比較的觀點"(International Symposium: Chinese Historiography in Comparative Perspective, 1995. 3.29- 4.2)上宣讀，會中蒙與會學者提供寶貴意見，在此申致謝悃。

　　在現代中國史學發展過程中，民族主義史學的興起，大抵具有
下列三個主要的意義：

　　(一)考據與經世的互動：中國近、現代史學歷經了兩次考據與
經世的互動，一次是嘉道之間的由考據到經世，一次是民國以後的
由經世到考據；嘉道之間由考據到經世的驅力主要來自儒學內部，
現代中國史學由經世到考據的過程，西方史學輸入是其中的關鍵。

　　(二)時代學風的影響：在傳統中國史學的發展過程中，盛世史
學易有考據傾向，亂世史學則多經世宏論，明末清初即為一典型例
證[1]；嘉道以後史學之由考據到經世，也是相類似的情形[2]；1920-1930
年代再度由考據轉向經世，應該也可以由這個角度加以分析。

　　其三，學術客觀與現實需求：經世是史學致用的具體表現，考
據所追求者乃客觀之學術，在現實政治的需求下，學術客觀的追求
較易遭遇困難。西方史學輸入中國以後，與傳統史學的樸學考據結
合為新考據學派(史料學派)，亦即所謂"科學的史學"，究其內涵殆追
求客觀之學術精神，這方面可以中央研究院歷史語言研究所為代
表；但當時代變局牽動史學動向時，客觀學術與現實政治之間的張
力亦隨之增強，兩者間的界線乃糾結而難以釐清。

　　本文透過柳詒徵的經世史學、傅斯年從考據到經世的轉折、雷
海宗的文化週期說、錢穆的文化史觀、陳寅恪的古典今情，以及陳
垣的宗教史研究，說明時代變局與民族主義史學興起之間的互動關
係，以釐清現代中國史學在考據與經世間的發展取向。

---

[1] 謝國禎，《明末清初的學風》(北京：人民出版社，1982)，1-52。
[2] 陸寶千，《清代思想史》(臺北：廣文書局，1983)，277-322。

## 二、時代變局與史學動向

　　傳統中國史學的發展，與時代變局一直有著千絲萬縷的關係，盛世固有可能發展出成熟的學術，亂世若有偏安晏處，學術仍有可能藉以保存與發展[3]。值得探索的是：中國學術史上的光輝時期，特別是史學發展的高峰，正好是亂世的春秋戰國時代、魏晉南北朝與偏安之局的南宋。此三時期在傳統中國史學的發展過程中，均有其一定的地位與影響[4]。近代以來，中國面臨亙古未有之變局，造成史學發展的新動向，特別是西北史地之學，以及因應新局的世界史地，成為新的顯學，知識分子紛紛投入研究行列，甚至有謂當時的知識分子如不講求西北史地之學，即不足以躋身儒雅之林[5]；這

---

[3] 杜維運，〈學術與世變〉，收入：杜維運，《聽濤集》(臺北：弘文館出版社，1985)，243-253。

[4] 關於春秋戰國時代的史學，可參考：金毓黻，《中國史學史》(臺北：鼎文書局，1986)，23-41；有關魏晉南北朝的史學，逯耀東教授有精闢的分析，見：逯耀東，〈裴松之與《三國志注》研究〉，《國立編譯館館刊》，3.1(臺北，1974. 3): 1-34；逯耀東，〈經史分途與史學評論的萌芽〉，《大陸雜誌》，71. 6(臺北，1985. 12): 1-8；逯耀東，〈裴松之與魏晉史學評論〉，《食貨月刊》，復刊 15. 3&4(臺北，1985. 9): 93-107；逯耀東，〈《三國志注》與裴松之三國志自注〉，《勞貞一先生八秩榮慶論文集》(臺北：聯經出版公司，1986)，257-272；南宋史學的主要精神在於正統論，可參考：陳芳明，〈宋代正統論的形成背景及其內容〉，《食貨月刊》，復刊 1. 8(臺北，1971. 11): 16-28；饒宗頤，《中國歷史上的正統論》(臺北：宗青圖書公司，1979，景印本)，28-37。

[5] 方豪，《中西交通史》，1(臺北：華岡出版公司，1977)，3-4；杜維運，《中國歷史地理・清代篇》，收入：石璋如等，《中國歷史地理》，3(臺北：中華文化出版事業委員會，1954)，7。

種時代變局與史學相互關連的情形，是中國史學發展過程中一個值
得探索的現象。

　　清學由考據到經世的因素固有多端，外患應為其最直接之觸
媒；由於外患的紛至沓來，使得知識分子不再以訓詁為治學的終身
職志，部分知識分子開始思索時代變局中的因應之策，如魏源的"師
夷長技以制夷"，張之洞的"中體西用論"，以及康有為的"託古改制
論"，都可以說是時代變局下的產物[6]；其間固有西力衝激的挑戰與
回應，亦有傳統中國變法論的延伸；而在面對時代變局的因應之道
中，經世史學的興起，乃係其中相當重要的一環。

　　傳統中國的學術分類，雖有經史子集之別，但學問之間的界線
其實很難清楚畫分，史學與經學的關係尤其密切，深治史者鮮少有
不通經的，其主要關鍵在於傳統中國史學中，建構上古史的重要材
料本來就是"六經"，從王陽明"五經亦史"到章學誠"六經皆史"，都
點出了經和史的密切關係[7]，而這種關係在傳統儒學中是無可取代
的。清中葉乾嘉時期(1736-1820)考據之學蔚為普遍風尚，經學家如
惠棟、王念孫、孫星衍，皆不乏考據之作[8]，主要原因就是經史
未有明確的界線；而由考經到考史的過程，使清代學術形成"回向

---

6　相關討論，請參閱：王爾敏，〈清季維新人物的託古改制論〉、〈清季知
　　識分子的中體西用論〉，收入：王爾敏，《晚清政治思想史論》(臺北：華
　　世出版社，1976)，31-71；汪榮祖，《晚清變法思想論叢》(臺北：聯經出
　　版公司，1983)；此外可參考：小野川秀美著，林明德、黃福慶譯，《晚清
　　政治思想研究》(臺北：時報出版公司，1982)，1-166。

7　關於"六經皆史"的起源與發展過程，參考：錢鍾書，《談藝錄》(香港：龍
　　門書店，1965)，315-319。

8　杜維運，〈清乾嘉時代之歷史考據學〉，收入：杜維運，《清代史學與史
　　家》(臺北：東大圖書公司，1984)，277-322。

原典"的探本溯源，試圖通過整理經典文獻以恢復原始儒家的面貌；且因考據在經史之間逐漸形成專業的分途發展，使得清學漸具客觀學術的雛形[9]，此乃胡適、傅斯年推崇清代學者具有科學精神之由來[10]。

清代學者由考據走向經世之途，時代變局的影響是其主要成因，一方面是清代學者的西北史地研究，另一方面則是西力衝激的影響。

在討論有關西力衝激的理論時，固毋須認定其為惟一動力，但其影響是無庸置疑的。近年的相關研究，分析西力衝激對中國的影響，與 1950-1970 年代之間的研究論點略有所異[11]。在上述年代之相關研究，常將焦點集中於"挑戰與回應"之理論模式中，且將傳統與現代二者截然劃分；近年的研究則重新檢討傳統與現代之間的延續性，譬如經世思想對知識分子的影響，即引起相當多的注意[12]；

---

[9] 余英時，《論戴震與章學誠》(臺北：華世出版社，1977)，〈自序〉，5-6。

[10] 相關討論將於本文下節進行；另可參閱：胡適，〈清代學者的治學方法〉，《胡適作品集》，4(臺北：遠流出版公司，1986)，163-164；胡適，〈考據學的責任與方法〉，《胡適文選‧考據》(臺北：文星書店，1968)，161-162；傅斯年，〈清代學問的門徑書幾種〉，《傅斯年全集》，4(臺北：聯經出版公司，1980)，408。

[11] 相關討論，參考：柯保安(Paul A. Cohen), *Discovering History in China: American Historical Writing on the Recent Chinese Past*；中譯本見：李榮泰等(譯)，《美國的中國近代史研究——回顧與前瞻》(臺北：聯經出版公司，1991)，1-54。

[12] 臺北南港中央研究院近代史研究所曾舉辦"近世中國經世思想研討會"(1983. 8. 25-7)，其中有多篇論著即從傳統的角度出發，論析經世思想的成因；如：張灝，〈宋明以來儒家經世思想試釋〉，《近世中國經世思想研討會論文集》(臺北：中央研究院近代史研究所，1984)，3-19；周啓榮、劉廣京，〈學術經世：章學誠之文史論與經世思想〉，《近世中國經世思想研討會

因此，愈來愈多的研究傾向於重新檢視儒家傳統對近代中國的影
響，使得經世思想在近代中國變局中的因應之道，愈來愈爲爲史學
工作者所關心，如經世思想與變法，經世思想與新興事業，均受到
學者的注意[13]。類此的研究方向，使得傳統與現代之間，不再存有
難以逾越的鴻溝。

　　1840 年代以降的變局，使得中國知識分子重新思索民族命運
及文化的未來方向，這種藉求思想‧文化以解決問題的模式[14]，雖
然爲傳統中國知識分子所慣用，但在其中卻也羼入了新的趨向，如
魏源的《海國圖志》即藉求地理知識之擴充，以喚醒國人的認知[15]。
魏源、徐繼畬開啓了晚清知識分子研究世界地理的風氣，且因列強
爲刀俎、中國爲魚肉之處境，刺激知識分子提出救亡圖存的各種方
案，經世史學因而蔚爲風潮，其中研究邊疆史地風氣的興起，尤爲
近代中國史學開闢出一個新的研究領域[16]；並且由內憂外患引發出

　　論文集》，117-156；孫廣德，〈龔自珍的經世思想〉，《近世中國經世思
　　想研討會論文集》，275-289；有關西力的挑戰與回應，參考：鄧嗣禹(Teng
　　Ssu-yu), *China's Response to the West: A Documentary Survey, 1839-1923*
　　(New York: 1971).

[13] 呂實強，〈儒家傳統與維新，1839-1911〉，收入：周陽山、楊肅獻(編)，
　　張灝等，《近代中國思想人物論——晚清思想》(臺北：時報出版公司，1980)，
　　35-83；劉廣京，《經世思想與新興事業》(臺北：聯經出版公司，1991)。

[14] 此論為林毓生所提出，見：林毓生，《思想與人物》(臺北：聯經出版公司，
　　1983)，139-156；特別是 150-152。

[15] 這方面的討論，請參閱：王家儉，《魏源對西方的認識及其海防思想》(臺
　　北：大立出版社，1984)，166-174；王曉秋，〈試論中國近代中國知識分
　　子群體的形成和特性〉，收入：湯一介(編)，《論傳統與反傳統》(臺北：
　　聯經出版公司，1989)，261-279。

[16] 陸寶千，《清代思想史》(臺北：廣文書局，1983)，277-322；關於清代的
　　邊疆史地研究，1988 年大陸學者曾編輯一本值得參考的索引：中國人民大

知識分子救亡圖存的努力，使得經世思想得以蓬勃發展，也刺激了
知識分子研究當代史的興趣[17]。

　　近代中國的經世史學到 1910-1920 年代之際，因受西方新方法
論輸入中國的影響，使乾嘉考據的幽靈獲得借屍還魂的機會，形成
現代中國史學的新考據學派。

## 三、考據的幽靈借屍還魂

　　清代的考據學，在五四時期極受胡適、錢玄同、傅斯年等人的
青睞；胡適認為清代學者治學的方法就是科學方法[18]，而清代學者
治學方法中最值得稱述的則為考據。這種考據的方法，在胡適來說，
就是所謂"亭林百詩之風"，亦即有清三百年來的"樸學"，這方面的
成績包括聲韻學，訓詁學，校勘學，考證學，金石學，史學等等，
其中有幾位在樸學方面獻替厥偉的學者，如錢大昕、戴震、崔述、
王念孫、王引之、嚴可均等人，胡適認為可以稱之為科學的學者[19]。

　　在其他的相關論著中，胡適也不斷呼籲科學方法的重要性，如
在〈治學的方法與材料〉中指出，「科學的方法，說起來其實很簡
單，只不過"尊重事實，尊重證據"。在應用上，科學方法，只不過

---

　　學清史研究所、中國社會科學院邊疆史地研究中心(編)，《清代邊疆史地
　　論著索引》(北京：中國人民大學出版社，1988)。

[17] 袁英光、桂遵義，《中國近代史學史》，上、下(江蘇：江蘇古籍出版社，
　　1989)，67-393；胡逢祥、張文建，《中國近代史學思潮與流派》(上海：
　　華東師範大學出版社，1991)，74-89。

[18] 胡適，〈清代學者的治學方法〉，《胡適作品集》，4/163-164。

[19] 胡適，〈治學的方法與材料〉，《胡適作品集》，11/145。

"大膽的假設，小心的求證"[20]；類此的論點，雖難免過度簡化科學的意義，亦有流為科學主義的危險[21]，但五四時期的所謂"科學"，便常以這種面貌出現。胡適對考據與自然科學之間的差異，當然有所理解，如在討論乾嘉考據與科學的關係時，胡適即做了一些比較性的說明：

> 文字的材料是死的，故考證學只能跟著材料走，雖然不能不搜求材料，卻不能捏造材料。從文字的校勘以至歷史的考據，都只能尊重證據，卻不能創造證據。
>
> 自然科學的材料便不限於搜求現成的材料，還可以創造新的證據。實驗的方法便是創造證據的方法。
>
> 紙上的材料只能產生考據的方法，考據的方法只是被動的運用材料。自然科學的材料卻可以產生實驗的方法，實驗便不受現成材料的拘束，可以隨意創造不可得的情境，逼拷出新結果來[22]。

在這裡可以看出，除了重視紙上的材料之外，胡適也重視"科學"的實驗方法；這種新瓶裝舊酒的方法論，可以說是實驗主義與乾嘉考據的結合，並因而形成新考據學派。新考據學派和乾嘉考據的不同之處，主要是在等待證據或自由產生材料的差別，胡適指出，材料的不同可以使方法本身發生很重要的變化，因為材料的性質，實驗

---

[20] 胡適，〈治學的方法與材料〉，《胡適作品集》，11/151。

[21] 關於科學主義的討論，參考：郭穎頤(D. W. Y. Kwok), *Scientism in Chinese Thought, 1900-1950* (New Haven: Yale University Press, 1965);林毓生(Lin Yu-sheng), *The Crisis of Chinese Consciousness, Radical Antitraditionalism in the May Fourth Era* (Madison, Wisconsin: The University of Wisconsin Press, 1979).

[22] 胡適，〈治學的方法與材料〉，《胡適作品集》，11/150-151。

的科學家毋須坐待證據的出現，也不僅僅是尋求證據，他可以根據
假設的理論，造出種種條件，把證據逼出來，因此實驗的方法是一
種可以自由產生材料的考證方法[23]。胡適在這裡將乾嘉考據與杜威
實驗主義做了一個巧妙的結合，也為新考據學派建立了理論的基
礎。

　　此外，胡適在〈考據學的責任與方法〉中，曾對考據學的方法
論，做了扼要的說明：

　　　凡做考證的人，必須建立兩個駁斥自己的標準：第一要問，
　　　我提出的證人證物本身可靠嗎？這個證人有作證的資格嗎？
　　　這件證物本身沒有問題嗎？第二要問，我提出這個證據的目
　　　的是要證明本題的那一點？這個證據足夠證明那一點嗎[24]？

此處的"第一問"，係審查證據的真實性，"第二問"是扣緊證據對本
題的關連性，亦即史學方法論的"內部考證"與"外部考證"[25]。這種
考據方法加上杜威實驗主義，即胡適所提倡"科學方法"的主要內
容。

　　從另一方面來看，清代樸學考據對現代中國學術思想所發生的
影響亦不容忽視，雖然在反儒學運動中曾出現打破傳統的激烈口
號，但所使用的方法卻未脫離清學系統，這是一個頗值得玩味的現
象；因為在檢討現代中國學術思想的發展時，小腳放大的痕跡相當
明顯，甚至連主張建立科學史學的傅斯年所提倡者，仍不脫樸學考

---

[23] 胡適，〈治學的方法與材料〉，《胡適作品集》，11/151。

[24] 胡適，〈考據學的責任與方法〉，《胡適文選‧考據》，161-162。

[25] 有關"內部考證"與"外部考證"的討論，請參閱：杜維運，《史學方法論》(臺
　　北：三民書局，1985)，151-173。

據的方法；在〈清代學問的門徑書幾種〉中，傅斯年就對清學大加
推崇，他說：

> 宋明的學問是主觀的，清代的學問是客觀的；宋明的學問是
> 演繹的，清代的學問是歸納的；宋明的學問是悟的，清代的
> 學問是證的；宋明的學問是理想的，清代的學問是經驗的；
> 宋明的學問是獨斷的，清代的學問是懷疑的[26]。

因此，傅斯年認為清代學者的治學方法是科學的，雖然他也提醒必
須注意西方的方法論，傅斯年指出：

> 清代的學問很有點科學的意味，用的都是科學的方法，不過
> 西洋人曾經用在窺探自然界上，我們的先輩曾經用在整理古
> 事物上；彼此所研究的不同，雖然方法近似，也就不能得近
> 似的效果了[27]。

傅斯年的論點和胡適有幾分若合符節，都是在傳統考據中加上西方
科學的方法論，這種方式或可視之為考據的幽靈借屍還魂，得其神
而遺其形，在這方面，以傅斯年所創立的中央研究院歷史語言研
究所最具代表性[28]。

---

[26] 傅斯年，〈清代學問的門徑書幾種〉，《傅斯年全集》，4/408。

[27] 傅斯年，〈清代學問的門徑書幾種〉，《傅斯年全集》，4/408；傅斯年也
是五四人物中，少數注意西方科學與中國科學方法有所不同的學者，他說：
若直用樸學家的方法，不用西洋人的研究學問法，仍然一無是處，仍不
能得結果。
傅斯年，《傅斯年全集》，4/414。

[28] 關於中央研究院歷史語言研究所創立的過程及其研究方向，請參考：Wang
Fan-shen(王汎森), "Fu Ssu-nien: History and Politics in Modern China"
(Princeton: Princeton University, Ph.D. Dissertation, 1993, Unpublished), 102-
142.

　　傅斯年原有意建立一純粹的學術研究機構，他本身的研究也大體符合其理論，但時代變局卻使其學術論著無法再堅持客觀學術的初衷；處於時代變局中的知識分子，在現實需要與學術客觀之間，不免有所偏倚，治學方法本於樸學的新考據學派，在面臨國家民族生死存亡之秋，其治學由考據轉向經世的歷程乃歷歷可數。

## 四、經世主題與民族主義史學

　　探討現代中國史學的發展，西力衝激與知識分子內省的自覺，是兩條不可分割的平行線；類似清季知識分子解決問題的方案亦層出不窮，民族主義史學的興起乃其中之一。

　　1920-1930 年代的中國史學工作者，如果能在安定的學術環境下從事研究工作，很可能新考據學派將有另一種發展，純粹的、客觀的學術傳統，也很可能據此建立；但紛至沓來的內憂外患，使得此一時期的史學工作者，陷入學術研究與時代動向之間的思考，在個人與社會的互動下，史學與時代共脈搏、同呼吸的現象不時出現。在這種情形下，考據與經世的雙主題，主客乃重新易位：考據的主題消退減弱，經世的主題不斷強化，形成經世主題與民族主義史學結合的特殊模式；其中以柳詒徵、傅斯年、雷海宗、錢穆、陳寅恪、陳垣等人較具代表性[29]。

---

[29] 當然還有其他的史學工作者，但本文無意窮舉此時期的所有史學家，而以較具代表性者為討論主體。

## (一)從經世出發：柳詒徵的史學思想

　　柳詒徵擎舉民族主義史學大旗最明顯的應屬《中國文化史》一書。此書最初於《學衡》第 46 期(1925 年 10 月)起連載[30]，其後於 1948 年發行單行本。由於《中國文化史》是有所為而作的，因而在取材上簡於戰爭，詳於文化，尤其重視全體民族的精神表現[31]；此書雖名文化史，但亦及於一般史實，因而亦可視之為通史，惟其關注之

---

[30]　《中國文化史》篇幅甚巨，自《學衡》46 期連載至 72 期(1925.10-1929.11)始刊完全書，惟此書與一般中國文化史或中國通史著作略有所異，因為全書寫到 1922 年，即柳詒徵寫作的當時；在全文刊載完竣時，《學衡》總編輯吳宓有一段按語云：

　　按本書初稿，成於民國十年以前，其後雖微有修改，亦迄民國十五年為止。作者久擬另撰或增補第二編最後之數章，以求完備而合事實，乃無暇而輟。本誌[案：指《學衡》雜誌]逕以原稿付印，其有缺陷，及與今日之國是政局教育實業各項情形不合之處，至祈讀者諒之。

　　見：《學衡》，72: 10094；但《中國文化史》出版時，與《學衡》所刊載的內容完全相同，僅刪除吳宓的按語，惟不知是否另有修訂之版刊行；另，《學衡》出版時僅有單篇文章的頁碼而無總頁碼，為方便查考覆按，本文所引乃依據臺北：臺灣學生書局 1971 年景印本之新編頁碼。

[31]　在〈緒論〉中柳詒徵對此再三致意，他說：

　　世恒病吾國史書，為帝王家譜，不能表示民族社會變遷進步之狀況。實則民族社會之史料，觸處皆是，徒以浩壤無紀，讀者不能博觀而約取，遂疑吾國所謂史者，不過如坊肆綱鑑之類，舉無可稽。吾書欲祛此惑，故於帝王朝代，國家戰伐，多從刪略，惟就民族全體之精神所表現者，廣搜而列舉之。

　　柳詒徵，《中國文化史》(臺北：正中書局，1954)，9；案此書據 1948 年版景印；此〈緒論〉於 1925 年同時發表於《學衡》，46: 6281-6289；及《史地學報》，3. 8: 3-32。

焦點較傾向於中國歷史輝煌的一面[32]；如在〈緒論〉中，柳詒徵即認為中國文化有幾個特色是世界其他國家所沒有的：

> 中國的幅員廣袤，世無其匹；世界雖有像大英帝國之類的大國，合五洲屬地，華離龐雜，但與中國的整齊聯屬，純然為一片土地者不同；1.種族複雜，今日的中國雖號稱五族共和，其實除了五族之外，還有苗猺獞蠻等種族；即使其中最大的族群——漢族，亦決非一單純種族，因為數千年來所吸納同化的異族極多，使得中國歷史上的各異族皆有通婚易姓，逐漸混入漢族者；2.歷史悠久，在世界開化較早的國家中，惟獨中國歷史最悠久，壽命最長；3.史籍豐富，世所未有[33]。

柳詒徵之所以強調中國的特殊性，其用意在於希望能藉此恢復民族的自信心。

---

[32] 關於這一點柳詒徵說得很明白：

> 歷史之學最重因果，人事不能有因而無果，亦不能有果而無因，治歷史者，職在綜合人類過去時代複雜之事實，推求其因果，而為之解析，以昭示來茲，舍此無所謂史學也。人類之動作，有共同之軌轍，亦有特殊之蛻變。欲知其共同之軌轍，當合世界各國家各種族之歷史，以觀其通，欲知其特殊之蛻變，當專求一國家一民族或多數民族組成一國之歷史，以覘其異。今之所述，限於中國，凡所標舉，函有二義，一以求人類演進之通則，一以明吾民獨造之真際。

> 柳詒徵，《中國文化史》，1；有關柳詒徵《中國文化史》的撰著，張其昀認為其宗旨為：

> 表揚民治精神，前者指中華民族群策群力急公好義的精神，後者指中華志士提高人格注重節操的精神。

> 張其昀，〈吾師柳翼謀先生〉，收入：《張其昀先生文集》，9(臺北：國史館．中國國民黨中央黨史委員會．文化大學，1988)，4710-4718；所引在4715。

[33] 柳詒徵，《中國文化史》，2-9。

　　如以五四時期的學術思想背景分析柳詒徵的論點,可能會得到
一個矛盾的現象:在反儒學傳統的氛圍中,柳詒徵如何擎舉中國文
化的大旗?

　　相關研究向來視柳詒徵爲反五四新文化運動的大將,在反新文
化運動中,他擎舉中國文化的大旗,反對惟西學是尙的新文化運動
(或新文學運動),類此的解釋似乎言之成理;但如以學衡派亦引介西
方文學與文化理論的角度加以審視,便很難以西化或保存中國文化
來加以解釋[34]。因此,柳詒徵提出中國文化的特質,如能從民族主
義的角度加以分析,或許比較容易觸摸到事實的真象,而非表面上
的傳統與西化之爭。

　　處在五四時期的學術風氣下,反儒學傳統和民族主義是一個很
難釐清的命題;如果反儒學傳統爲眞,那麼,民族主義如何在反儒
學傳統中建立?如果民族主義是不可抗拒的潮流,又爲什麼會出現
反儒學運動?關於此類問題之論爭,過去的研究極少扣緊主要論
題,而停留於口號式之論辯。事實上,五四時期的學術思想本即存
在矛盾之弔詭,以反儒學傳統爲中心的討論,往往忽略了五四人物
反儒學之終極目的是爲了中國的富強,他們之所以反儒學傳統,是
因爲在認知上判定儒學傳統爲阻礙中國進步的罪魁禍首,所以希望
藉由向西學取經的方式,根本解決中國的積弱問題;從此一角度審
視五四時期的中西之爭,當會發現在反儒學傳統與民族主義之間,

---

[34] 沈松僑在《學衡派與五四時期的反新文化運動》中,對學衡派引介的西方
　　文學與文化理論有精闢的分析,他認爲學衡派與文學革命派的分歧並非中
　　西之爭,而是文學與文化取向的不同;參考:沈松僑,《學衡派與五四時
　　期的反新文化運動》(臺北:臺灣大學文學院,1984),201-268。

存在著千絲萬縷的關係，五四人物植基於中國傳統又向西學取經的過程，便可以在此找到合理的落腳處[35]。

　　柳詒徵在《中國文化史》所揭櫫的中國歷史特質，或許可以為其經世史學做一強而有力的注腳，這種強調中國歷史特質以喚醒民族魂的論點，在現代中國史學的發展過程中屢屢而有，雷海宗、錢穆、陳垣等人，均採取相類似的模式。

　　如果說 1919 年的巴黎和會催生了五四運動，在面對更直接威脅中國生存的"九‧一八事變"時，知識分子的學術救國運動更是漪歟乎盛哉。

　　1931 年"九‧一八事變"激起知識分子的學術救國熱潮，其中以傅斯年等人聯合執筆的《東北史綱》最具代表性；及至對日抗戰期間，民族主義史學的呼聲尤相續不絕。

## (二)《東北史綱》:傅斯年從考據到經世的轉折

　　中國學術界研究東北史地的熱潮，是在 1931 年"九‧一八事變"以後興起的；當日本侵略野心日益高張之時，御用學者的東洋學研究，亦成為軍國主義的護身符；　面利用東洋學建立侵略的理論基

---

[35] 余英時，〈中國近代思想中的激進與保守〉，收入：余英時，《猶記風吹水上鱗》(臺北：三民書局，1991)，199-242；關於五四知識分子的反傳統思想，余英時文中這段話指出了問題了的關鍵：

　　"五四"第一代的反傳統者如胡適、錢玄同、魯迅等人都是舊學深湛的人。蔡元培在答林紓的信中便強調了這一點。他們反中國傳統，是入室操戈以後的事，因此確有所見。

余英時，《猶記風吹水上鱗》，241。

礎，一面對中國進行各種調查[36]，以爲軍事行動的參考，特別是《滿
鐵調查報告》對中國各地物產、地形的調查記錄，使得中國學術界
無法再保持沈默。

日本學者的東洋學理論，主要是指陳東北並非中國領土[37]；中
國學術界面對這類似是而非的解釋，乃責無旁貸地挺身而出。

處於時代變局中的中國知識分子，思考救國的途徑，首先想到
的是創辦刊物，喚醒民族意識，呼籲團結救國，部分北方學者如胡
適、丁文江與蔣廷黻等人乃創辦《獨立評論》，討論涉日事務[38]；一
部分知識分子則從歷史著手，倡議編輯一部中國通史；其後此部通
史雖未編成，《東北史綱》的編撰卻可視爲此一動機下之產物[39]。

---

[36] 參考：青木富太郎，《東洋學の成立とその發展》(東京：螢雪書院株式會
社，1940)，146-286。

[37] 在這方面最具代表性的是矢野仁一，參考：矢野仁一，〈滿蒙藏は支那の
領土に非る論〉，《外交時報》，35.412 (東京，1931): 51-71。

[38] 關於《獨立評論》的創辦及其內容，參考：蔣廷黻，《蔣廷黻回憶錄》(臺
北：傳記文學出版社，1984)，135-150；傅樂成，《傅孟眞先生年譜》，
收入：《傅斯年全集》，7/287；胡頌平，《胡適之先生年譜長編初稿》(臺
北：聯經出版公司，1984)，3/1023-1026，1068-1094；惟《獨立評論》同
仁對抗戰態度並非一致，可參考：邵銘煌，〈抗戰前北方學人與獨立評論〉
(臺北：國立政治大學歷史研究所碩士論文，1979，未刊稿)。

[39] 陶希聖在〈傅孟眞先生〉文中談到"九‧一八事變"後，在北平圖書館開會
討論因應之道時說：

民國二十年，孟眞在北平，擔任中央研究院歷史語言研究所所長，和我
同時主持北京大學歷史系。我到北京大學教書，九一八事件發生，孟眞
和我都在座。他慷慨陳詞，提出一個問題：「書生何以報國？」大家討
論的結果之一，是編一部中國通史；此後北大歷史系即以這一事業為己
任。「書生何以報國」這一句話始終留在同人的心裏，激勵著大家來工
作。

　　《東北史綱》所擬篇目共計 5 卷，卷目和執筆者分別是：1.傅斯年，古代之東北；2.方壯猷，隋至元末之東北；3.徐中舒，明清之東北；4.蕭一山，清代東北之官制及移民；5.蔣廷黻，東北之外交[40]。就《東北史綱》的執筆者和卷目來看，可謂為一時之選，也是中國學術界第一次有計劃地研究東北歷史。此書於 1931 年"九‧一八事變"後進行撰寫，以駁斥日本學者矢野仁一、白鳥庫吉等人的"滿蒙非支那論"[41]。

　　《東北史綱》本擬於 1932 年底以前出版，以民族文化尋根的方式，證明東北夙為中國所有；但這本顯現中國學術界合作的東北史著作並未完成，僅傅斯年執筆的《東北史綱》卷一《古代之東北》於 1932 年 10 月出版[42]；蔣廷黻執筆的《東北之外交》僅

---

　　原載《中央日報》，1940.12.23；轉引自：傅樂成，《傅孟真先生年譜》，收入：《傅斯年全集》，7/286。

[40] 傅斯年，《東北史綱‧古代之東北》(北平：國立中央研究院歷史語言研究所，1932)，卷首〈告白〉。

[41] 日本學者的滿蒙學理論，相關論著甚多，如：箭內亙等，《滿洲歷史地理》(東京：南滿鐵道株式會社，1913)；中山久次郎，《以内鮮看滿洲的歷史》(大連：南滿鐵道株式會社大連圖書館，1932)；矢野仁一，《滿洲近代史》(東京：弘文堂，1941)；滿鐵庶務課，《滿蒙歷史》(大連：南滿洲鐵道株式會社大連圖書館，1937)；系統討論日本東洋學發展的論著，可參考：青木富太郎，《東洋學の成立とその發展》，146-286；此外，有計劃編輯的大規模著作如：東京帝國大學文學部(編)，《滿洲歷史地理》，第 1-15 卷(東京：東京帝國大學，1915-1937)；有關傅斯年撰寫《東北史綱》以對抗日本學者滿蒙非中國論的討論，王汎森認為係針對矢野仁一，〈滿蒙藏は支那の領土に非る論〉，《外交時報》，35. 412: 51-71；見：王汎森 (Wang Fan-shen), "Fu Ssu-nien: History and Politics in Modern China," 244-245.

[42] 傅斯年，《東北史綱‧古代之東北》，卷首〈告白〉中說：

完成順治到咸豐時期，以《最近三百年東北外患史(從順治到咸豐)》
之名單獨發表[43]。

傅斯年的《東北史綱》旨在根據歷史事實說明東北爲中國所有，
以駁斥日本學者的"滿蒙非支那論"，因此在該書的一開頭就對《東
北史綱》用"東北"不用"滿洲"的理由有所說明，傅斯年說：

> 日本及西洋人之圖籍中、稱東三省曰"滿洲"、此一錯誤、至
> 爲淺顯、而致此錯誤之用心則至深。滿洲一詞、本非地名、
> 〈滿洲源流考〉辯之已詳。又非政治區域名、從來未有以滿
> 洲名政治區域者。此一地段、清初爲奉天寧古塔兩將軍轄境、
> 而奉天府尹轄州縣民政、與山海關內之府廳州縣制無別。康

---

本書共分五卷、外附彩色地圖若干幅。茲因便於讀者起見、每卷分別出
版、待五卷出完、地圖印就後、即不分售。

又說：

本書文稿及圖稿均已寫定、預定二十一年尾出齊、惟印刷事件、非吾等
所能管理、如小有延期、讀者諒之。

但實際上除傅斯年執筆的《東北史綱‧古代之東北》外，其餘各卷並未出
版，至於各執筆人是否如《東北史綱‧古代之東北》，卷首〈告白〉中所
言，文稿及圖稿均已寫定，因未見出版，殊難斷言；杜瑜、朱玲玲(編)，
《中國歷史地理學論著索引》(北京：新華書店，1986)，586；刊出《東北
史綱》(5 冊)，中央研究院歷史語言研究所，1932-1933，不知何所據？待
考。下文提及傅斯年《東北史綱》卷一《古代之東北》時，爲簡化行文，
簡稱爲《東北史綱》。

43 此文原載《清華學報》，8. 1(北平，1932. 12)；收入：蔣廷黻，《蔣廷黻
選集》，2(臺北：傳記文學出版社，1971)，177-249；另收入：蔣廷黻，
《中國近代史研究》(臺北：九思出版公司，1978)，79-138；因九思版排版
印刷較佳，本文所引，未特別說明者皆據此版；又因《最近三百年東北外
患史(從順治到咸豐)》曾出單行本，本文視之爲專書，以下行文簡稱爲《最
近三百年東北外患史》。

熙以來曰盛京省、清末曰東三省、分設督撫。有清二百餘年
中、官書私記，均未嘗以滿洲名此區域也。此名詞之通行、
本憑藉侵略中國以造"勢力範圍"之風氣而起、其"南滿"、"北
滿"、"東蒙"等名詞，尤為專圖侵略或瓜分中國而造之名詞，
毫無民族的、地理的、政治的、經濟的根據。自清末來、中
國人習而不察、亦有用於漢文者、不特可笑，抑且可恨、本
編用"中國東北"一名詞以括此三省之區域、簡稱之曰"東
北"、從其實也[44]。

從這段文字來看，傅斯年此書之企圖乃係以歷史事實證明東北的歸
屬問題；接著他又對〈滿洲源流考〉進行史料之考辨，爰引《清太
祖實錄》、《元史‧一統志》、《明實錄》、唐晏《渤海國志》等材料，
說明「滿洲為建州之訛音，決不能建州為滿洲之誤字」[45]，並舉五
事證明滿洲為建州之"亥豕魯魚"[46]；傅斯年之所以一再為東北之名

---

[44] 傅斯年，《東北史綱》，3。

[45] 傅斯年說：
　　渤海之建州為一地名、歷遼金元而未改、明永樂之設建州衛、實沿千年
　　之習俗、并非創制(按明代東北諸衛所創之名皆譯音、其有此等雅稱者、
　　皆文化舊壞。)建州之稱既遠在先代、滿洲之稱尚不聞於努爾哈赤時、兩
　　字若為一詞、只能滿洲為建州之訛音、決不能建州為滿洲之誤字。
　　傅斯年，《東北史綱》，5-6。

[46] 傅斯年說：
　　一、建州之稱、至明中季至少已數百年、約定俗成、官民共喻。二、滿
　　洲一詞、清初未經掩飾之記載、謂即建州、所謂"偽作"者、正指其本為
　　一詞耳。三、清代遠祖居微小之部落、為明"忠順看邊"(見太宗伐明告示)、
　　斷無被西番稱為"曼殊師利大皇帝"之事。且清初名金國、不稱滿洲、已
　　由學者論定。四、滿洲一詞之來源、乾隆自己有兩意見、全不相干。五、
　　此詞在滿語中卻作曼殊。將此五事併合、只能有一解釋、即努爾哈齊所
　　憑以創業之諸部名建州久矣。彼雖立金國之號、部落舊稱之習俗不改。

進行學術考辨，主要目的無非是爲了證明其爲中國所有，特別是
爲對付日本學者及軍方的"大陸政策"與"滿蒙生命線"之說，先從
源頭上解決東北不稱滿洲的問題，進一步則指責日本學者的立論無
所本。因此，傅斯年乃從文化、神話學、民族學、語言學的角度，
分析東北實爲中國之地。在《東北史綱》的〈引語〉中，傅斯年反
覆說明他寫此書的兩個動機：

　　1.教育國人的東北史地知識："九・一八事變"後，中國欲求訴
之於公道及世界公論，但當時中國人對東北的知識仍相當缺乏，每
每不知其底蘊，不但斯文寡陋，且關係到國家大事；因此，雖然知
道東北史事對現局關係遠不如經濟政治之什一，惟學史者面對蜩螗
國是，但求盡其所能，因而有《東北史綱》之作[47]。

　　2.駁斥日本學者的滿蒙論：日本學者白鳥庫吉、矢野仁一、中
山久次郎和箭內亙等人提出所謂"滿蒙生命線"、"滿蒙在歷史上非
支那領土"等說法；傅斯年認爲這些說法本是"指鹿爲馬"之言，不
值一辨，但因爲日本竟以此爲侵略東北的理由，因而不得不辨，傅
斯年乃從法律與民族自決的角度加以論析，並參以東北歷史的文化

且漢化愈深、愈知金號之並非特別體面、於是借番蒙語中(蒙古經典名詞
多出自番)曼殊之詞以詫漢語中之建州之字、曼殊一詞之施用、自當亦東
部蒙古喇嘛教之者。蓋喇嘛自元季以來、幾成北部部族之國教、清族初
年文化、非漢即蒙、而其文書乃蒙古也。然其造此滿洲一詞之用心、固
昭然為遷就建州一詞、彼之先祖久已承認、入於神話故事、勢不能改、
只好詫之。然則滿洲一詞、謂為建州一詞之亥豕魯魚可也。
傅斯年，《東北史綱》，6。
[47] 傅斯年，《東北史綱》，1。

淵源，認爲就東北二、三千年的歷史看，東北爲中國領土，與江蘇
或福建之爲中國領土，殊無二致[48]。

　　由於傅斯年的《東北史綱》是一集體研究計劃，在關注的焦點
及年代斷限上均有所限制，傅斯年所執筆的部分是古代之東北，其
斷限爲從遠古到魏晉南北朝，隋以後的部分由方壯猷執筆。

　　在古代東北的部分，傅斯年頗能引述新的考古學報告爲材料，
大抵符合其史學科學化的呼籲，如他引述安特生、步達生等人的成
果，以證明東北與中國的淵源，並參以古生物學、語言學、神話學、
人種學、地理學等輔助學科，說明東北在遠古即與中國爲一體，傅
斯年認爲這是近代科學成果，提供歷史研究的證據[49]；此外，因爲
當時日本學者有關東北史地的考察與研究論著甚多，傅斯年亦對其
中可信的研究成果加以引用[50]。

　　傅斯年的《東北史綱》由於寫作時間倉促，材料蒐集並不齊全，
疏陋之處在所難免。事實上，傅斯年雖爲新考據學派(史料學派)的奠
基者，但在檢驗其史學著作時，仍發現不免有理論和實際不合拍的
例證[51]，在《東北史綱》中，類似的情形亦甚明顯，特別因爲此書

---

[48] 傅斯年，《東北史綱》，1-2。

[49] 傅斯年，《東北史綱》，24；參考：Andersson, J. Gunnar, *Children of the Yellow Earth: Studies in Prehistoric China* (Cambridge, Mass.: The MIT Press, 1973).

[50] 傅斯年，《東北史綱》，2；如關於東京帝國大學教授濱田耕作 1928 年在旅順貔子窩的發掘報告，傅斯年即加以引用，見：《東北史綱》，8。

[51] 其中最明顯的就是〈性命古訓辨證〉，參考：傅斯年，〈性命古訓辨證〉，《傅斯年全集》，2/493-738；而較符合其以歷史語言的科學方法治史者則是〈大東小東説〉、〈夷夏東西説〉、〈周東封與殷遺民〉，收入：《傅斯年全集》，3/745-758; 822-893; 894-903；關於傅斯年的科學史學，本文因主題與篇幅所限不擬詳論，可參考：王汎森 (Wang Fan-shen), "Fu Ssu-nien: History and Politics in Modern China," 102-196；劉龍心，〈史料學派與現代

本係為了駁斥日本學者的理論而作，在學術客觀與呼應現實之間所遭遇的困難，無形中也較他的其他史學著作要多，關於這一點，傅斯年本身亦有深切瞭解，因而頗思重加修訂，惟終未如願[52]。

傅斯年的《東北史綱》基本上是一本尋根之作，即透過歷史尋根的方式，證明東北早為中國所有；但由於他寫作的動機起於現實之需要，因而書中行文所透露的民族感情與時代關懷，與其平日史學論著的謹守學術分際略有出入。而面對國家民族危急存亡之秋，知識分子在學術客觀與現實之間的張力本不易排除，即或提倡史學科學化的傅斯年亦不可免；但在《東北史綱》中，傅斯年仍企圖本其一貫的治學方法：以樸學考據為本，加上語言學、民族學和考古學的綜合運用，為其史學科學化示例，雖然距離真正的學術客觀稍遠，似亦毋須苛求[53]。

---

中國史學之科學化〉(臺北：國立政治大學歷史研究所碩士論文，1992，未刊稿)，57-181。

[52] 傅樂成，《傅孟真先生年譜》，收入：《傅斯年全集》，7/287。

[53] 傅斯年的學生陳槃在〈懷故恩師傅孟真先生有述〉中，就對《東北史綱》出版後受到批評的事有所辯解，陳槃說：

> 東北事變，大局震盪，孟真師憂心如焚，百忙中而有《東北史綱》之作。這部用民族學、語言學的眼光和舊籍的史地知識，來證明東北原本是我們中國的郡縣，我們的文化種族，和這一塊地方有著不可分離的關係。這種史學方法和史識，是最現代的、科學的。但出版以後，頗受人批評。其實這書的間架輪廓非高手不能辦。批評的人從細微末節著眼，當然不無話可說。但是能批評的人。卻不一定就能搭起這樣的間架，描畫出這樣的輪廓。「前修未密，後出轉精」，鑿荒開山的工作是創造的、艱難的，後人跟著來做補苴罅漏的工作是容易的。孟真師寫文章，有時只憑記憶，當然疏忽的地方也是不能免的。但吹毛求疵，偶瑕掩瑜，這種態度是不公平的。

對日抗戰是中國現代史上的又一次外患危機，在面對國家民族危急存亡之秋，史學工作者的民族主義呼聲乃甚囂塵上；在這方面可以雷海宗、錢穆、陳寅恪與陳垣為代表。

## (三)文化週期論：雷海宗的期許

雷海宗在《中國文化與中國的兵》一書中，以文化再生的觀點，論析中國文化的未來。

在〈總論——傳統文化評價〉中，雷海宗開宗明義提到此書的寫作，係為了檢討中國傳統文化的長處與短處，特別是了解中國文化的短處，對創造文化的新生尤有其必要性，而在他看來，抗戰對中國而言，正是一個新的生機[54]。

《中國文化與中國的兵》書中，最常引起討論的一篇文章可能是〈中國文化的兩週〉，此文原名〈斷代問題與中國歷史的分期〉，雷海宗於文中將中國歷史分為兩個大的週期，第一週期指由上古到東晉孝武帝太元八年的淝水之戰(1300 B.C.-383 A.D.)，此時期大致是華夏民族創造文化的時期，外來的血統與文化沒有重要的地位，雷海

---

原載《新時代》，3. 3: 13-14；轉引自：傅樂成，《傅孟真先生年譜》，收入：《傅斯年全集》，7/287；王汎森指出傅斯年撰寫《東北史綱》時，其民族主義情懷凌駕其學術規範，惟歷史客觀與政治急迫需要間的張力須列入思考，見：王汎森 (Wang Fan-shen), "Fu Ssu-nien: History and Politics in Modern China," 247-248.

[54]　雷海宗，《中國文化與中國的兵》(香港：龍門書店，1968)，1；案：此書初版於 1940 年，筆者所據為 1968 年香港龍門書店景印本；惟書中最晚的一篇〈中國的家族〉於 1937 年 7 月刊出，因此書中各篇均可視為對日抗戰前之論著。

宗稱之爲古典的中國。第二週期則由淝水之戰到雷海宗寫作此書的
當時，即對日抗戰之際(383-1937)，此時期是北方各種胡族屢次入侵，
印度佛教亦深刻影響中國文化的時期，無論在血統上或文化上，都
起了重大的變化，雷海宗認爲第二週的中國已非當初純華夏的古典
中國，而是胡漢同化的新中國，一個綜合的中國[55]。

　　雷海宗之所以提出"中國文化的兩週"，旨在說明世界史上的古
文明，鮮少有能夠開創第二春者，中國是一獨特的例證；但近代中
國自鴉片戰爭以降，在西方列強的侵略之下，造成了傳統政治文化
的總崩潰。雷海宗認爲近代以來中國民族文化的衰微已經非常明
顯，政治社會方面不見有絲毫復興的希望，精神方面也缺少新的衝
動，中國文化的第二週已經到了結束的時候。而在第二週文化即將
結束之時，其結束的方式如何？何時結束？諸種問題尚未有明確的
答案[56]。

　　更重要的是：中國是否有開創第三週期文化的希望？在雷海宗
心目中固存有第三週文化的期許。因爲中國文化與其他文化最大的
不同點是「中國曾經返老還童，而別的文化一番衰老後就死去」[57]；
此外，雷海宗並認爲中國所創造的第二週文化其實就是南方發展
史，在這方面他的論點和錢穆在《國史大綱》中的看法是一致的[58]。
因而雷海宗在〈此次抗戰在歷史上的地位〉中，一再提及全國抗戰
的重心是在南方，而全國軍民之所以英勇作戰，乃係休養生息了兩
千年的元氣，至此拿出與亙古未有的外患相抗，雷海宗說：

---

[55]　雷海宗，《中國文化與中國的兵》，172。

[56]　雷海宗，《中國文化與中國的兵》，195。

[57]　雷海宗，《中國文化與中國的兵》，208。

[58]　有關錢穆的討論請參閱本文(四)民族文化史觀：錢穆的《國史大綱》。

　　中國雖然古老，元氣並未消耗，大部國民的智力與魄力仍可
　　與正在盛期的歐美相比，仍有練成近代化的勁旅的可能。二
　　千年來養成的元氣，今日全部拿出，作為民族文化保衛戰的
　　力量，此次抗戰的英勇，大半在此[59]。

就雷海宗觀點來看，基本上他相信抗戰一定會獲得勝利，並且是中
國文化的一個生機，其論點大有危機就是轉機之意味，而此轉機正
是開創第三週文化的最佳時刻[60]；雖然雷海宗的論點在事後證明不
一定為真，其歷史分期亦引起諸多討論，但在對日抗戰前後，他立
足於民族主義史學的觀點，卻是值得重視的。

## (四)民族文化史觀：錢穆的《國史大綱》

　　錢穆的《國史大綱》，是通史著作中較具文化史觀色彩者，他
在〈引論中〉舉出中國史學的三個特點：

---

[59] 雷海宗，《中國文化與中國的兵》，212。
[60] 雷海宗說：

　　我們第二週的文化今日已到末期。第一週的末期前後約三百年。第二週
　　的末期，由始生今方有百年，若無意外的變化，收束第二週與推進第三
　　週恐怕還得要一二百年的功夫。但日本的猛烈進攻，使我們不得不把八
　　字正步改為百米賽跑。第二週的結束與第三週的開幕，全都在此一戰。
　　第一週之末有淝水之戰(公元三八三年)。那一戰中國若失敗，恐怕後來
　　就沒有第二週的中國文化，因為當時漢人在南方還沒有立下根深蒂固的
　　基礎。淝水一戰之後，中國文化就爭得了一個在新地慢慢修養以備異日
　　脫穎而出的機會。此次抗戰是我們第二週末的淝水戰爭，甚至可說比淝
　　水戰爭尤為嚴重。成敗利鈍，長久未來的遠大前途，都繫於此次大戰的
　　結果。第二週文化已是人類史上空前的奇蹟；但願前方後方各忠職責，
　　打破自己的非常紀錄，使第三週文化的偉業得以實現！

　　雷海宗，《中國文化與中國的兵》，212-213。

中國為世界上歷史最完備之國家，舉其特點有三。一者悠久。
從黃帝傳說以來約得四千六百餘年。從《古竹書紀年》載夏
以來，約得三千七百餘年。二者無間斷。自周共和行政以下
明白有年可稽，自魯隱公元年以下，明白有月日可詳。三者
詳密。此指史書體裁言。要別有三，一曰編年，二曰紀傳，
三曰紀事本末。其他不勝備舉。又中國史所包地域最廣大，
所含民族分子最複雜，因此益形成其繁複。若一民族文化之
評價，與其歷史悠久博大成正比，則我華夏文化，於並世固
當首屈一指[61]。

錢穆在這裡所說的悠久、無間斷、詳密三個特點，與柳詒徵《中國
文化史‧緒論》所說的幅員廣袤、種族複雜、歷史悠久、史籍豐富
等特質，其論述基調幾如出一轍。錢穆的《國史大綱‧引論》寫於
1939 年 1 月，柳詒徵的《中國文化史‧緒論》發表於《學衡》第 46
期(1925 年 10 月)，二者相差 13 年餘，但兩人希冀藉闡明中國歷史特
色以喚醒民族魂的用心可謂殊途而同歸。雖然在治學取向上，錢
穆近於考據[62]，柳詒徵近於經世[63]，但在面對中國的內憂外患時，
民族主義的呼聲乃高於一切。

---

[61] 錢穆，《國史大綱》，上(臺北：商務印書館，1980)，1；案：此書初版於
1940 年。
[62] 余英時教授認為錢穆不在任何派系之中，使他比較能看清各派的得失，雖
在 1930 年錢穆到北平以後，表面上已進入中國史學的主流，但他的真正
立場和主流中的"科學"考證或"史料學"又不盡相合；此一論點大抵指出錢
穆治學的特色，見：余英時，《猶記風吹水上鱗》(臺北：三民書局，1991)，
12；但在〈一生為故國招魂〉中，余英時教授也指出：
他[錢穆]的主要學術著作全是針對著當時學術界共同關注的大問題提出
一己獨特的解答，而他的解答則又一一建立在精密考證的基礎之上。

　　錢穆的《國史大綱》自出版後即佳評如潮，歷 50 年而不衰，在臺灣的歷史系學生幾都讀過此書[64]；而以通史型態出現的《國史大綱》，仍維持其文化史觀的本質。因此，錢穆的《國史大綱》在史實敘述與論證上主要立足於思想文化層面，其民族主義史觀亦在書中表露無遺。在這裡可以看出錢穆的《國史大綱》其實是有所為

---

余英時，《猶記風吹水上鱗》，23；余英時教授繼續闡明：

在三十年代，錢先生是以擅考證見稱於世的，雖然他從來不掩飾他對於傳統文化的尊重，也不諱言他的考證是為了一個更高的目的服務——從歷史上去尋找中國文化的精神。

余英時，《猶記風吹水上鱗》，25；由此可見錢穆治學本於樸學考據確有其可循之理路。

[63] 張其昀在〈吾師柳翼謀先生〉中認為柳詒徵的史學近於經世一路：

柳師對於史學，主張沿流討源，援古證今，講明當代典章文物，以達經世致用之目的。

張其昀，〈吾師柳翼謀先生〉，收入：《張其昀先生文集》，9/4710-4718；所引在 4716；另，郭廷以在他的回憶錄中，也對柳詒徵的治學有所說明：

柳先生教我的功課很多，可惜到大三時他就離開東大了，在我讀課外書及研究近代史的興趣固然受他影響很大，但在研究方法上，我不大贊同他的方法，比如他不重視考證，對歷史這門科學不下考證功夫如何下結論？

見：張朋園等(訪問紀錄)，《郭廷以先生訪問錄》(臺北：中央研究院近代史研究所，1987)，130。

[64] 顧頡剛在《當代中國史學》中稱贊《國史大綱》是當時出版的中國通史著作中創見最多者；見：顧頡剛，《當代中國史學》(香港：龍門書店，1964)，85；案：此書初版於 1947 年；嚴耕望教授則認為《國史大綱》「內容尤多警拔獨到處，往往能以幾句話籠罩全局，精悍絕倫」，見：嚴耕望，《治史答問》(臺北：商務印書館，1985)，111；余英時教授在 1991 年錢穆去逝時仍盛贊此書為錢穆對故國招魂的新詮釋，也是他弘揚中國文化精神意識的代表作，見：余英時，〈一生為故國招魂〉，收入：余英時，《猶記風吹波上鱗》，17-29。

而作的，譬如他對國史的看法即從民族主義的立場加以觀照[65]；錢
穆自述其寫作的動機，在積極方面希望"求出民族永久的生命之
泉"，消極上最少也希望能"指出國家民族最近病痛之證[癥]候"，以
便對癥下藥。至於中國的未來應如何開創，錢穆認為政治的清明是
關鍵所在，且進一步以思想文化為討論的中心[66]。

　　錢穆在《國史大綱》中敘述歷史演變的伏流，自非為歷史而歷
史，而係將歷史的伏流自過去滲入當代，既是昔日改革的動力，也
是未來發展的動力。所以表面上看起來，錢穆的史學研究似乎集中
於學術思想的考辨，實際上則是他藉思想文化為解決問題的方式；
且因錢穆對當時政治的關懷，涉及 1920-1930 年代間部分知識分子

---

[65] 錢穆在《國史大綱·緒論》提出他對通史的觀點：

今日所需之國史新本，將為自《尚書》以來下至《通志》一類之一種新
通史，此新通史應簡單而扼要，而又必具備兩條件。一則必能將我國家
民族，已往文化演進之真相，明白示人，為一般有志認識中國已往政治
社會文化思想種種演變者所必要之智識，二者應能於舊史統中映照出現
中國種種複雜難解之問題，為一般有志革新現實者所必備之參考。前者
在積極的求出國家民族永久生命之泉源，為全部歷史所由推動之精神所
寄，後者在消極的指出國家民族最近病痛之證候，為改進當前之方案所
本。此種新通史，其最主要之任務，尤在將國史真態，傳播於國人之前，
使曉然了解我先民對於國家民族所已盡之責任，而油然興其慨想，奮發
愛惜保護之摯意也。

錢穆，《國史大綱》，8。

[66] 胡昌智在《歷史知識與社會變遷》一書中，即對錢穆的思想文化傾向，做
了深入的分析，他認為錢穆在敘述歷代政治演變時，不斷顧及思想界的變
化，以指出制度演變的所以然。惟因思想界中各種思想雜陳，而且思想界
並不直接等於一個有政治內涵的意識，錢穆的工作正是要從國史豐富而雜
出的思想中，析釋出一條清晰的政治意識發展──國史制度底層的脈絡；
參考：胡昌智，《歷史知識與社會變遷》(臺北：聯經出版公司，1988)，141。

要求參政，不願國家分裂，以及他個人反對自下而上的工農革命等信念，因而他一面反對無產階級的革命與執政，一面又對代議政治沒有信心，所以當他在《國史大綱》透露出贊成訓政的訊息，而且憧憬以知識分子為中心的訓政制度及人治傾向時，便沒有什麼好覺得訝異了[67]。

由錢穆的例子，可以瞭解民族主義史學的發展，是透過怎樣的思想模式建構而成；事實上，1920-1930 年代的中國知識分子，一直處在兩難的困境中，一面是擁抱或拋棄傳統，另一面為是否向西學取經。所以，此一時期的史學發展，便常環繞於傳統的尋根與前瞻未來間打轉，在回顧昔日輝煌歷史的同時，也前瞻中國未來的願景。

現代中國史學的發展雖然在歧路多荊中匍伏前行，但史學工作者在面對外患凌逼時所顯現的民族主義史學，卻是有志一同。柳詒徵的經世史學，傅斯年由考據走向經世，雷海宗的文化週期論，錢穆的文化史觀，都可從此一角度加以理解；即或一生寄身學院、從事學術研究工作的南北二陳：陳寅恪與陳垣，在面對時代變局時，亦顯現了濃厚的民族主義情懷。

## (五)內政與外患盛衰之連環性：陳寅恪的古典今情

陳寅恪早年遊學歐美各著名大學，1926 年回國任教於清華國學院，在這段期間，他醉心學術研究，從未參預政治活動，對社會

---

[67] 胡昌智，《歷史知識與社會變遷》，143。

文化問題也極少表示意見；但據其友人李璜所述，陳寅恪絕非躲在
象牙塔中的學者，而係對國家社會的發展多有關切[68]。

　　1931 年清華改制為大學，陳寅恪對當時的學術狀況做了語重
心長的批評和建議，在〈吾國學術之現狀及清華之職責〉中，他提
到中國學術之未能獨立，非但自然科學和西洋學術依賴外國，即使
本國政治、社會、經濟之情況，亦「莫不乞靈於外人之調查統計，
幾無以為討論之資」[69]。至於本國文史之學，表面上看似可獨立，
細深究之，其實不然，陳寅恪說：

　　……本國史學文學思想藝術史等，疑若可以幾於獨立者，察
　　其實際，亦復不然。近年中國古代及近代史料發現雖多，而
　　具有統系與不涉附會之整理，猶待今後之努力。……東洲鄰
　　國以三十年來學術銳進之故，其關於吾國歷史之著作，非復
　　國人所能追步。昔元裕之、危太朴、錢受之有一共同觀念，
　　即國可亡，而史不可滅。今日國雖倖存，而國史已失其正統，
　　若起先民於地下，其感慨如何[70]？

---

[68] 李璜在〈憶陳寅恪登恪昆仲〉中說：
　　[陳寅恪]對國家民族愛護之深與其本於理性，而明辨是非善惡之切，酒酣
　　耳熱，頓露激昂，我親見之，不似象牙塔中人……。
　　見：李璜，〈憶陳寅恪登恪昆仲〉，《大成雜誌》，49(香港，1977. 12): 4；
　　從陳寅恪所遺留的大量詩作中，亦可看出他植根於歷史與文化的民族情
　　懷。
[69] 陳寅恪，〈吾國學術之現狀及清華之職責〉，收入：陳寅恪，《陳寅恪先
　　生全集·補編》(臺北：九思出版公司，1977)，45-46；所引在 45。
[70] 陳寅恪，〈吾國學術之現狀及清華之職責〉，收入：陳寅恪，《陳寅恪先
　　生全集·補編》，45。

陳寅恪對日本的中國史研究成績，非中國學術界所能望其項背極為憂心，因為他將學術的振興和獨立，當作"民族精神上生死一大事"來加以看待[71]，所以他希望全國矚望的清華，能首先擔負起民族精神所寄的學術文化獨立之職責。

1931 年"九‧一八事變"後，日本侵占東北，知識分子的感時憂世之情與日俱增，陳寅恪寫了一首〈和陶然亭壁間女子題句〉以賦其事：

> 故國遙山入夢青，江關客感到江亭。
>
> 不須更寫丁香句，轉怕流鶯隔世聽。
>
> 鍾阜徒聞蔣骨青，也無人對泣新亭。
>
> 南朝舊史皆平話，說與趙家莊裡聽[72]。

此詩所悲者乃連新亭對泣都不如的時人，透露出陳寅恪心中對民族淪亡的深沈悲痛。

一般認為，自"史中求史識"乃陳寅恪治學的一大關鍵[73]。由於他早年精治多種東方古文字，並曾利用這些文字來考證中亞史地；中年以後，其研究興趣轉向中國文史的領域。因此，其一生治學的重心始終都在中國中古史，陳寅恪嘗自謂"平生為不今不古之學"，指的就是此一研究領域[74]。

---

[71] 陳寅恪，〈吾國學術之現狀及清華之職責〉，《陳寅恪先生全集‧補編》，46。

[72] 陳寅恪，《寅恪先生詩存》，編入：陳寅恪，《寒柳堂集》(臺北：里仁書局，1980)，12。

[73] 俞大維曾說陳寅恪治中國史的主要目的是在"史中求史識"，參考：俞大維，〈談陳寅恪先生〉，收入：俞大維等，《談陳寅恪》(臺北：傳記文學出版社，1970)，3。

[74] 逯耀東教授在〈且做神州袖手人〉中，討論陳寅恪的不今不古之學有二解：

　　雖然陳寅恪所研究的範圍主要是中國中古史，但他在研究的過程中，往往通過嚴格精密的考據工作，再進一步分析中國史上的一些關鍵性問題，並儘量從其中獲得關於當前處境的啓示，因此在其論著中常常有意無意間發出"通識古今"的感慨[75]。

　　對日抗戰前後及戰爭期間，陳寅恪所發表的專著和單篇論文，表面上幾乎全是純學術性的考據之作，與現實人生似乎毫無關涉。但深一層看，陳寅恪一生的學術工作可說和現實有著密切的關連，他自稱"喜談中古以降民族文化之史"[76]，其實他所關切的是中國文化在現代世界中如何轉化的問題。所不同的是，他祇是默默地研究

---

所謂"不今不古之學"，一般解釋是指寅恪先生後來專治的魏晉隋唐而言。不過，對於"不今不古之學"，或可另作超越今古文經學，專治乙部之學解。也就是寅恪先生在〈楊樹達論語疏證序〉所説：「平生喜讀中華乙部之作，間亦披覽天竺釋典，然不敢治經。」

逯耀東，〈且做神州袖手人〉，收入：逯耀東，《且做神州袖手人》(臺北：允晨文化出版公司，1989)，55-84，所引在70。

[75] 關於這一點，逯耀東教授在〈且做神州袖手人〉中説：

魏晉南北朝是一個動亂的時代，是一個轉變的時代，是漢民族單獨在長城內活動的時代，是一個帝國解體另一個帝國重組的過渡的時代。在解體和重組之間，所表現的時代性格是非常矛盾與複雜的。這種矛盾與複雜的性格，也反映在我們這個時代的文化蜕變之中。這個時代也正是寅恪先生自己生存的時代。雖然他不願面對，但卻無法逃避的。因此想從魏晉南北朝的矛盾與複雜時代的性格中，尋覓他自己生存時代的變亂原因。

逯耀東，《且做神州袖手人》，74。

[76] 陳寅恪，〈重刻元西域人華化考序〉，《陳寅恪先生全集》，上(臺北：九思出版公司，1977)，683。

中古以降漢民族與異族之關係，以及外國文化(如佛教)傳入中國後所產生的影響，希望從其中獲得歷史的教訓[77]。

1936 年 12 月 12 日"西安事變"發生，陳寅恪於次年 7 月出版的《清華學報》12 卷 3 期發表了〈論李懷光之叛〉，在這篇文章中，他表面上寫的似乎是唐代史事，其實卻是古今互證的，陳寅恪在分析李懷光之叛時說：

> 唐代朱泚之亂，李懷光以赴難之功臣，忽變為通賊之叛將，自來論者每歸咎於盧杞阻懷光之入覲，遂啓其疑怨，有以致之，是固然矣。而於神策軍與朔方軍糧賜之不均一事，則未甚注意[78]。

因此，陳寅恪認為中央對神策軍與朔方軍的糧賜不均，很可能是李懷光所部對中央不滿的重要因素，在列舉相關史料以證其事之後，陳寅恪感慨地說：

> 夫李晟所統之神策軍者，當時中央政府直轄之禁軍也，李懷光所統之朔方軍者，別一系統之軍隊也，兩者稟賜之額既相差若此，復同駐咸陽一隅之地，同戰朱泚一黨人，而望別一系統之軍隊其士辛以是而不平，其將領不因之而變叛，豈不難哉！豈不難哉[79]！

實上，陳寅恪寫此文時，心中或亦別有懷抱，李懷光在唐代的地位、處境、以及叛變經過，似與西安事變前後的張學良若合符節。稽諸史實，當時東北軍的處境確有躑躅為難之隱痛，"九‧一八事變"入

---

[77] 余英時，《陳寅恪晚年詩文釋證——兼論他的學術精神和晚年心境》(臺北：時報文化出版公司，1984)，26。

[78] 陳寅恪，〈論李懷光之叛〉，《陳寅恪先生全集》，上/503-504；所引在 503。

[79] 陳寅恪，陳寅恪先生全集》，上/504。

關的東北軍，在思鄉情切、關餉又不若中央軍的情況下，對政府自
有所不滿，除了要求槍口一致對外的大題目外，自覺在待遇方面受
到歧視，可能也是發動事變的重要因素。據張學良〈西安事變懺悔
錄〉所述，他之所以決意舉行兵諫，亦曾受到一些所謂"惡緣"刺激，
其中包括爲東北軍「請求撫卹、補給，皆無結果」等等[80]；陳寅恪
當日或未必深知西安事變的詳細情形，但他將張學良比擬爲李懷
光，確有其獨到之見。

　　而當 1941 年對日抗戰進入焦灼狀態時，陳寅恪寫成《唐代政
治史述論稿》，其中第三章爲〈外族盛衰之連環性及外患與內政之
關係〉，用以闡明外族侵略的後果，可能導致朝代之衰亡。因此，
他在書中表明「本篇於某外族因其本身先已衰弱，遂成中國勝利之
本末，必特爲標出之，以期近真實而供鑑誡[戒]，兼見其有以異乎
誇誣之宣傳文字也」[81]。由此可見"鑑戒"乃此書命意之所在，因此
在歸結唐代的覆亡時，陳寅恪認爲最根本的原因是東南財富區的遭
受破壞[82]；而他深刻的觀察力和對歷史的敏感性，或許已使他感受
到日本的侵略必將引發中國之內憂[83]。

---

[80] 張學良，〈西安事變懺悔錄〉，《明報月刊》，33(香港，1968. 9): 50-53；
　　所引在 52；另可參考：傅虹霖(著)，王海晨、胥波(譯)，《張學良的政治
　　生涯》(瀋陽：遼寧大學出版社，1988)，148-152。近年有關張學良的研究
　　論著陸續出版，尤其是張學良於 2001 年 10 月 15 日過世後，有關西安事
　　變眞象的探索勢將再起，本文無意費心討論，有興趣的讀者可參閱：楊奎
　　松，《西安事變新探》(台北：東大圖書公司，1995)。

[81] 陳寅恪，《唐代政治史述論稿》，收入：《陳寅恪先生全集》，上/151-304；
　　所引在 274。

[82] 陳寅恪指出：
　　　自咸通以後，南詔侵邊，影響唐財政及內亂頗與明季之"遼餉"及流寇相
　　　類，此誠外患與內亂互相關係之顯著例證也。夫黃巢既破壞東南諸道財

　　時局的變化，對陳寅恪的史學研究當亦有所影響，他由多識語言以爲考證之用，漸而顧及經世層面的轉折，或即與此有關；其"考古以證今"治史途徑，或許也可以在民族主義史學找到落腳處，關於此點他曾有過一番自白：

> 寅恪僑寓香港，值太平洋之戰，扶疾入國，歸正首丘……回憶前在絕島，蒼黃逃死之際，取一巾箱坊本建炎以來繫年要錄，抱持誦讀。其汴圍困屈降諸卷，所述人事利害之迴環，國論是非之紛錯，殆極世態詭變之至奇。然其中頗復有不甚可解者，乃取當日身歷目睹之事，以相印證，則忽豁然心通意會。平生讀史凡四十年，從無似此親切有味之快感，而死亡飢餓之苦，遂亦置諸度量外矣[84]。

從這段話來看，陳寅恪治學明顯受到時代變局的影響，他之所以由考證走向典章制度之研究，其實是有所爲而發的。陳垣的弟子牟潤

---

富之區，時溥復斷絕南北運輸之汴路，藉東南經濟力量及科舉文化以維持之李唐皇室，遂不得不傾覆矣！

陳寅恪，《唐代政治史述論稿》，《陳寅恪先生全集》，上/303-304；錢穆在《國史大綱》中對南北經濟文化的轉移亦有精闢的見解，見：錢穆，《國史大綱》，下，532-595。

[83] 陳寅恪於《唐代政治史述論稿》中指出：

史家推跡龐勛之作亂，由於南詔之侵邊，而勛之根據所在適爲汴路之咽喉，故宋子京曰：「唐亡於黃巢，而禍基於桂林。」嗚呼！世之讀史者儻亦有感於斯言歟？

陳寅恪，《陳寅恪先生全集》，上/304。

[84] 陳寅恪，〈遼史補注序〉，《陳寅恪先生全集‧補編》，55-56；所引在55。另見蔣天樞(編)，《陳寅恪先生編年事輯》(臺北：弘文館出版社，1985)，118。

孫在討論陳寅恪中年後治學方向的改變,即歸於"九‧一八事變"後
外患的日益加劇,使他不再專治考據,而討論大的問題[85]。

　　就以上分析,陳寅恪雖以史料見長,他的考據功力在當時史學
工作者中可謂首屈一指,特別是他通曉多種語言文字,對中國中古
時期的邊疆文化,可以進行多語文版本的校勘考據。但"九‧一八
事變"以後,陳寅恪在考據之外,對時事的多所縈懷,形成其融合
古事今情的論述方式,因而在考古以證今的治史途徑中,別有洞見。

　　關於這一點,陳寅恪在〈讀哀江南賦〉中曾說「古典述今事,
古事今情,雖然不同物。若是異中求同,同中求異,融會異同,混
合古今」[86],這種融會異同的表現方法,不僅在其詩作中時有流露,
更明顯表現於其學術著作中。

　　此外,在陳寅恪的學術著作中,亦隱然有學術思想變遷影響世
局轉移的線索,在〈突厥通考序〉中,陳寅恪說:「考自古世局之

---

[85] 牟潤孫指出:

　　說到寅恪治學方向的改變,應當先說一說陳援庵[陳垣]先生,就可以對
　　於寅老所以轉變及其在史學上的貢獻何在,了解的更清楚些。……二位
　　先生是要好的朋友,常常在一起談學問,他們二位在思想和治學上,一
　　定會互相影響。援庵先生所注重的是中國文化和民族氣節,寅恪先生所
　　注重的是政治制度和社會變遷,皆是歷史上的大問題。這些問題是基礎
　　是根本,如不先解決,其他什麼別的問題,無論研究如何的精細,皆無
　　處去附麗,宛如空中飄散的一枝一葉而已。專重考據,最後必至寫不成
　　歷史。史學變成玩物喪志,在太平時候猶可,一旦國家有事,史學家如
　　果返躬自問,便會覺得自己的研究工作無補於國,愧對民族。在史語所
　　成立,中國"漢學"流行以後,沒有多久,"九‧一八事變"便發生了,國
　　難由此日趨嚴重。援老於是注意到民族氣節,寅老於是講政治制度。兩
　　位先生都不再專治考據,而討論大的問題,其轉變關鍵,即在這裡。

　　牟潤孫,〈敬悼陳寅恪先生〉,收入:俞大維等,《談陳寅恪》,69。

[86] 陳寅恪,〈讀哀江南賦〉,《陳寅恪先生全集》,下/1211。

轉移，往往起於前人一時學術趨向之細微，迨至後來，遂若驚雷破柱，怒濤震海之不可禦遏」[87]。這或許也可以解釋何以抗戰前後陳寅恪的著作會以中國中古政治制度史為主，其意圖以古典述今事，並希冀藉典章制度鑑戒後人的用心昭然可見。而在對日抗戰前後及戰爭期間，其著作亦充滿史學工作者對時代憂患的強烈感受[88]，民族主義史學殆由此而興。

## (六)外患壓力下的史學：陳垣的宗教史研究

　　與陳寅恪合稱南北二陳的陳垣，在對日抗戰期間留居北平，在此前後，日本對中國的侵略，時局的動盪不安，都使他在研究方向上有所調整。

　　陳垣以治校勘學而在中國現代史學上卓然成家，他的學術研究無論是考史或攻治其他歷史輔助學科，自始至終多倚賴中國傳統治學方法，且其治學概念亦極少得自西學的啟蒙或刺激[89]。即或在元史、宗教史研究中，所用外語文獻亦均為漢文譯本，這方面與陳寅恪的廣采多國語言，恰好成一截然不同的對比。

　　1931 年"九‧一八事變"初期，知識分子的反應極為強烈，於是組織各類抗日救國團體，發表宣言通電，舉行遊行請願，要求政府

---

[87] 陳寅恪，〈突厥通考序〉，《陳寅恪先生全集》，下/1385。

[88] 余英時教授認為陳寅恪的學術著作，一直是與他經歷的各個歷史階段同其呼吸的，見：《陳寅恪晚年詩文釋證——兼論他的學術精神和晚年心境》，114。

[89] 許冠三，《新史學九十年》，上(香港：中文大學出版社，1986)，〈第四章，陳垣——土法為本洋為鑑〉，109-132。

宣戰，形成一股洶湧澎湃的抗日救國浪潮[90]。同時也有一批以胡適
為首的知識分子，在事變初起時主張勿擴大事端，應儘快透過外交
談判解決紛爭，陳垣在事變之初是主張和談的。對日抗戰爆發，陳
垣雖未隨政府遷往西南，但他在淪陷區無論講學或研究都以表彰民
族志節為職志，在其著作及學生的回憶中均清晰可見。陳垣在大學
裡講授顧炎武《日知錄》、全祖望《鮚埼亭集》，激勵學生的愛國情
操，同時其史學論著也顯然有寓現實於史事的取向。對日抗戰期間，
陳垣寫成《明季滇黔佛教考》、《南宋初河北新道教考》、《清初僧諍
記》、《中國佛教史籍概論》等著作，最後以《通鑑胡注表微》做結
束。

　　陳寅恪在〈明季滇黔佛教考序〉說：「中國乙部之中，幾無完
善之宗教史，然其有之，實自近歲新會陳援庵先生之著述始」[91]。
這一論斷雖不無爭議，但陳垣的著述以宗教史為主，卻是無何疑義
的。值得注意的是，陳垣的宗教史著作，通常只言教會、僧侶和信
徒的生活史實，而不以宗教信仰為著眼點，更不以弘道傳教為主旨；
且其宗教論著相當重視政治、宗教與文化間的互動關係。陳垣本人
曾說：「宗教與政治，本分兩途。然有時因傳教之便利，及傳教士
國籍之關係，不得不與政治為緣；於是宗教之盛衰，每隨其所信奉
之民族為消息」[92]。

[90] 參考：李雲漢，〈抗戰前中國知識分子的救國運動〉，收入：中國近現代
史論集編輯委員會(編)，《中國近現代史論集》，26《對日抗戰》，上(臺
北：商務印書館，1986)，379-406。
[91] 陳寅恪，〈明季滇黔佛教考序〉，《陳寅恪先生全集》，上/685。
[92] 陳樂素、陳智超(合編)，《陳垣史學論著選》(上海：上海人民出版社，1981)，
149。

　　《明季滇黔佛教考》出版於 1940 年，是一本寓意深遠之著，陳垣在〈識語〉中說「明季中原淪陷，滇黔猶保冠帶之俗，避地者樂於去邠居岐，故佛教益形熱鬧」[93]。陳寅恪的〈明季滇黔佛教考序〉，也對陳垣治佛教史的用心有所闡發，他說：

> 明末永曆之世，滇黔實當日之畿輔，而神州正朔之所在也，故值傾危擾攘之際，以邊徼一隅之地，猶略能萃集禹域文化之精英者，蓋由於此。及明社既屋，其地之學人端士，相率逃於禪，以全其志節，今日追述當時政治之變遷，以考其人之出處本末，雖曰宗教史，未嘗不可以政治史讀也[94]。

如將陳垣的識語與陳寅恪的序文同觀，並將抗戰時期政府避居西南一隅的情勢做一對照，其所指涉的事物已呼之欲出。

　　繼《明季滇黔佛教考》之後，1941 年《清初僧諍記》出版，陳垣在此書中貶刺逢迎新朝的遺民僧，實則是暗諷平津地區的親日派[95]。因此，陳垣在治宗教史時，他心中所時時縈懷的，乃是民族文化的存亡絕續。

　　1943 年 11 月 24 日陳垣致函當時在武漢大學的方豪，信中提及因遭逢國仇家難，因而研究取向為之一變，頗提倡有意義之史學：

---

[93] 陳垣，《明季滇黔佛教考》，收入：陳垣，《中國佛教之歷史研究》(臺北：九思出版社，1977)，頁前 3；案：此〈後記〉寫於 1940 年 3 月。

[94] 陳寅恪，〈明季滇黔佛教考序〉，《陳寅恪先生全集》，上/685。

[95] 陳垣於 1962 年《清初僧諍記》重印〈後記〉中說：
　　一九四一年，日軍既佔據平津，漢奸們得意揚揚，有結隊渡海朝拜、歸以為榮、誇耀於鄉黨鄰里者。時余方閱諸家語錄，有感而為是編，非專為木陳諸僧發也。
　　見：陳樂素、陳智超(合編)，《陳垣史學論著選》，496。

> 至於史學，此間風氣亦變。從前專重考證，服膺嘉定錢氏；
> 事變後，頗趨重實用，推尊崑山顧氏；近又進一步，頗提倡
> 有意義之史學。故前兩年講《日知錄》，今年講《鮚埼亭集》，
> 亦欲以正人心，端士習，不徒為精密之考證而已。此蓋時勢
> 為之，若藥不瞑眩，厥疾弗瘳也[96]。

陳垣在史學研究上一向重視考據，其著作亦大都與考據校勘有關，
惟在此信中則略可看出因身處淪陷區，在研究講學上已不滿於只重
考據，而進一步要在考據的基礎上表明其個人觀點。

　　繼《清初僧諍記》後，陳垣於 1941 年發表了《南宋初河北新
道教考》，其民族主義史學的觀點，與〈明季滇黔佛教考〉、《清初
僧諍記》是前後相續的[97]；陳垣撰《南宋初河北新道教考》時，對
日抗戰已進入第四年，華北地區為日軍占領，教授學者大抵四處流
竄，惟有一部分人甘為日本所役使，情況與北宋末靖康之亂頗多類
似之處；陳垣當時在輔仁大學任教實亦是"聚徒訓眾"殆以新教祖自
況，而撰《南宋初河北新道教考》之宗旨，亦昭然若揭[98]。

---

[96] 陳垣，〈致方豪〉，收入：陳樂素、陳智超(合編)，《陳垣史學論著選》，
　　624。

[97] 《南宋初河北新道教考》目錄後短序說：
　　右三篇四卷二十三章，都六萬餘言，述全真、大道、太一三教，在金元
　　時事，繫之南宋初，何也？曰：三教祖皆生於北宋，而創教於宋南渡後，
　　義不仕金，繫之以宋，從其志也。靖康之亂，河北廬社為墟，士流星散，
　　殘留者或為新朝利用；三教祖乃別樹新義，聚徒訓眾，非力不食，其始
　　與明季孫夏峰李二曲顏習齋之倫講學相類，不屬以前道教也。
　　陳垣，《南宋初河北新道教考》(臺北：新文豐出版社，1977)，3。

[98] 參考：方豪，〈對日抗戰時期之陳援庵先生〉，原載：《傳記文學》，19.4，
　　收入：陳垣，《南宋初河北新道教考》，頁前 1-24。

　　以上所述宗教三書，其實都有借古喻今，所謂「言道、言僧、言考據，皆托詞」，乃係「就崇尚民族氣節的主題而言」[99]；他之所以閉門著述，聚徒訓眾，主要乃因民族意識發乎於中、形之於文；在這方面，於《通鑑胡注表微》有更進一步地發揮[100]。《通鑑胡注表微》於 1945 年 7 月寫成，亦即對日抗戰結束的前一個月；1957年此書重印時陳垣說：

> 我寫《胡注表微》的時候，正當敵人統治著北京。人民在極
> 端黑暗中過汗。漢奸更依阿苟容，助紂為虐。……閱讀胡注
> 體會了他當日的心情，慨歎彼此的遭遇，忍不住流淚。因此
> 決心對胡三省的生平、處境，以及他為甚麼注《通鑑》和用
> 什麼方法來表達他自己的意志等，作了全面的研究，用三年
> 時間寫成《通鑑胡注表微》二十篇[101]。

---

[99] 陳垣，〈致方豪〉，《陳垣史學論著選》，624。

[100] 陳垣在《通鑑胡注表微·小引》中，說明其寫作動機為：
　　一日讀[通鑑]後晉紀開運三年胡注有曰：「臣妾之辱，唯晉宋為然，嗚呼痛哉！」又曰：「亡國之恥，言之者痛心，矧見之者乎！此程正叔所謂真知者也，天乎！人乎！」讀竟不禁淒然者久之。因念胡身之為文、謝、陸三公同年進士，宋亡隱居二十餘年而後卒，顧宋史無傳，其著述亦多不傳，所傳僅鑑注及釋文辯誤，世以為是音訓之學，不之注意……自考據興，身之始以擅長地理學稱於世。然身之豈獨長於地理已哉？其忠愛之忱見於鑑注者不一而足也。
　　見：陳垣，《通鑑胡注表微·小引》，收入：司馬光撰，胡三省注，章鈺校記，《新校資治通鑑注》(臺北：世界書局，1977)，16/1。

[101] 《通鑑胡注表微·重印說明》，收入《新校資治通鑑注》，16/409-411，所引在 411；雖然陳垣寫《通鑑胡注表微》，或有為其於對日抗戰期間留居北平自辯之意，惟就民族主義史學的觀點而言，此書確可表露他在時代變局中的自處之道。

這是陳垣將國仇家變寄情史學的自況，亦可說明在面對外患侵略
時，史學工作者如何在論著中寄託民族主義思想，而傳統中國史學
的"史以致用"念，亦在陳垣的著作中時時顯現；在前引陳垣〈致方
豪〉信函中的一段話，頗能概括他個人治史與世變的密切關聯：

> 九一八以後，世變日亟，乃改授顧氏《日知錄》，注意事功，
> 以為經世之學在是矣。北京淪陷後，北方士氣萎靡，乃講全
> 謝山之學以振之。謝山排斥降人，激發故國思想。所有《輯
> 復》、《佛考》、《諍記》、《道考》、《表微》，皆此時作品，以
> 為報國之道止此矣。所著已刊者數十萬言，言道、言僧、言
> 史、言考據，皆托詞，其實斥漢奸、斥日寇，責當局耳[102]。

陳垣在對日抗戰前後及戰爭期間的史學論著，略可為史學工作者在
時代變局中，學術研究與時代互動之一例證。

由陳寅恪與陳垣的例證，或可略窺在時代變局中，民族主義史
學興起的因素。以陳寅恪而言，他早年的研究注重中外交通和國際
關係，反映出他對中西文化和列強侵略中國的關切；中年撰著《隋
唐制度淵源略論稿》和《唐代政治史述論稿》，則從國際關係逐漸
轉向中國內部問題，包括政治制度、黨派糾紛、社會階級的分野、
權力的轉移等等，國際關係已退居較次要的地位[103]，而提出內政與
外患盛衰的連環性，則是陳寅恪以古典述今事之典範；陳垣在"九·
一八事變"後的史學著作亦充滿了經世的意圖，以史論史著來正人
心、挽風俗，亦為民族主義史學添一注腳。

---

[102] 陳垣，〈致方豪〉，《陳垣史學論著選》，624。

[103] 余英時，《陳寅恪晚年詩文釋證——兼論他的學術精神和晚年心境》，114。

# 五、結論

　　時代變局對史學研究的影響固非風雲忽起，而是點點滴滴積累而成，在現代中國史學的發展過程中，民族主義史學的興起，可以說是自 1840 年以降知識分子自覺的總驗收。雖然在考察現代中國史學的發展過程時，史學工作者的研究客體，是一個值得探討的問題；事實上，史學工作者在面對中國所遭受的內憂外患時，大體並未偏離他們原有的研究領域，或在治學方法上有所改變，僅係在他們原有的領域與研究論著中，體現出對時代的關懷，以古典今事的方式比擬而論。這種在論著中寄託時代感懷之寓意，形成極特殊的民族主義史學發展模式。

　　由上述分析，可以瞭解民族主義史學在現代中國史學的發展過程中，並非改變史學工作者研究的領域，而是在個人的本來研究領域中，寄寓與民族憂戚與共的觀照。此類史學研究方式是極為特殊的，因為在外患侵略變本加厲，國家民族面臨立即而明顯的危險時，中國知識分子所採取的並非親身投入戰場，而是以間接的學術研究方式喚醒民族魂。

　　當國家民族面臨立即而明顯的威脅時，知識分子是否必須親身投入戰場，是一個見仁見智的問題；在面臨國家民族絕續存亡之秋，知識分子選擇的救亡圖存方式本即有多種可能，以思想文化喚醒民族魂的間接方式，是當時大部分中國知識分子選擇的途徑。雖然在面臨類似情境時，個人的選擇可能有所不同，譬如法國年鑑學派創始人之一的布洛克(Marc Bloch, 1886-1944)，在第二次世界大戰期間，因德國納粹入侵法國而加入地下反抗組織，且因失事被補，最後死在納粹集中營[104]。因此，知識分子選擇以學術報國的間接方式，未始不是當時個人去留出處的一種選擇。雖然在對日抗戰前後及戰爭期間，亦有類似胡適、蔣廷黻等學人從政的例子[105]，但整體而言，中國現代史上的知識分子，在救亡圖存之路上，大部分仍選擇以思想文化解決問題的方式。在史學方面最具代表性的就是民族主義史學之興起，以今事印證古典的方式喚醒民族魂，冀期於歷史中找出可能的解決之道；因此，在民族主義史學興起的過程中，時代變局與學術研究的關連性，是其中的重要關鍵。

考據與經世的雙主題，在近代中國史學的發展過程中，曾經反覆交錯地出現，以學術與世變的角度加以分析，盛世史學大抵以考據為中心，亂世則傾向於經世致用；嘉道間(1796-1840)史學的轉折，即為一典型之範例；而現代中國史學之由經世到考據，主要是受西方史學輸入中國的影響，使樸學考據的幽靈得以借屍還魂[106]。但當

---

[104] 有關布洛克(Marc Bloch, 1886-1944)的生平及其在第二次世界大戰期間參加地下反抗組織的經過，參考：Georges Altman 為 *Strange Defeat* 所寫的 "Forward," Marc Bloch, *Strange Defeat* (New York: W.W Norton & Company Inc. 1968), ix-xiv; 中文部分可參考康樂為《史家的技藝》中文譯本所寫的〈導言——布洛克與《史家的技藝》〉，Marc Bloch(著)、周婉窈(譯)，《史家的技藝》(臺北：遠流出版公司，1989)，1-3。

[105] 胡適於對日抗戰期間擔任駐美大使，參考：張忠棟，〈出使美國的再評價〉，收入：張忠棟，《胡適五論》(臺北：允晨文化公司，1987)，113-155；蔣廷黻曾於 1936-1937 年間任駐蘇聯外交官，參考：蔣廷黻，《蔣廷黻回憶錄》，191-207；又，"九‧一八事變"以後，蔣廷黻曾與傅斯年等人合撰《東北史綱》，惟僅出版傅斯年的第 1 冊，蔣廷黻執筆的部分其後以《中國近三百年外患史(從順治到咸豐)》之名發表。

[106] 杜維運教授認為現代中國史學的所謂科學方法，其實是乾嘉考據的現代版，見：杜維運，〈民國史學與西方史學〉，收入：孫中山先生與近代中國學

時代揮舞變奏的節拍，樸學考據又再度轉向經世的主題，這種雙主題交替出現的情形，可以說是現代中國史學的一個特色。

在現代中國史學的發展過程中，民族主義史學的興起，可以說是自 1840 年代以降知識分子自覺運動之結晶。雖然在分析現代中國史學的發展過程時，史學工作者的研究客體，是一個值得探討的問題；因為大部分史學工作者在面對中國所遭受的內憂外患時，大體並未偏離他們原有的研究領域，或在治學方法上有什麼改變，惟在其原有研究領域與論著中體現對時代的關懷；本文分析民族主義史學的興起，以柳詒徵、傅斯年、雷海宗、錢穆、陳寅恪與陳垣等人的史學研究為例，說明民族主義史學興起的時代意義。

本文以考據與經世為軸，分析 1919-1945 年間民族主義史學的形成與演變，其民族主義基調的強弱，與時代變局恰成正比：時局動盪愈劇烈，民族主義的強度愈大，經世的主題也愈受到重視；而在考據與經世的雙主題變奏中，外患與時局的動盪，使得經世的主題不斷重現，考據之學則隨之減弱；民族主義史學的興起，在時代變局與史學動向之間，可謂環環相扣，史學工作者與社會之間亦結合緊密。民族主義史學的興起，在現代中國史學的發展過程中，確然有其特殊的時代意義。

---

術討論集編輯委員會(編)，《孫中山先生與近代中國學術討論集》，2(臺北，1985)，344-358。

# 臺灣地區的歷史研究機構與歷史系課程(1945-2000)*

## 一、引論

　　1945 年以後的臺灣史學，基本上架構於研究機構與大學歷史系所，研究機構包含下列單位：中央研究院歷史語言研究所，中央研究院近代史研究所，中央研究院臺灣史研究所籌備處，國史館，中國國民黨中央黨史委員會，國防部史政編譯局[1]，以從事史學研

*　本文部分章節曾於國立政治大學文學院主辦之"四十年來臺灣人文教育回顧與展望學術研討會"上宣讀(1998. 12. 19)；原題為〈臺灣地區的歷史教學與研究(1945—1995)〉，會中承與會學者提供寶貴意見；於《國立政治大學歷史學報》正式發表前，又蒙兩位匿名審查者提供多項建議；大部分均已採納修訂，謹此致謝；但文中之疏陋與錯誤，仍應由筆者負責；本文撰寫期間，資料之蒐集由政治大學歷史研究所碩士班研究生林果顯、李清瑞協助。

[1]　本文未將其他機構列入，主要係因部分研究機構雖有歷史研究工作者，但

究與蒐集史料爲主要工作內容。大學歷史系所則是史學研究的另一個重要基地,在大學任教的史學工作者,一面從事研究,一面培育新一代的史學工作者,影響可謂深遠;截至 2000 年止,臺灣地區設有歷史系的大學計 14 所:臺大、師大、政大、臺北大學、輔仁、東吳、淡江、文化、中興、暨南、東海、成大、中正、東華;歷史研究所計 14 所:臺大、師大、政大、輔仁、淡江、文化、東吳、中興、東海、成大、中正、清華、中央、暨南。設有博士班者有:臺大、師大、文化、政大、中興、成大、清華、中正。

　　研究與教學機構的史學研究,代表了臺灣地區的主流史學;雖然亦有部分民間學者從事相關研究,但這些研究者在 1990 年代臺灣史研究蔚爲顯學以前,基本上較不受重視[2]。

　　李東華教授在〈一九四九年以後中華民國歷史學研究的發展〉中指出,臺灣地區史學研究的主要淵源有二:一爲日治時期臺灣的歷史研究,另一爲民國以來的中國史學發展[3]。日治時期臺灣的歷史研究,肇始於 1909 年臺灣總督府博物館設立,以收藏、研究臺灣與南洋自然科學及民俗文化爲主要目標;1928 年,臺北帝國大學成立,在文政學部史學科分設國史學(指日本史)、東洋史學、南洋

---

該機構之研究主體並非歷史,如中央研究院中山人文社會科學研究所,中央研究院經濟研究所、中央研究院歐美文化研究所、中央研究院文哲研究所籌備處等。

[2] 本文未處理 1990 年代以後臺灣地區各縣市鄉鎮成立的文史工作室,主要是因為這些文史工作室的成立與本土化關係較為密切,而非專業之史學研究,宜另闢專文討論。

[3] 李東華,〈一九四九年以後中華民國歷史學研究的發展〉,《中國論壇》,21. 11(臺北,1985. 10): 37- 38。

史學、西洋史學、史學、地理學講座，開啟臺灣史學研究之風[4]。1949
年以後，傅斯年所創辦的中央研究院歷史語言研究所渡海來臺，使
史料學派成為戰後臺灣史學界的中堅[5]。而大陸時期的史學工作者
中，對臺灣史學厥有獻替的另一位學者錢穆 1967 年移臺定居，其
所著各書在臺重印，對臺灣史學發展影響益深[6]。

　　李東華教授的分析，勾勒出臺灣地區史學研究的兩條重要線
索：民初以來的中國史學發展與日治時期臺灣的歷史研究，可謂深
刻而有見地，該文進一步指出，1949 年以後的臺灣史學，約略可
以 1960 年代畫分為兩個時期，1960 年代以前為大陸史料學派延續
時期，1960 年代以後，史料學派的地位開始動搖，進入解釋史學
時代[7]；惟此文未進一步討論 1960 年代以後各領域史學研究的發展
情形。

　　社會科學與歷史學的結合，是臺灣史學界的熱門論題，但究竟
影響到什麼程度，尚待進一步分析；黃俊傑教授在〈近十年來國內

[4] 李東華，〈一九四九年以後中華民國歷史學研究的發展〉，《中國論壇》，21. 11: 38。

[5] 李東華，〈一九四九年以後中華民國歷史學研究的發展〉，《中國論壇》，21. 11: 37- 38。

[6] 李東華，〈一九四九年以後中華民國歷史學研究的發展〉，《中國論壇》，21. 11: 38。

[7] 李東華，〈一九四九年以後中華民國歷史學研究的發展〉，《中國論壇》，21. 11: 36- 42；李東華教授進一步說明以 1960 年代為分期的原因有三：(1) 從史學理論及方法論而言，1963 年 2 月 15 日創刊的《思與言》是對史料學派最早提出批評的刊物；(2)就史學研究工作者而言，1960 年代是內地來臺老一輩教授逐漸退隱、凋謝的時代，也是第二代學者大量崛起的時代；(3)就歷史研究與教學而言，1960 年代是歷史研究、教學單位數量上大量增加的時代。(頁 40)

史學方法論的研究及其新動向(民國六十年至民國七十年)〉中，曾就刊
載有關史學方法論最多的兩分雜誌——《食貨》月刊和《思與言》
雜誌，做了統計與分析[8]。黃俊傑教授指出，《食貨》月刊 1971-1981
年間的論文總數為 559 篇，與史學方法相關者有 70 篇[9]；約占 12.5%。
《思與言》雜誌》1970-1980 年間的論文總數為 257 篇，屬文史範圍
者有 72 篇(占 28.02%)，專談方法論的有 3 篇(占 4.17%)；屬於社會學的
有 82 篇(占 31.9%)，而在屬於社會學的 82 篇中，專談方法論的有 14
篇(占 13.86%)[10]；黃俊傑教授進一步指出，1970-1980 年代是臺灣地
區注重史學方法論的年代，其中量化史學、心理史學、社會科學與
歷史學的結合[11]，對史學研究有重大的影響。

　　從李東華與黃俊傑教授的論文，我們發現因著眼點的不同，兩
者對臺灣地區的史學發展，在年代上約有 10 年的差距。李東華教
授以《思與言》雜誌對史料學派的挑戰為分期依據，黃俊傑教授則
以當代西方史學的輸入(特別以計量、心理史學、社會科學與歷史學的結合)，
做為臺灣地區史學發展的分水嶺[12]。

---

[8]　黃俊傑，〈近十年來國內史學方法論的研究及其新動向(民國六十年至民國
　　七十年)〉，上，《漢學研究通訊》，2.2(臺北，1983.04): 69-76；黃俊傑，
　　〈近十年來國內史學方法論的研究及其新動向(民國六十年至民國七十
　　年)〉，下，2:3(1983. 07): 135- 145。

[9]　黃俊傑，〈近十年來國內史學方法論的研究及其新動向(民國六十年至民國
　　七十年)〉，上，《漢學研究通訊》，2. 2: 69。

[10]　黃俊傑，〈近十年來國內史學方法論的研究及其新動向(民國六十年至民國
　　七十年)〉，上，《漢學研究通訊》，2. 2: 70。

[11]　黃俊傑，〈近十年來國內史學方法論的研究及其新動向(民國六十年至民國
　　七十年)〉，上，《漢學研究通訊》，2. 2: 70-73。

[12]　筆者無意在這篇短文中討論兩者論點的差異性，也無意參與相關的討論；
　　此處僅係以兩位前輩學者的論文，做為本文討論的起點；此外，宋晞教授

　　杜正勝教授〈中國史在臺灣研究的未來〉一文[13]，將臺灣地區的史學工作者分爲四代：

　　(一)第一代學者：1945 年以後來臺的史學工作者，他們的特點有三：1.學術與現實保持適度的距離；2.研究對象重政制而輕社會，重個人而輕群體，重菁英而輕群眾，重思想而輕物質，所以政治制度史、學術思想史比較發達；3.研究方法崇尙實證，不喜理論，以辨別史料的真僞，發崛原始史料爲主[14]。

　　(二)第二代學者：1960-1970 年代的史學工作者自國外帶回許多新的觀念，最突出的是援引社會科學方法到歷史學領域；拓展新的研究領域，推動社會經濟史研究成爲顯學[15]。

　　(三)第三代學者：1970 年代以後到 1980 年代之間，因爲臺灣地區的經濟起飛，以及 1980 年代以後政治禁忌的逐步解除，使第三代史學工作者討論的面向寬廣，解釋角度多元而細緻，在介紹外國理論時也較不生吞活剝，顯示臺灣史學界對 1960-1970 年代迷信方法論的反省[16]。

---

　　小曾論析現代中國史學的發展，他的討論較接近書目式的列舉，而以史料的發崛和各領域史學研究論著爲論述主軸；宋晞，〈民國以來的史學——國八十五年九月十五日上午在中國歷史學會年會上講〉，《國史館館刊》，21(臺北，1996. 12): 1-26。

[13]　杜正勝，〈中國史在臺灣研究的未來〉，《歷史月刊》，92(臺北，1995. 09): 79- 85。

[14]　杜正勝，〈中國史在臺灣研究的未來〉，《歷史月刊》，92: 79- 80。

[15]　不過杜正勝教授在文章中卻提出第二代學者「當時所引介的社會科學方法如量化分析和心理分析便不一定適合中國的史料。附麗社會科學方法的史學著作雖然比比皆是，但眞正令人膺服的著作並不多，反而暴露漂浮無根的困境」；杜正勝，〈中國史在臺灣研究的未來〉，《歷史月刊》，92: 80。

[16]　杜正勝，〈中國史在臺灣研究的未來〉，《歷史月刊》，92: 80。；黃俊

(四)第四代學者：1990 年代，臺灣歷史界發生較大的變化是臺
灣史研究蔚為風尚，本土意識確立，臺灣史研究與中國史研究重新
畫分界線[17]。

杜正勝教授此文雖標明就中國史研究而論，但大體指出臺灣史
學界的一般現象。

1990 年《新史學》雜誌創辦，杜正勝教授在〈發刊詞〉中指
出，昔往分門別類的歷史研究已經成為過去，今日則要嘗試用各種
方法，來探索歷史的真實和意義[18]。

---

傑教授的論文，亦對 1970 年代社會科學與歷史學的結合有所推崇；黃俊
傑，〈近十年來國內史學方法論的研究及其新動向(民國六十年至民國七十
年)〉，《漢學研究通訊》，2. 2: 70-73。

[17] 杜正勝，〈中國史在臺灣研究的未來〉，《歷史月刊》，92: 80；李東華
教授在〈一九四九年以後中華民國歷史學研究的發展〉中認為「臺灣史的
研究始終有良好的發展」，與杜正勝教授的說法略異；參見：李東華，〈一
九四九年以後中華民國歷史學研究的發展〉，《中國論壇》，21. 11: 40。

[18] 杜正勝，〈發刊詞〉，《新史學》，1. 1(臺北，1990. 03): 3；這篇〈發刊
詞〉也對所謂的"新史學"做了一些解釋，認為「大凡傑出史學家輩出的時
代，他們的著作便是一種新史學」；杜正勝教授進一步說明，過去對所謂
新史學的解釋，曾經出現過幾個階段，如第二次世界大戰之後，歐洲史學
蔚為風尚的年鑑史學派(創辦於 1929 年)，注重社會經濟以及心態史、文化
史的研究，在當時被稱做新史學，現在仍有人以新史學稱之。相對於十九
世紀以後，德國史學家利用政府檔案建立歐洲的政治史和外交史而言，年
鑑派所提出的觀點和做出的研究當然算新史學，但是如果以十九世紀的
觀點來看，德國史學家所做的當然也算是當時的新史學。在中國方面 1904
年梁啓超發表〈新史學〉，借用歐洲的史學觀念，與中國有類帝王家譜的
歷史觀念相對而舉，此為中國新史學的濫觴。1928 年傅斯年強調新史料的
發現，是現代新史學重要的基石，亦即史料學派的奠立，因此也有人認為
史料學派是中國的新史學。1930 年代的社會史論戰，和陶希聖主張以社會
經濟史作為解釋中國歷史的主要架構，以及 1949 年以後中國大陸史學工

　　基於這樣的觀點，杜正勝教授在 1990 年 3 月結合一群史學工作者創辦了《新史學》雜誌，並揭示《新史學》不打算取代任何形式的舊史學，而是要嘗試各種方法，擴展各種眼界，來探索歷史的真實和意義。希望藉著這種方向的轉變，使臺灣的史學研究走出一個新的方向[19]。作為學術社群的《新史學》並非天外來鴻，而是經過長久以來臺灣史學界各代學者的努力之後，尋求新方向的可能性。就史學刊物的發展和史學社群的建立而言，《新史學》才剛踏出第一步，未來的發展尚待評估。

　　從第一代大陸來臺學者的史料學派到 1990 年代《新史學》的創立，臺灣地區的歷史學研究，經歷了不同階段的洗禮，走過李東華教授所提出的"解釋史學"，黃俊傑教授所論"社會科學與歷史學的結合"，杜正勝教授所呼籲的"新史學"，在內容與方法論上有明顯的軌跡可循，未來將朝何種方向發展，是值得期許和有待觀察的。

　　本文希望透過歷史研究機構的工作內容，與各大學歷史學系課程，對臺灣地區的歷史教學與研究，做一初階的討論[20]。

---

作者以馬克思主義史學作為歷史解釋的基礎，這些都形成不同形式的新史學。而在中國現代史學發展的過程中，傅斯年提出"史料即史學"的歷史方法論，不免矯枉過正，長期以來也遭受到不同程度的批評；陶希聖的"食貨派"過分重視經濟社會層面，而忽略了人文及思想層面；對於大陸以馬克思主義史觀為指導原則的學者們，杜正勝教授認為已經脫離史學的本質。在做這些回顧與檢討時，杜正勝教授認為這些新史學並不令人滿意，因為史學應該隨著時代和社會發展來揭發真理，啟發人類的思想，導引人類的文明。杜正勝，〈發刊詞〉，《新史學》，1.1: 2-3。

[19] 杜正勝，〈發刊詞〉，《新史學》，1.1: 3。

[20] 本文為筆者研究當代臺灣史學的一部分，主要討論臺灣地區各歷史研究機構的工作內容與大學歷史系課程，至於其他相關論題，諸如歷史研究所博、碩士論文的主題取向，歷史學及其相關雜誌、學報之分析，各斷代史、專

　　1945 年以後，臺灣地區的歷史研究主要寄託於大學院校和研
究機構，大部分史學工作者都在這兩類單位工作。因此，檢討臺灣
地區的歷史研究與教學，研究機構和大學是其中最主要的基地。

# 二、歷史研究機構

　　臺灣地區的主要歷史研究機構包含下列單位：中央研究院歷史
語言研究所，中央研究院近代史研究所，中央研究院臺灣史研究所
籌備處，國史館，中國國民黨中央黨史委員會，國防部史政編譯局。

## (一)中央研究院歷史語言研究所

　　中央研究院歷史語言研究所為傅斯年於 1928 年所創辦，是史
料學派的大本營。該所網站說明「史語所追求知識的手段對中國的
學術傳統賦予嶄新的意義，她要走出士大夫的書齋，走出故紙堆，
在更廣大、活生生的天地間尋找新資料，所以發展掘地的考古學、
方言調查的語言學、民族調查的民族學，結合文獻，而回歸到歷史
文化的領域，解決其中的課題」。該所也強調科際整合的重要性，「早
在六十七年前，史語所已經開展學科整合，各種學科互為工具，其
終極目的則落實到歷史文化，研究探索力求客觀。這在中國學術史
上也是一種新典範」[21]。
　　史語所標示的理想是多面向的，雖然創辦者傅斯年是史料學派

---

史之研究概況，方法論的探討等等，所涉既廣，內容龐雜，殊非本文所能
含蓋，將俟日後繼續進行相關論題之研究。
[21] 資料來源：www.ihp.sinica.edu.tw。

的燃燈人，早期亦為史料學派的重要基地。但 1970 年代以後，史語所已經開始嘗試多元化的歷史研究。

## (二)中央研究院近代史研究所

1955 年 2 月，在中央研究院朱家驊院長的倡導下，成立近代史研究所籌備處，聘郭廷以教授為籌備處主任，初期工作重點為檔案資料之蒐集、中西圖書之添購、研究人員之羅致與訓練，以及研究計畫之釐訂與進行等項。1965 年 4 月正式設所，郭廷以教授任首任所長。

近代史研究所的研究範圍，自明末清初以後約四百年來，中國在政治、軍事、外交、社會、經濟、文化、思想等方面的變遷，研究的主要方向如下：1.四百年間歷史發展的總成績，2.現代問題的歷史根源，3.與中國現代化有關係的諸多問題。由於研究領域拓展及人員之增長，近代史研究所自 1988 年 2 月起畫分為四個研究組，分別為一般近代史組、政治外交史組、社會經濟史組、文化思想史組[22]。

近代史研究所早期主要貢獻在檔案的整理，所以該所初期所出版的著作，有許多即整理檔案之所得；1970-1990 年代則著重於近代中國現代化研究，以及口述歷史，已經出版者約百種，據該所簡介所述，正在進行的超過 300 位。口述歷史早年由美國哥倫比亞大學韋慕庭(Martin Wilbur)教授所主持和提倡，最初包括胡適、蔣廷黻、李宗仁和顧維鈞等人的回憶錄。近史所在郭廷以的領導下，做了許多口述歷史訪談，至 2000 年為止仍在繼續進行中。

---

[22] 資料來源：www.sinica.edu.tw/imh/index.html。

## (三)中央研究院臺灣史研究所籌備處

　　為因應解嚴後社會對臺灣史研究的期許,中央研究院於 1988
年 4 月設立"臺灣史田野研究室",1993 年 6 月設立臺灣史研究所籌
備處;7 月 10 日,黃富三教授出任籌備處主任;1998 年由劉翠溶
教授接任。

　　由於臺灣地位特殊、主權變動頻繁,歷史內容豐富而多元化。
臺灣史通常分為史前、荷西、明鄭、清朝、日據、民國等五個時期,
每一時期均有其發展特色,統治者的民族、文化、語言亦大不相同,
造成研究上的極大困難。為了有效展開研究工作,該所(處)在研究
方式、方法及主題方面規畫如下:

　　1.在研究方式上著重分工合作,方式為採取國際合作、院內外
合作的方式,結合各界專家,共同進行某一主題的研究。必要時,
可將研究計畫委由所外或院外專家主持,以收分工合作之效。

　　2.在方法上致力於科際整合,與相關學門的學者合作,進行共
同主題的研究。希望透過科際整合的研究方式,逐漸塑造出詮釋臺
灣史的理論架構。

　　3.在研究主題上擬定優先順序,目前暫定之研究主題有平埔族
研究、臺灣開發史(以土地關係為主)、臺灣商業傳統及家族史等。另外,
在斷代史方面,將朝多元方向發展,並研擬共同主題,合作研究,
以提高研究效率。

　　在推動研究的同時,亦進行基礎工作,即原始史料之蒐集、史
籍與古文書資料之自動化等[23]。

---

[23] 資料來源:www.sinica.edu.tw/as/intro/ith_c.html。

## (四)國史館

國史館成立於 1912 年 3 月,1955 年於臺灣復館,直屬總統府,以纂修國史及典藏國家重要史料文獻為職掌。業務分修纂和行政兩大系統:修纂業務依任務需要,目前共有 8 個編組,分別為:史事紀要組、史料叢書組、中國現代史書評組、傳記組、志書組、口述歷史組、建國文獻組、臺灣史料編撰組等[24]。

比較重要的成績是有關對日抗戰時期的各種檔案,尤其是經濟部分的檔案,物資委員會當時的資料大部分收藏在國史館,所以國史館有許多研究工作者以抗戰時期的財政、經濟、稅收等為研究對象;此外,國史館重新整理編輯清史稿,已完成出版[25]。

## (五)中國國民黨中央黨史委員會

中國國民黨黨史委員會初名黨史史料編纂委員會,成立於 1930 年 5 月 1 日,1972 年 3 月改為現名。中國國民黨成立黨史會的目的有二:1.蒐集革命建國史蹟文物,免日久湮滅;2.為國民黨的奮鬥歷史保存紀錄,備留傳後世。初期職掌以徵集和典藏近代中國革命史料、文物為主,隨著時間的演進,逐漸擴大到收藏、整理、研究、編纂、出版、展覽,以及學術交流活動。

中國國民黨中央黨史委員會初設於南京,抗戰軍興時西遷重慶,抗戰勝利後重返南京;1948 年 12 月將所有史料運送臺灣存放,

---

[24] 資料來源:www.drnh.gov.tw。
[25] 國史館清史稿校註編纂小組(編),《清史稿校註》(臺北:國史館,1986-1989)。

初至臺中，後轉南投草屯，1979 年遷至臺北市陽明山陽明書屋[26]。

## (六)國防部史政編譯局

國防部史政編譯局由"史政局"和"編譯局"合併，史政局可追溯到北伐時期軍事委員會參謀廳所設的"軍事編纂委員會"，1957 年 4 月，由史政處改爲史政局；編譯局於 1935 年 5 月參謀本部第二廳戰史編纂處設"編譯股"，負責國際戰史之編譯工作。1973 年 5 月 1 日國防部爲實施組織精簡方案，乃將兩局合爲"史政編譯局"。

國防部史政編譯局藏有數量豐富的國軍及軍事史檔案，內容有國軍沿革史、戰史、重要將領、重要單位工作報告、會議紀錄等，並出版包括外國戰史與軍事理論之研究，兼具現代史館及出版單位的功能[27]。

史編局主要從事有關軍事史的研究，做得比較多的是北伐戰史研究和對日抗戰的軍事史研究，過去有濃厚的軍方色彩，近年已逐漸改變。

# 三、教學機構：大學歷史系所

除了研究機構之外，臺灣的歷史研究主要架構在大學的歷史系所：目前設有歷史系的學校計 14 所：臺大、臺灣師大、政大、台北大學、輔仁、東吳、淡江、文化、中興、暨南、東海、成大、中

---

[26] 資料來源：www.kmt.org.tw。

[27] 陳天民，〈國防部史政編譯局現藏國軍檔案概況〉，《近代中國史研究通訊》，20(臺北，1995. 11)，65-78。

正、東華；歷史研究所計 14 所：臺大、臺灣師大、政大、輔仁、
文化、淡江、東吳、中興、東海、成大、中正、清華、中央、暨南。
設有博士班者有：臺大、臺灣師大、文化、政大、中興、成大、清
華、中正。

## (一)國立臺灣大學歷史系所

臺灣大學歷史系成立於 1945 年，1947 年設文科研究所，分為
文學和史學兩部；1954 年正式成立歷史研究所；臺灣大學歷史系
早期有關中國史的研究成果極為豐碩，特別是上古社會、魏晉唐末
到明清近代，以及中西交通、西洋史和臺灣史，都有相當耀眼的成
績。其後在傳統中國史學、史籍名著、魏晉政治及思想、唐代政教、
宋遼金元及明清社會經濟、史學史、史學方法及近現代政治史等方
面表現也相當傑出[28]。在臺灣地區的歷史研究和相關課程，可說相
當完整，涵蓋古今中外，包括主要的國家、朝代及專史[29]。

## (二)國立臺灣師範大學歷史系所

臺灣師範大學歷史學系前身為史地學系，成立於 1946 年，並
設有三年制史地專修科一班；1962 年擴充為歷史學系和地理學系。
歷史研究所於 1970 年成立。歷史學系的教學目標有二：1.培養高
深史學研究專才；2.造就優秀中學歷史師資。在課程設計上，注重

---

[28] 資料來源：www-ms.cc.ntu.edu.tw/~history/。

[29] 本文未探討各校師資養成與師資來源，係因統計分析不易(如各校師資之背
景均列最高學歷，不易看出其學習過程)，將列為筆者思考相關論題之參考，
未來或可另闢專文討論。

史學方法、史學理論及中學歷史教材教法、教學實習之訓練，並將
中國上古、中古、近代、現代史及西洋上古、中古、近代、現代史
及中國文化史、臺灣通史、世界通史等課程列為必修；另設有國別
史、專史、中國斷代史等類課程以供學生選修，期使學生對中外歷
史均能有通專之涵養，以培養教學的專業能力。研究所以培養專業
史學研究人才及大學歷史師資為要旨，在課程方面，以歷史學研究
法、史學理論研究、歷史教育研究為必修，並開設各領域專門課程。
教學過程中 尤其注重研究生獨立研究能力之培養，及撰寫論文之
訓練[30]。研究所的重心為中國近現代史與臺灣史。

## (三)國立政治大學歷史系所

國立政治大學歷史學系成立於 1967 年，研究所成立於 1976 年，
博士班成立於 1987 年。歷史系的課程以本國及西洋斷代史為中心，
兼及各國別史及專門史。此外，並鼓勵學生對其他學科如心理學、
社會學、文化人類學、經濟學、政治學等，培養廣泛之興趣，並開
設資料處理課程，訓練同學使用電腦的基本能力，讓學生畢業後既
能從事史學之專門研究，亦能勝任有關史學性質之工作，如中學教
師、史料編纂、新聞編採等，以適應多元化之社會。

歷史研究所以中國近代現代史、近代中外關係史(包含華僑史)、
中國制度史等領域為研究中心，以培養歷史專業研究人才為目標[31]。

---

[30] 資料來源：www.ntnu.edu.tw/his/index. html。

[31] 資料來源：ccntsr6.cc.nccu.edu.tw/nccucd/103/ORIGINAL.HTM。

## (四)國立臺北大學歷史學系

　　國立臺北大學成立於 2000 年 2 月 1 日，設有 5 個學院：法律、商學、社會科學、公共事務與人文學院等，16 個學系，歷史學系歸屬人文學院。

　　臺北大學歷史學系設立之初，力求突破傳統歷史學系之窠臼，配合現代史學發展之潮流，開拓新的研究領域，落實科際整合之學術目標。該系考量畢業同學之深造與就業問題，故在課程設計方面，有為培養專業史學研究人才之系列課程，有針對中小學歷史及鄉土教學之培育課程，有能滿足欲從事地方文獻整理、圖書資訊管理、博物館相關工作或傳播、編輯、影視史學……等領域之專業養成課程，以利同學於在校修業時，即能針對自己之性向或生涯規畫預作準備[32]。

## (五)國立清華大學歷史研究所

　　清華大學歷史研究所成立於 1985 年，是該校人文社會學院的第一個研究所，分為一般史與科技史兩組，招收碩士班研究生，1996 年開始招收博士班研究生，以思想文化史與科學技術史的教學、研究為發展重點，與英國劍橋大學、日本東京大學保持密切聯繫，亦時常邀請國外及大陸地區著名學者來所擔任客座教授或專題演講。該所畢業生除繼續深造，在國內外大學修讀博士學位之外，大多擔任教育文化工作[33]。

---

[32] 資料來源：http://www.ntpu.edu.tw/history/index.htm。

[33] 資料來源：140.114.119.1/~hist/。

## (六)國立中央大學歷史研究所

國立中央大學歷史研究所碩士班於 1993 年正式招生，重點領域爲中國東南沿海地區史、宋代以來中國社會經濟史、臺灣史以及華僑史等。學生除需閱讀大量中文資料外，對重要西文名著亦需涉獵。該所也因此鼓勵學生多修習外國語文(如日文、英文、法文等)，以爲獨立從事研究的基礎[34]。

## (七)國立中興大學歷史系所

中興大學歷史系成立於 1968 年；研究所成立於 1991 年，1997年設立博士班。該系爲因應史學研究趨勢，並充分發揮師資專長，組成四個學群：1.中國社會經濟史組；2.近代中外關係史組；3.思想史及史學史組；4.臺灣史組。在研究方向、課程規畫、學術活動及圖書採購等，均朝上述方向推展。博士班發展重點爲中國與臺灣社會經濟史及近代中外關係史[35]。

## (八)國立暨南國際大學歷史系所

暨南國際大學歷史研究所成立於 1996 年，1999 年 8 月改爲歷史學系，增設學士班。研究所的發展重點，主要爲華南(包括臺灣)地區的社會、歷史與文化。教學與研究方向著重經濟史、社會史及文化史。透過上述專史，研究華人外移的背景、移民的方式、海外華

---

[34] 資料來源：www.ncu.edu.tw/~hi/。
[35] 資料來源：www.nchu.edu.tw/nchuidx/ index.htm。

人在僑居地的生涯及其與當地居民的關係，以及其他與海外華人歷史有關的課題。臺灣各族群的關係也是該所臺灣史的重要課題。又因暨南大學所在地為南投埔里，正是過去漢人與原住民交流頻繁之處；因此南投地方史、漢人與原住民關係史也是該所研究教學的重點之一。歷史學系以研究所既有師資和增聘新師資及校內其他相關系所師資為基礎，設置一個在學程與課程上均能迎合現代史學潮流的歷史學系。學士班的方向與重點，時間上著重 14 世紀以後世界體系逐漸形成的歷史發展，空間上著重台灣、中國大陸(尤其華南地區)與世界的關係，並以社會、經濟及文化為主要取徑，規畫發展中國海洋發展史、海外華人史、台灣社會文化史、中國社會文化史、中國經濟史(明清——近代)及近代西方文明史等緊密相關的六大領域，並與該系碩士班教學研究發展重點相銜接[36]。

## (九)國立中正大學歷史系所

中正大學歷史研究所於 1991 年設立，歷史系於 1993 年設立；著重中國中古史、明清史及西洋文化史。且由於中正大學位於嘉南平原的中央，是臺灣歷史文化的源頭重地，留有南臺灣先民所保存不同文化特色的歷史記憶，因此也同時著重臺灣史的田野調查工作[37]。

---

[36] 資料來源：www.his.ncnu.edu.tw/oldhomepage/。
[37] 資料來源：www.ccunix.ccu.edu.tw/~dep-his/。

## (十)國立成功大學歷史系所

歷史系創立於 1969 年；歷史研究所原名歷史語言研究所，創立於 1985 年，1991 年中文所成立，歷史所亦告獨立，1993 年改名為歷史研究所，博士班於 1997 年招生。教學科目以中國史為主體，兼授西洋史、東洋史(包括日本史、韓國史等)、東南亞史，並結合歷史與文化、政治、經濟、社會等互動關係，及具有世界史的視野。

成大歷史系設有：歷史文物館、視聽教室、電腦教室，並設置影視教學編輯室，以期教學更為生動活潑，提升史學教學及研究成效。

歷史研究所創所初期，以臺灣史為研究重點，進而擴及下列範圍：1.臺灣與大陸之研究；2.漢文化圈研究；1993 年起亦將西洋史列為研究重點[38]。

## (十一) 國立東華大學歷史學系

國立東華大學成立於 1993 年，歷史學系設立於 1999 年，基於東華大學成立宗旨和現有資源，以及東台灣各界人士的期許，該系除開設一般歷史系課程外，發展方向和重點如下：1.東台灣發展史：從鄉土關懷出發，帶動東台灣歷史研究。2.環太平洋區域史：瞭解歷史上環太平洋周邊國家間的政治、經濟、文化之交互影響，及此一地區和世界其他地區的互動關係。3.社會文化史：對不同時期不同地區的社會變遷與文化發展進行觀察，進而瞭解其與政治、經濟

---

[38] 資料來源：www.ncku.edu.tw/~history/chinese/ index.html。

發展之關係，並比較其異同[39]。

## (十二) 私立中國文化大學史學系所

中國文化大學史學系成立於 1963 年，歷史研究所成立於 1962 年。史學系強調中國史與西洋史並重，史事研究與史學理論兼備，並未特別強調某一主體，但該系教師專長、研究，較偏重中國史部分。另因應國內西洋史與國別史研究人才的缺乏，該系擬從大學部開始培育這方面的人才，因此未來的發展重點將放在西洋史與日、韓、東南亞諸國史教學，史學研究所則以中國史研究為重心[40]。

## (十三) 私立輔仁大學歷史系所

輔仁大學歷史系成立於 1963 年，於西洋歷史方面特為注重，以期學生能學貫中西。碩士班成立於 1967 年，以研究西洋史為主，近年並增加教會史、中外關係史研究。教學上以中外歷史、中西文化史為中心。碩士班以研究西洋史為主，目的在培養國內西洋史師資，提供與歐美諸國發展關係之歷史背景知識。

1991 年以後，將宗教史研究列為發展特色，先自天主教來華傳教開始研究，再擴及其他宗教之研究[41]。

---

[39] 資料來源：http://ws2-sun.ndhu.edu.tw/~dhist/

[40] 資料來源：www.pccu.edu.tw/pccu/pccu-depart/ liberal-arts/014.html。

[41] 資料來源：www.lacc.fju.edu.tw/ htm/lit03/totals。

## (十四) 私立淡江大學歷史系所

　　淡江大學歷史學系於 1966 年成立，歷史研究所於 1998 年成立。歷史系課程安排採史論與史實並重之原則。除一般基礎史學外，研究範圍包括中、外歷史、史學史、社會經濟史、學術思想史、藝術文化史等一般史學外，該系特重臺灣史、科技史、中外關係史，以及區域化　　淡水研究[47]。

## (十五) 私立東吳大學歷史系所

　　1972 年，基督教亞洲高等教育企促進委員會(Commission of The Advancement of Christian High Education in Asia)願出資協助發展中國藝術史之研究，東吳大學因毗鄰國立故宮博物院，條件優越，遂成立歷史系，旨在發展中國藝術史研究。

　　東吳大學歷史系的設立，雖起於中國藝術史之研究，但似乎未在此範圍多用心力，在課程上與臺灣地區一般大學歷史系並無太大差異。在中國藝術史研究方面，也因設立歷史研究所之事一再延宕，並未發展這方面的特色。1999 年設立以"史學與文獻學"爲發展特色之碩士班，課程規畫以"史學與文獻學"爲發展方向，並注重配合現實需要及培育專業素養。該所課程規畫爲"史學"與"文獻學"兩大領域，並以課群方式供學生選讀，要求研究生皆至少須修習史學及文獻學每領域 6 學分，畢業學分 26 學分。文獻學課群規畫重點爲各類史料的收集、研讀、分析、探究所呈現的歷史圖像；史學課群同時關注史學本身的傳遞與變遷，並探索現代史學的各種研究趨勢與方法[43]。

## (十六) 私立東海大學歷史系所

　　東海大學歷史系成立於 1955 年，研究所成立於 1970 年。課程
開授採取縱橫交錯之方式，除斷代史作橫斷研究外，另有經濟史、
社會史、外交史、思想史等專題作縱貫性之研究。近年安排多元化
之課程，如開授臺灣史、史學田野調查法、考古人類學、博物館學
導論等課程，每學期並安排數次實地調查或考察，以增加學生田野
工作之實際經驗。另一方面則開授歷史與新聞評論、歷史與新聞報
導課程，試圖將歷史學與新聞學結合，訓練學生認識新聞的深度與
廣度，以便將來能以史學的涵養實際投入新聞工作。並與各縣市
政府或文化中心、自然科學博物館合作，從事有關民俗、中部地方
古蹟等方面之考察與調查，及各地方志之編撰，使學生有機會學以
致用，並擴大社會服務[44]。歷史研究所則以中國史和臺灣史為重心。

## (十七) 小結

　　上述歷史研究機構，除中央研究院歷史語言研究所以明清以前
的中國史研究為重心外，中央研究院近代史研究所、中央研究院臺
灣史研究所籌備處、國史館、中國國民黨中央黨史委員會與國防部
史政編譯局，收藏史料與研究的重點均為中國近現代史[45]；因此，

---

[43] 資料來源：www.scu.edu.tw/thi/index.htm。

[44] 資料來源：www.thu.edu.tw/university/depart/ arts/history.htm。

[45] 中央研究院另有其他研究所亦有歷史學方面的研究人員，如中央研究院中
　　山人文社會科學研究所，中央研究院經濟研究所、中央研究院歐美文化研

臺灣地區的歷史研究以中國近現代史為重心，乃其來有自。架構於大學的歷史系所，大學部課程重點基本上均以中國與西洋斷代史為中心；研究所則各有重點發展領域，但創所年代較早者大抵以中國史為中心，如臺大、文化、師大、政大與東海；其中師大與政大又以中國近現代史為發展重點；比較例外的是輔仁大學以西洋史研究為重點，而臺灣地區從事西洋史研究或教學者，有許多學者即出身輔仁大學歷史研究所；新設立的歷史研究所則有多元化取向，企圖在舊有的重點發展領域外另闢蹊徑。

　　整體而言，臺灣地區的歷史研究機構與各大學歷史系所，不論在教學或研究上，均係以中國史為重心(特別是中國斷代史)；西洋史雖然在歷史系的課程極為重要(特別是斷代史部分)，但就大學教師與研究人員而言，仍屬少數的弱勢族群。1987 年臺灣地區解嚴以後，臺灣史研究蔚為顯學，有愈來愈多的史學工作者投入此一領域，在可預見的將來，臺灣史很有可能成為各大學歷史研究所的發展重點。

## 四、歷史學系的新課程

　　臺灣地區各大學的歷史系課程，原本以中國通史、西洋通史(世界通史)、史學原理(史學導論、史學方法、中、西史學名著)、專史、國別史與中、 西斷代史為課程核心；其中又以中、西斷代史為重點，在教育部 1994 年開放各大學課程自主以前，各校課程大體沒有太大差異，略有出入的只是部分大學歷史系因缺乏某中、西斷代史或專史專長的教師，而未開設相關課程。教育部開放各大學課程自主以

---

究所、中央研究院文哲研究所籌備處等，但本文不擬在這部分費心著墨，而以比較單一歷史學門的研究機構為討論對象。

後,各大學歷史系課程始有較大差異,本文選擇較具代表性的臺大、政大、臺灣師大、東海與成大,做為分析討論的對象[46]。但因各校實施新課程的時間不一,故僅能就各校較新的課程標準為分析對象[47]。

## (一)國立臺灣大學(1996)

### 1.課程設計規畫

　　除必修學分外,以領域制取代傳統的斷代史、專史與國別史。

### 2.一年級(全部必修,計需 31 學分) [48]

| 課　　　　　　　　名 | 上 學 期 學 分 | 下 學 期 學 分 | 備　　　　　　　　註 |
|---|---|---|---|
| 中憲與立國精神 | 2 | 0 | 自 85 學年度起實施 |
| 國文領域 | 3 | 3 | 自 85 學年度起實施 |
| 外文領域(含英文領域) | 3 | 3 | 自 85 學年度起實施 |
| 軍訓一、二 | 0 | 0 | |
| 體育一、二 | 1 | 1 | |
| 中國史一、二 | 3 | 3 | |
| 世界通史上、下 | 4 | 4 | |
| 史學導論 | 3 | 0 | |

---

[46] 這並不意味筆者個人認為這 5 所學校的課程是最好的,或者筆者個人有何特別的偏好,而是在各大學課程中找出比較具代表性的 5 種類型,其他各校的課程大抵可就近取譬。

[47] 因各校歷史系課程修訂時間不一,有的 3 年一修,有的 4 年一修,筆者僅就所蒐集到的資料進行分析,因而只是較新的課程標準,而非最新或現行標準。

[48] 李東華,〈臺大歷史系大學部課程畫案〉,國立政治大學歷史學系,《全國歷史系課程規畫研討會》(臺北,1997. 12. 27),1-24。

## 3.二～四年級歷史學系共同必修與必選課程(至少 68 學分)

| 課　　　　　　　名 | 上 學 期 學 分 | 下 學 期 學 分 | 備　　　　　　　註 |
|---|---|---|---|
| 軍訓三、四 | 0 | 0 | |
| 體育三、四 | 1 | 1 | |
| 中國史三、四 | 3 | 3 | 大二必修 |
| 外國語文第二年 | 3 | 3 | |
| 臺灣史 | 2 | 2 | |
| 主領域(需修足 24 學分)<br>　1 必修：<br>　　　　a.二學期演講課　　　　共 4 學分<br>　　　　b.一學期讀書報告課　　共 2 或 3(加 1)學分<br>　　　　c.二學期撰寫研究報告　共 2 或 3(加 1)學分×2<br>　2.選修：<br>　　　　共 8～11 學分 | | | |
| 範疇課程 | 3 | | (見備註二之 2) |
| 輔助學科(必修一科) | 3 | 3 | 至少 6 學分 |
| 史學方法論 | 3 | 0 | |
| 中西史學名著 | 2 | 2 | 必選一科至少 4 學分 |
| 通識教育科目 | 必修十二學分 | | |

## 備註

1.輔助學科：必修一科，包括政治、社會、經濟、考古人類、人
文地理、心理、文化人類等學科。

2.其他選修部分：

　(1)三大範疇包括中國史、外國史、臺灣史範疇。

　(2)所有畢業學分中必含範疇三學分，前近現代史及近現代史 8
　　學分。

　(3)鼓勵有志深造的學生至少選修一主領域，一副領域(滿十六
　　學分構成一副領域)；二領域應屬不同範疇(包括中國史、外

國史、臺灣史，三大範疇內，每一範疇至少選修三學分)。

(4)每一領域必需包括二學期的演講課，一學期的撰寫讀書報告課，一學期的撰寫研究報告課。

(5)所有課程均分為演講課、討論課與經典研讀課。前者通常為基礎課程，後兩者通常為進階課程。基礎課程可要求學生撰寫讀書報告，進階課程才能指定學生撰寫研究報告。

(6)學生選課除必修 97 學分外，其餘學分則由學生依個人興趣自由在本系或全校各系選讀。

(7)選課時由導師輔導，儘量依系上規畫的課程，在課程群中選課。

(8)需修習外國語文兩年、包括英、日、法、德文等。例如，大一修習英文者，大二必修大二英文；大一修習日文(一)者，大二必修日文(二)，依此類推。

## 3.擬開課程分年表(示例：中國思想史領域)

| | 8 5 學 年 上 | 8 5 學 年 下 | 8 6 學 年 上 |
|---|---|---|---|
| 基 礎 進 階 | 古代儒家思想史 | 西方佛教名著選讀 | |
| | 中國中古思想史 | 中國近代思想史日文名著 | 中國現代思潮(3+1) |
| | 近思錄研究 | | 中國近代思想討論 |
| | 臺灣近代思想討論 | | 法華經 |
| | 86 學年下 | 87 學年上 | 87 學年下 |
| 基 礎 進 階 | 宋明理學概論(3+1) | | |
| | 佛教文獻 | | 中國中古思想史 |
| | 孔子專題討論(2) | 孟子思想專題討論 | 中國近現代的保守思想 |
| | | 天臺與華嚴 | |

## 4.分析

　　臺大的課程中，有幾個特色：

(1)共同必修的中國通史改爲 4 個學期，計 12 學分，但不再規
　　定斷代史，即取消舊課程中的斷代史；世界通史維持 8 學分。

(2)臺灣史列爲必修，4 學分[49]。

(3)由必修課程可看出臺灣大學歷史系的課程，較強調中國史部
　　分。

(4)維持史學原理課程(史學導論、史學方法、中西史學名著)爲必修。

(5)外國語文必須修習兩年。

(6)用領域取代中、西斷代史、專史、國別史等課程。

(7)學生可自行規畫領域。

　　臺大歷史系的課程，是臺灣地區各大學歷史系課程中變革最大
的，舊課程中重頭戲的中、西斷代史，幾乎都移到通史中解決，取
而代之的是領域課程，而領域課程比較接近研究所的課程內容，其
實施成效如何，尚待觀察。

## (二)國立臺灣師範大學(1998)

### 1.課程規畫

　　臺灣師大以培育中學師資爲目標，故在課程上亦以中學課程爲

---

[49] 臺灣史列爲必修是臺灣地區各大學歷史系的共同現象，這也說明了杜正勝
　　教授所指 1990 年代臺灣史研究蔚爲風尚的論點；杜正勝，〈中國史在臺
　　灣研究的未來〉，《歷史月刊》，92: 80。

依皈，加強歷史教材教法、歷史教學實習等課程。1993 年〈師資培育法〉公布，對臺灣師大歷史系造成相當大的衝激，加上大學課程自主，因而在課程上有所調整。調整的方向略述如下：

(1)因應 1997 年國中《認識臺灣：歷史篇》新課程的實施，將臺灣通史列爲必修。

(2)臺灣通史、中國通史、世界通史、史學導論、史學方法列爲系必修科目。

(3)學群選修：將課程分爲臺灣史、中國史、世界史三個學群；臺灣史學群至少選修 12 學分，中國史 24 學分，世界史 24 學分。

(4)專長選修：3 個學群中，以選一個學群爲限，至少選修 8 學分。

## 2.科目配置表[50]

| 一　年　級 | 學　分 | | 二　年　級 | 學分數 | | 三　年　級 | 學分數 | | 四　年　級 | 學分數 | |
|---|---|---|---|---|---|---|---|---|---|---|---|
| 科目名稱 | 上 | 下 | 科目名稱 | 上 | 下 | 科目名稱 | 上 | 下 | 科目名稱 | 上 | 下 |
| 大學共必 24 | 中華民國憲法與立國精神 | 2 | 2 | | | | | | | | | |
| | 國文 | 3 | 3 | 通識教育 | 8 | | | | | | | |
| | 英文 | 3 | 3 | | | | | | | | | |
| 師範院校共必 | 教育概論 | 2 | 2 | 教學媒體 | 2 | | 歷史教材教法 | 2 | 2 | 教學實習 | 2 | 2 |
| | 教育心理學 | 2 | 2 | 資訊教育 | 2 | | 教學原理 | 2 | | 輔導原理與實務 | | |

[50] 鄭瑞明，〈國立臺灣師範大學歷史學系課程規畫〉，《全國歷史系課程規畫研討會》，99-118。

| | | | | | | | | | | | | |
|---|---|---|---|---|---|---|---|---|---|---|---|---|
| | | | | 中等教育 | 2 | | 班級實務 | 2 | | | | |
| | | | | 教育社會學 | 2 | | | | | | | |
| 系必修58 | 史學導論 | 2 | 2 | 史學方法 | 2 | 2 | 中國中古史 | 2 | 2 | 中國上古史 | 2 | 2 |
| | 中國文化史 | 3 | 3 | 中國近代史 | 2 | 2 | 中國現代史 | 2 | 2 | 西洋上古史 | 2 | 2 |
| | 世界通史 | 3 | 3 | 西洋近代史 | 2 | 2 | 西洋中古史 | 2 | 2 | | | |
| | | | | 臺灣通史 | 3 | 3 | 西洋現代史 | 2 | 2 | | | |
| 專史12 | | | | 中國社會史 | 2 | 2 | 中國社會史 | 2 | 2 | 臺灣文化史 | 2 | 2 |
| | | | | 西洋政治思想史 | 2 | 2 | 西洋政治思想史 | 2 | 2 | 西洋近古史 | 2 | 2 |
| | | | | 中國現代化析論 | 2 | 2 | 中國史學史 | 2 | 2 | 中國史學史 | 2 | 2 |
| | | | | 中國經濟史 | | 2 | 中日關係史 | 2 | 2 | 中日關係史 | 2 | 2 |
| | | | | 歷史與人類學 | 2 | 2 | 西洋科學史 | 2 | 2 | 後現代政經體制的變遷 | 2 | 2 |
| | | | | 臺灣社會史 | 2 | 2 | 臺灣社會史 | 2 | 2 | 魯迅與胡適 | 2 | 2 |
| | | | | | | | 明清古蹟與文物 | 2 | 2 | 明清古蹟與文物 | 2 | 2 |
| 斷代史10 | | | | 魏晉南北朝史 | 2 | 2 | 魏晉南北朝史 | 2 | 2 | | | |
| | | | | 宋史 | 2 | 2 | 隋唐五代史 | 2 | 2 | | | |
| | | | | 明清史 | 2 | 2 | 秦漢史 | 2 | 2 | | | |
| 國別史8 | | | | 東南亞史 | 2 | 2 | 東南亞史 | 2 | 2 | | | |
| | | | | 美國史 | 2 | 2 | 美國史 | 2 | 2 | | | |
| | | | | 日本史 | 2 | 2 | | | | | | |

| 其他 | 中國地理誌 | 2 | | | | | 歷史地理 | 2 | 2 | | | |
|---|---|---|---|---|---|---|---|---|---|---|---|---|
| | 社會學概論 | 2 | 2 | 蒙文 | 2 | 2 | 蒙文 | 2 | 2 | | | |
| | 聽講練習 | 1 | 1 | 日文(一) | 2 | 2 | 日文(二) | 2 | 2 | | | |
| | 四書 | 1 | 1 | | | | | | | | | |
| | 國音 | 1 | 1 | | | | | | | | | |

(1)大學共同必修計 24 學分，師範院校共同必修 26 學分，系必修計 58 學分。

(2)四書、國音可列入畢業總學分數。

(3)系選修、專史必選 12 學分以上、中國斷代史必選 10 學分以上、國別史必選 8 學分以上。

## 3.分析

　　臺灣師大以培育中學師資為主要目標，因中學歷史課程包括中國史、世界史與臺灣史，故該系課程將這部分均列為系必修，而且有師範院校的共同必修課程，在課程安排上有下列特色：

(1)中國文化史、世界通史、臺灣通史、史學導論、史學方法等課程，均列為必修。

(2)中國斷代史：臺灣師大歷史系的斷代史分為兩種，一種是以類似西洋斷代方式的中國上古史、中國中古史、中國近代史、中國現代史，均為必修；傳統的斷代史則列為斷代史的選修課程。

(3)西洋斷代史：西洋上古史、中古史、近代史、現代史均列為必修。

(4)斷代史、專史與國別史列爲選修，與傳統歷史系課程略近；
比較特別的是，專史中的臺灣文化史，顯示該系強調臺灣史
的重要性；比較不可解的是西洋近古史列爲專史。

在本文取樣的各大學歷史系課程中，臺灣師大歷史系課程是彈
性最小的，大部分均爲必修課；在選修課程部分則以傳統的中國斷
代史、國別史與專史爲主，課程上的變化無多。相較於臺大的領域
制，政大的群修制，臺灣師大顯然維持其培育師資的一貫目標，學
生的選擇性極小。當然，學生選課的一元或多元，本即難有至當歸
一的答案。

## (三)國立政治大學(1995)

### 1.課程規畫

政治大學歷史系的課程規畫，分爲基礎課程、進階課程、專題
課程與選修課程。

(1)基礎課程：中國通史(6-8 學分)、世界通史(6-8 學分)、臺灣史(4-6
學分)、史學導論(4-6 學分)，大一必修。

(2)進階課程：必選 42-46 學分，包括史學理論與史學史、中西
斷代史、國別史、專史五個群組，主要是中西斷代史 30 學
分。

(3)專題課程：必修 4 學分，包括中西斷代史、國別史、專史、
臺灣史、文獻與檔案。

(4)選修課程：共 34-38 學分，本系 14 學分，其餘可在外系選
課。

## 2.科目配置表[51]

| 修　　　別 | 科　目　名　稱 | 學　分 | 學期 | 備　　　　　　　　　　　　　　　　　註 |
|---|---|---|---|---|
| 共同：<br>必修 24 學分 | 國文 | 6 | 2 | |
| | 英文 | 6 | 2 | |
| | 中華民國憲法<br>與立國精神 | 4 | 2 | |
| | 通識 | 8 | | |
| 基礎：<br>必修 20 學分 | 中國通史 | 6-8 | 2 | |
| | 世界通史 | 6-8 | 2 | |
| | 臺灣史 | 4-6 | 2 | |
| | 史學導論 | 4-6 | 2 | |
| 三、進階：<br>必修 42-46<br>學分 | | | | 1.史學史、史學方法、中西史學名<br>　著導讀等必修 4-6 學分<br>2.中國斷代史必修 18 學分<br>3.西洋斷代史必修 12 學分<br>4.國別史必修 4-6 學分<br>5.專史必修 4 學分 |
| 四、專題：<br>必修 4 學分 | | | | |
| 五、選修：<br>應修 34-38<br>學分(本系所<br>開選修科目<br>必修 14 學<br>分，餘可自<br>由至外系選<br>課) | | | | |

## 3.分析

政治大學歷史系的課程規畫有下列特色：

[51] 林能士，〈國立政治大學歷史系課程的規畫與實施〉，《全國歷史系課程
規畫研討會》，119-129。

(1)基礎課程與其他大學的必修課程接近，即中國通史、世界通
　　史、臺灣史、史學導論。

(2)取消史學方法的必修，改以史學史、史學方法、中西史學名
　　著選讀等必修 4-6 學分。

(3)比較具特色的是群修課程，包括進階課程、專題課程、選修
　　課程。而群修課程中，基本上係以中西斷代史為中心，其中
　　進階課程部分，中西斷代史合計 30 學分，約占 71%。

(4)專題課程必須撰寫論文，是政治大學歷史系課程的特色之
　　一。

　　政治大學歷史系課程注重階段性的學習，但在群修的進階課
程、專題與選修課程中，基本上係以中、西斷代史為主，輔以專史
和國別史，與傳統課程相較，內容上的改變不大。

## (四)國立成功大學(1998)

### 1.課程規畫

　　成功大學歷史系的課程規畫，基本上為傳統的歷史系課程，即
各年級有必修課與選修課，課程的重心為中西斷代史。

(1)中國通史(6 學分)、世界文化史(6 學分)、臺灣史(6 學分)、史學導
　　論(4 學分)，大一必修。

(2)中國現代史(6 學分)、世界現代史(6 學分)，大二必修。

(3)史學方法，大三必修。

(4)大二、大三選修科目以中西斷代史與臺灣斷代史為主。

(5)大四選修以專史、國別史與專題為主。

## 2.成功大學歷史系 1998 學年度入學新生課程規畫表[52]

| 年　級 | 一　　年　　級 | 二　　年　　級 | 三　　年　　級 | 四　　年　　級 |
|---|---|---|---|---|
| 課<br><br>程<br><br>內<br><br>容 | 必修：<br>國文(3/3)<br>外文(3/3)<br>中國通史(3/3)<br>世界文化史<br>(3/3)<br>史學導論(2/2)<br>臺灣史(3/3)<br>國文(3/3)<br>外文(3/3)<br>英語聽講實習<br>(1/1)<br>軍訓(0)<br>體育(0)<br><br>必選：<br>計算機應用<br>(2/2) | 必修：<br>中國現代史(3/3)<br>世界現代史(3/3)<br>憲法與立國精神(2/2)<br>社會學科(2/2)<br>通識教育(2/2)<br>軍訓(0)<br>體育(0)<br><br>選修：<br>中國斷代史(4-6)<br>西洋斷代史(4-6)<br>臺灣斷代史(4-6)<br>國別史(4-6) | 必修：<br>史學方法(2/2)<br>社會學科(2/2)<br>通識教育(2/2)<br>體育(0)<br><br>選修：<br>中國斷代史<br>(4-6)<br>西洋斷代史<br>(4-6)<br>臺灣斷代史<br>(4-6)<br>國別史(4-6)<br>論文(3/3) | 必修：<br>通識教育(2/2)<br>社會學科(2/2)<br><br>選修：<br>中國專史(4-6)<br>西洋專史(4-6)<br>臺灣專史(4-6)<br>國別史(4-6)<br>專題(2/2) |

## 3.分析

成功大學歷史系的課程規畫有下列特色：

(1)新規畫的課程幾乎與舊課程相近，並沒有太大改變。

(2)加強臺灣史，不僅列為大一的必修課，在斷代史與專史方面，也有臺灣斷代史與臺灣專史的課程。

整體而言，從成功大學歷史系的課程內容，可以看到舊課程的

[52] 蔡茂松，〈國立成功大學歷史學系課程報告〉，《全國歷史系課程規畫研討會》，99-118。

影子，除了對臺灣史特別加強之外，而臺灣史也是成大歷史研究所
碩、博士的發展重點。

## (五)私立東海大學(1997)

### 1.課程規畫

東海大學歷史系的課程規畫，基本上是降低必修學分數，讓學
生有更大的選擇空間。

### 2.課程配置表[53]

| 科目名稱 | 學分 | 修習年級 |
|---|---|---|
| 一、中國史(一)——古代史 | 2 | 一上 |
| 中國史(二)——中古史 | 2 | 一下 |
| 中國史(三)——近世史 | 2 | 二上 |
| 中國史(四)——近現代史 | 2 | 二下 |
| 二、世界史(一)——上古史 | 2 | 一上 |
| 世界史(二)——中古史 | 2 | 一下 |
| 世界史(三)——近代史 | 2 | 二上 |
| 世界史(四)——現代史 | 2 | 二下 |
| 三、臺灣史(一)——荷鄭時期 | 2 | 一上 |
| 臺灣史(二)——清治時期 | 2 | 一下 |
| 臺灣史(三)——日治時期 | 2 | 二上 |
| 臺灣史(四)——當代 | 2 | 二下 |
| 四、史學導論(一)——史學概論 | 2 | 一上 |
| 史學導論(二)——史學導讀 | 2 | 一下 |
| 史學方法(一)——史學方法 | 2 | 二上 |
| 史學方法(二)——史學理論 | 2 | 二下 |

---

[53] 張榮芳，〈東海大學歷史系必修課程規畫〉，《全國歷史系課程規畫研討
會》，131-137。

備註：共必修 32 學分，另必修歷史系所開課程 28 學分，合計必修
60 學分。

## 3.分析

　　東海大學歷史系的課程，是臺灣地區歷史學系中，對學生要求
本系學分最少的學校，必修加選修僅 60 學分，在課規畫上有下列
特色：
　　(1)中國史、世界史、臺灣史各 8 學分，且均須修讀兩年。
　　(2)史學原理課程 8 學分，與中國史、世界史、臺灣史等相同。
　　(3)歷史系本系學分大量減少，學生可多選讀他系課程。
　　相對於臺灣大學歷史系接近研究所課程的領域規畫，政治大學
的階段式學群規畫，臺灣師大的師資培育，成功大學歷史系的固守
傳統，東海大學歷史系的課程顯然較自由開放，學生可有較多樣化
的選擇。但過度放任的課程，對專業科目的要求是否足夠，是另一
個值得探討的問題。

## (六)小結

　　臺灣地區各大學歷史系課程自主後，出現多元化的課程規畫，
可謂各出機杼。本文選取較具代表性的 5 所大學略做分析，從中或
可看出些許端倪。
　　臺大歷史系的領域制，學生可依自己的興趣深入相關課程，除
基礎必修課程外，課程的深度爲各校之冠。政大歷史系的群修制，
循序漸進，由基礎課程而進階課程，最後進入專題，群修課程以傳
統的中西斷代史爲主，加上專史與國別史，實質內容的改變並不大。

臺灣師大歷史系謹守培育師資的初衷，學生選課的自主性較小，廣度周延，深度略缺。成大歷史系固守傳統，除加強臺灣史外，在中國史和世界史部分，可說變革無多。東海歷史系訂定的必修課程甚少，學生有較多自主的空間，不僅本系課程可自由選擇，學分亦少；且因本系學分較少，故可選修較多外系課程；惟在歷史專業課程的廣度和深度上有待評詁。

　　其他各大學歷史系課程，大體可以在上述 5 所學校找到相近的課程模式，歷史學系課程的多元化，是否使未來臺灣地區的歷史學研究朝更多元發展，尚有待時間的考驗。

# 五、結論

　　臺灣地區的歷史教學，在未實施新課程之前，係以中國史和西洋史為中心，加上史學原理課程；而在中、西歷史中，又以斷代史為主要的課程內容，因此在習慣上，史學工作者常以所做研究之斷代為專業，尤其中國斷代史專業是臺灣地區史學研究人口最多的。與歷史相關的學會大抵亦以斷代為名，比較著名的如上古秦漢史學會、唐代研究學會、宋史座談會、明代研究學會、中國近代史學會等，而較缺乏專史類的學會[54]。在各大學歷史系新課程實施後，大部分學校仍以中、西斷代史為主要課程內容，本文選樣的 5 所學校 (臺大、政大、臺灣師大、成大、東海)，只有臺大歷史系的領域式課程，打破以中、西斷代史為重心的格局；東海歷史系選課的限制雖少，

---

[54] 成立學會並不一定代表該領域有較多研究人口，但臺灣地區習慣以中國史、世界史將史學工作者分類，且常以中國斷代史判斷史學工作者的專業，乃為一普遍觀念。

但所開課程仍以斷代史爲主，由此可見臺灣地區大學歷史系以中、
西斷代史爲課程重心的根深柢固。

　　臺灣地區的歷史研究機構(中央研究院歷史語言研究所，中央研究院近
代史研究所，中央研究院臺灣史研究所籌備處，國史館，中國國民黨中央黨史委員
會，國防部史政編譯局)，僅中央研究院歷史語言研究所的重心爲非近
現代史，另外 5 個機構都以近現代史爲主[55]；歷史研究機構以近、
現代史爲研究主體，也局部地影響了各大學歷史研究所的研究取向[56]。

　　1990 年代以後，臺灣史研究風氣的興起，是一個值得觀察的
現象。1987 年臺灣地區解嚴以後，愈來愈多的專業和非專業史學
工作者投入此一行列。在可預期的未來，臺灣史應爲臺灣地區歷史
學研究的顯學。

　　本文討論歷史研究機構的工作內容、各大學歷史學系課程，並
討論彼此的互動關係，論述臺灣地區歷史學的研究與教學，當有助
於初步了解臺灣地區歷史學研究的概況[57]。

---

[55] 中央研究院臺灣史研究所籌備處所揭示的研究範圍雖有史前、荷西、明鄭、
　　清朝、日據、民國等時期，但清中葉以後已可畫入近代史範圍，而在研究
　　人口上，亦是以臺灣近現代史為主體。

[56] 有關臺灣地區各大學歷史研究所的課程與博、碩士論文取向，請參閱本書
　　〈臺灣地區歷史研究所博、碩士論文取向：一個計量史學的分析(1945-
　　2000)〉。

[57] 全面討論臺灣地區的歷史學發展，則有俟未來其他相關論題的進一步分析。

# 臺灣地區歷史研究所博、碩士論文取向：一個計量史學的分析(1945-2000)[*]

## 一、引論

　　1945 年以後臺灣的歷史學研究人口，主要集中於研究機構與大學歷史系所[1]，此外尚有許多任教於各大專院校的歷史教師。研

---

[*] 本文部分章節曾於國立政治大學文學院主辦之"四十年來臺灣人文教育回顧與展望學術研討會"上宣讀(1998. 12. 19)；原題為〈臺灣地區的歷史教學與研究(1945—1995)〉，會中承蒙評論人康樂教授和各與會學者提供寶貴意見，大部分均已採納修訂；此次修訂主要將資料延伸至 2000 年，因年代增加，且斷限方式改變，幾近全部重寫，實非始料所及；撰寫期間，資料之蒐集由政治大學歷史研究所碩士班研究生林果顯、李清瑞、烏惟揚、蔡惠如協助。

[1] 研究機構包含下列單位：中央研究院歷史語言研究所，中央研究院近代史研究所，中央研究院臺灣史研究所籌備處，國史館，中國國民黨中央黨史委員會，國防部史政編譯局；以從事史學研究與蒐集史料為主要工作內容。大學歷史系所則是史學研究的另一個重要基地，截至 2000 年為止，計有 14

151

究與教學機構的史學研究，代表了臺灣地區的主流史學；雖然其中也有部分民間學者從事史學研究，但這些研究者在 1990 年代臺灣史研究蔚爲顯學以前，基本上較不受重視[2]。由於臺灣地區的歷史學工作者(大專院校歷史教員與研究機構研究人員)在臺灣完成碩士或博士訓練者占有一定比例，因而分析臺灣地區歷史研究所博、碩士論文，當有助於了解臺灣地區的史學研究動向[3]。

　　本文采取整體性與個別性的分析方式，整體性分析係指以全部博、碩士論文爲分析對象，個別性則爲各大學歷史研究所的特色。在分析的過程中，主要以區域別(臺灣史、中國史、外國史)、專史分類、本國斷代史爲討論重點。

## 二、區域與斷代

　　截至 2000 年爲止，臺灣地區設有歷史系的學校計 14 所：臺灣大學、臺灣師範大學、政治大學、臺北大學、輔仁大學、東吳大學、淡江大學、文化大學、中興大學、東海大學、暨南大學、成功大學、中正大學、東華大學；歷史研究所計 14 所：臺灣大學、臺灣師範大學、政治大學、輔仁大學、東吳大學、淡江大學、文化大學、清華大學、中央大學、中興大學、暨南大學、東海大學、成功大學、

---

　　所大學設有歷史系，14 所大學設有歷史研究所。

[2] 本文未處理 1990 年代以後臺灣地區各縣市鄉鎮成立的文史工作室，主要是因為這些文史工作室的成立與本土化關係較為密切，當另闢專文討論。

[3] 本文為筆者探討臺灣歷史學發展的系列論文之一，其他諸如各大學歷史學報、歷史學相關期刊、研究機構所出版之期刊，史學專著的內容分析，均有助於吾人了解臺灣地區的史學研究動向，本文所處理的僅限於各大學歷史研究所博、碩士論文，其他範域當另闢專文討論。

中正大學。設立博士班者有：臺灣大學、臺灣師範大學、政治大學、文化大學、清華大學、中興大學、成功大學、中正大學。其中淡江、東吳設所較晚，論文數量較少，僅在整體分析時論及，其餘設所較早之學校，則分析其主要研究方向。

臺灣地區歷史研究所的博、碩士論文，基本上以中國史為主體，這是因為臺灣地區的歷史教育本即以中國史為中心，而歷史教育為民族教育的重要內涵之一，中國史自然成為教學與研究的重點。中國史在 1945 年後成為臺灣地區各大學歷史系、所授課的主要內容，在各校實施自主的新課程以前[4]，中國史(特別是斷代史)是大學歷史系的課程重心，中小學教育亦以中國史為主體，在這種背景下，臺灣地區的博、碩士論文以中國史為主要研究對象，是符合學術環境與社會需求的。

本文將 1945-2000 年間，臺灣歷史研究所博、碩士論文分為 5 期：第 1 期 1945-1960，此期以 15 年為期的原因是臺灣地區於 1953 年始有歷史研究所碩士論文，至 1960 年為 8 年，與其後 4 期的時間略等；第 2 期 1961-1970；第 3 期 1971-1980；第 4 期 1981-1990，第 5 期 1991-2000；其中第 2、3、4、5 期以 10 年為斷限，主要是為了便於觀察其間每 10 年量的變化，對區域、專史分類與本國斷代史的分析較為方便；第 4 期中期以後，逢臺灣地區解嚴，不僅現實政治影響深遠，在歷史學研究方面亦有相當大的變化，尤其對臺灣史與中國史的比例升降有密切關連。而選擇 10 年為分期依據，主要的考量是 5 年一期似乎時間太短，參考指標的意義不大；20 年則太長，不易看出分期間的變化。

---

[4] 歷史系新課程肇始於教育部的權力下放，大學院校系所課程交由各校自主，殆始於 1994 年。

本文所蒐集到的臺灣地區歷史研究所博、碩士論文計 2,008 篇[5]，
正負誤差率約為 0.04。在 2,008 篇論文中，中國史所占比例最高，
5 個分期均超過 65%；

在第 1 期中甚至 100%
為中國史研究；而其
總比例則約為73.0%，
由圖 1-1 可明顯看出
中國史研究在博、碩
士論文所占比例之
高。

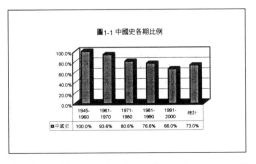

　　臺灣地區歷史研
究所博、碩士論文的數
量，是另一個值得注意
的現象，在本文分析的
5 個時期，幾乎呈等比
級數成長(圖 1-2)。這一
方面顯示臺灣地區的學

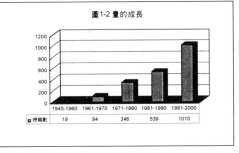

術研究成長迅速，另一方面也表示臺灣地區歷史研究所的設立隨時
代而增長，尤其歷史研究所從 1980 年的 5 所成長到 2000 年的 14

　　[5] 本文所使用的統計數字，主要來自下列資料：(1)政治大學圖書館，《中文
　　博碩士論文索引光碟資料庫》(臺北：政治大學，1998)；(2)政治大學社資
　　中心，《全國博碩士論文分類目錄》(臺北：政治大學，1977)；(3)政治大
　　學社資中心，《全國博碩士論文分類目錄》(臺北：政治大學，1985)；(4)
　　政治大學社資中心，《全國博碩士論文分類目錄》(臺北：政治大學，1989)；
　　(5)行政院國家科學委員會，《博士論文提要暨碩士論文目錄》(臺北：行
　　政院國科會，1987)；各大學歷史系所網站(網址請參見本書徵引書目)。

所，博、碩士論文數量自然隨之成長。

　　在 2,008 篇博、碩士論文中，中國史論文既占如此高的比例，臺灣史和外國史研究則相對受到忽略，在整體比例上遠不及中國史，圖 1-3 顯示中國史占 73.0%，臺灣史 15.9%，外國史 11.1%，略可看出臺灣地區各大學歷史研究所博、碩士論文研究重心之所在。但這裡有一個值得觀察的現象，即 5 個分期中，外國史所占比例，大體沒有太多分期上的差

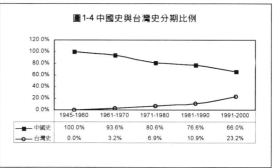

異，而臺灣史研究則在量和比例上均有顯著成長，尤其是 1987 年臺灣地區解嚴以後，臺灣史研究成為新的顯學，新一代的歷史研究所研究生以臺灣史研究為論文題目者與日俱增。就 1945-2000 年臺灣地區博、碩士論文區域比例而言，外國史研究在第 3 期(1971-1980)以後，大抵維持在 10%上下，臺灣史部分則有較明顯的上升，圖 1-4 說明臺灣史與中國史在 5 個分期中的消長情形；我們發現中國史研究的比例漸次下降，臺灣史研究則幾乎呈等比級數成長，尤其在

第 3 期到第 4 期間，由 6.9%成長到 10.9%，幾乎成長一倍；第 4 期
到第 5 期更由 10.9%成長到 23.2%，成長比例超過 100%。但就
1945-2000 年的整體比例而言，中國史仍是臺灣地區歷史研究所博、
碩士論文的最愛。

## (一)由近及遠的本國斷代史研究

　　中國史研究是 1945-2000 年臺灣地區歷史研究所博、碩士論文
的重心，73.0%的博、碩士論文均集中於此一領域，雖然在第 4 期
(1981-1990)以後，臺灣史研究來勢洶洶，但在整體比例上中國史研究
仍一枝獨秀。由
於臺灣史研究和
中國史研究被視
為本國史，本文
的統計乃將臺灣
史與中國史一併
列入統計。

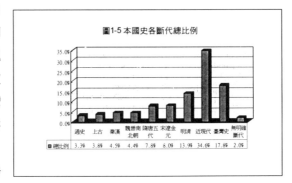

圖1-5 本國史各斷代總比例

| | 通史 | 上古 | 秦漢 | 魏晉南北朝 | 隋唐五代 | 宋遼金元 | 明清 | 近現代 | 臺灣史 | 無明確斷代 |
|---|---|---|---|---|---|---|---|---|---|---|
| 總比例 | 3.3% | 3.8% | 4.5% | 4.4% | 7.8% | 8.0% | 13.9% | 34.6% | 17.8% | 2.0% |

　　本國史所涉
年代甚長，王朝迭替興衰，內容繁複多變；就斷代而言，以中國近
現代史最受青睞，從本文分期的第 2 期開始，中國近現代史在本國
史研究所占比例，在諸斷代史中即居於領先的地位，一直到第 5 期，
這種現象仍在持續中。中國近現代史研究之所以獨受青睞，自有其
優勢，諸如材料的獲得較易，文獻的閱讀困難度較低，內容與研究
者所處時代關係較密切等等[6]；在在使近現代史研究受到較多關愛

---

[6]　這些因素加上 1970-1990 年代，歷史學系將中國現代史列為必修科目，大

的眼神。加上歷史研究本即有由近及遠之傳統，非僅中國史如此，西方學術界在西洋史與世界史方面的研究亦是如此。上述因素可能都是造成中國近現代史研究受青年學子青睞的原因，而臺灣海峽兩岸的國家級歷史研究所亦均將近代史自其他各斷代史中獨立出來，另行設立近代史研究所；因此，近現代史在中國史研究中，占有高比例的研究人口，實其來有自。臺灣地區各大學歷史研究所，是歷史學術研究環境中的一環，甚至可以說是歷史學界的一個縮影，局部反應出歷史研究的動向，應是可以理解的。圖 1-5 顯示本國史研究中，近現代史總比例高達 34.6%，而本國史占歷史研究所博、碩士論文的 88.9%，因此，中國近現代史研究占全部論文的 30.8%，可見其比例之高。在圖中我們還可以看出一個現象，即除了秦漢史之外，中國史研究基本上是由近現代史往遠古遞減[7]；此一現象說明了距離當代愈近的斷代史，研究者愈多[8]；非僅如此，近現代史研究在本文的 5 個分期中，除了第 1 期(1945-1960)之外，在各期本國史研究中，均排名第一，圖 1-6 即爲中國近現代史在各分期所占比例[9]。

---

學院校將中國現代史列爲必修，專科學校將近代史列爲必修等主、客觀因數的影響，使中國近現代史研究的熱潮高溫不退；這種現象在 1990 年代以後，教育部實施各該課程自主，方始改變；歷史學系不再將中國現代史列爲必修科目，大學院校的中國現代史亦非必修，專科學校的近代史亦取消必修，各大學歷史系則大部分將臺灣史列爲必修學分。

[7] 即近現代史比例高於明清史，明清史高於宋遼金元史，宋遼金元史高於隋唐五代史，隋唐五代史高於魏晉南北朝史，秦漢史高於魏晉南北朝史及上古史。

[8] 至於秦漢史博、碩士論文比例高於魏晉南北朝史的原因，則有待進一步分析。

[9] 請參照本文統計表(三)本國斷代史。

　　本國史各斷代之間的比例升降，亦爲一值得探討的問題；其中
近現代史與明清史升降的關鍵在第 1 期與第 2 期之間，圖 1-7 顯示
第 1 期明清史占
52.6%，近現代史
占 10.5%，此時期
明清史研究在所
有本國斷代史
中，所占比例最
高；但自第 2 期
以後，中國近現

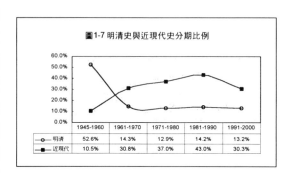

代史所占比例即居高不下，其中以第 4 期的 43.0%最高，此時期各
大學院校將中國現代史列爲大學生必修，歷史系亦將中國現代史列
爲必修斷代，以及專科學校將近代史列爲必修科目。第 4 期以後，
因臺灣史研究漸露曙光，對臺灣史有興趣的青年學子有越愈增加之
勢，使中國近現代史研究的氣勢稍挫，但此一時期中國近現代史所
占比例仍高於臺灣史。

　　各斷代史之間的升降關係，以第 1 期到第 2 期之間、第 2 期至
第 3 期之間的變化較大；第 3 期到第 4 期之間，雖各斷代史間略有
升降，但大體出入不大。

　　圖 1-8 顯示第 1 期到第 2 期之間各斷代史比例的升降，我們看到中國史以秦漢、隋唐五代、宋遼金元和近現代史上升比例較顯著，

其他各斷代有的上
升比例不明顯，有
的呈下降趨勢，其
中近現代史上升
20.3%，是所有斷代
中上升比例最高
的；其次為隋唐五
代史上升 8.8%，宋

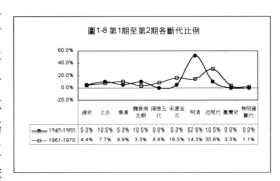

遼金元史上升 11.2%，是上升比例較高者；而明清史下降 38.3%，是所有斷代中下降比例最高的；由這些數據可以看出第 1 期到第 2 期間，明清史下降與近現代史上升之間的互動關係。

　　圖 1-9 顯示，
除了魏晉南北朝
史、近現史和臺灣
史之外，各斷代均
有下降之勢，差別
只是下降比例的幅
度。但在比例上變
化起伏的幅度並不

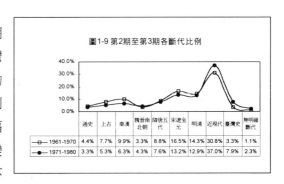

大，各斷代均在 1-4% 之間。有趣的是，各斷代所降低的比例均轉移到近現代史和臺灣史；由中國近現代史研究在此一時期增加 6.2%，臺灣史增加 4.6%，即可看出其中玄機；而中國近現代史的整體比例占本國史研究的 37.0%，可謂一枝獨秀。

　　相較於第 3 期中國史研究各斷代比例均下降的現象，第 4 期則是各斷代史之間彼此互有起落，但波動幅度甚小(約在 0.2%到 2.3%之間)，由圖 1-10 可以看出第 3 期與第 4 期各斷代史的升降曲線幾乎重疊，可以看出本國斷代史研究在這兩個分期的比例沒有太大變化。易言之，即

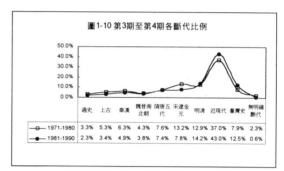

第 3 期大致奠定了第 4 期的基礎，除各斷代間極小幅度的升降外，第 4 期各斷代史間的比例，幾乎與第 3 期一樣。

　　圖 1-11 說明第 4 期與第 5 期間的變化不大，各斷代所占比例與第 4 期接近；其中最大的變化是臺灣史比例大幅上升。由圖 1-11 可以看出，中

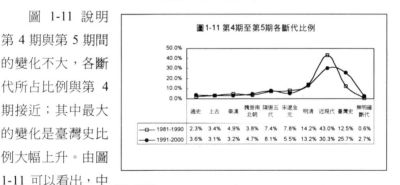

國近現代史降低 12.7%，臺灣史上升 13.2%，略可了解中國近現代史所降低的比例幾乎都轉移到臺灣史。

## (二)臺灣史研究日受重視

　　1945 年以後臺灣地區的歷史研究，有一奇特之現象，即本土歷史的研究極少[10]，各校研究所博、碩士論文亦鮮少涉足此一領域。1980 年代以後，部分從事臺灣史研究的歷史學者，他們的博、碩士論文並非以臺灣史為研究課題，而是在完成博、碩士論文後自行摸索者。

　　1960 年代以後，臺灣地區各大學歷史研究所方始出現以臺灣為論述對象的博、碩士論文，但在 1980 年代以前，以臺灣史為博、碩士論文主題者甚少，由圖 1-12 與圖 1-13 可以看出，第 2 期(1961-1970)有關臺灣史研究的博、碩士論文僅得 3 篇，占所有臺灣地區博、碩士論文的 3.2%，而同時期的中國史研究有 88 篇，占 93.6%，

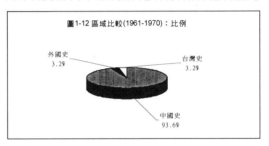

圖 1-12 區域比較(1961-1970)：比例

外國史 3.2%
台灣史 3.2%
中國史 93.6%

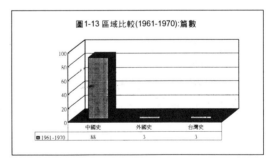

圖 1-13 區域比較(1961-1970):篇數

| | 中國史 | 外國史 | 台灣史 |
|---|---|---|---|
| 1961-1970 | 88 | 3 | 3 |

---

10　李東華教授認為「臺灣史的研究始終有良好的發展」；李東華，〈一九四九年以後中華民國歷史學研究的發展〉,《中國論壇》,21. 01 (1985. 10): 40；但杜正勝教授認為「1990 年代，臺灣歷史界發生較大的變化是臺灣史研究蔚為風尚」;〈中國史在臺灣研究的未來〉,《歷史月刊》,92(臺北,1995. 09): 80；筆者個人認為杜正勝教授之說似乎較接近實際情形。

外國史有 3 篇，占 3.2%，可見臺灣史研究此時期占歷史研究所博、碩士論文相對弱勢之一斑。

　　臺灣史研究比較開始受到注意，已經是 1980 年代以後的事(即第 4 期以後)，而真正躋身歷史研究的主流地位，已經是 1987 年解嚴以後。

　　1987 年臺灣地區解嚴以後，本土化的呼聲甚囂塵上，臺灣史研究亦日受重視，中央研究院臺灣史研究所籌備處於 1992 年成立後，尤使臺灣史研究備受青睞，由圖 1-14 與圖 1-15 可以看出其間的變化。臺灣史研究由第 1 期 (1945-1960)的 0%成長到第 5 期的 23.2%(尤其在量的成長上更是驚人，由第 3 期的 24 篇增加到第 4 期的 59 篇；第 5 期更達 234 篇)，這一方面固然緣於臺灣地區

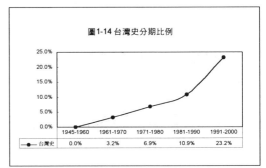

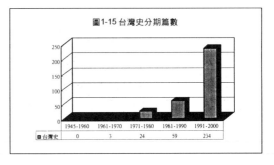

各大學歷史研究所博、碩士論文量的成長，但增加的篇數達前一期的 4 倍，確實可以看出臺灣史研究成為臺灣地區各大學歷史研究所博、碩士論文的當紅炸子雞。

　　在臺灣史研究成爲顯學之前，中國近現代史是青年學子最熱門的研究課題，圖 1-16 說明臺灣史研究 1994 年的比例，首次與中國近現代史相同，這是一個值得參考的指標。中國近現代史研究由 1993

年的 22.7%成長爲 1994 年的 29.6%；臺灣史卻由 1993 年的 18.7%成長爲 1994 年的 29.6%，1995 年兩者比例再度相同，1997-1998 年臺灣史比例高於中國近現代史；此後臺灣史與中國近現代史所占比例互有頡頏；如果從本文的第 4 期算起，中國近現代史比例由 1987 年的 51.0%，跌落至 1998 年的 22.1%，跌幅近 28.9%；臺灣史由 1987 年的 12.2%，成長至 1998 年的 27.9%，成長幅度近 15.7%，其中的玄機不言可喻。雖然因爲歷史研究所博、碩士論文整體量方面的成長，中國近現代史在量上仍維持成長的趨勢，但相較之下，臺灣史研究顯然受到更多青年學子的青睞。

## (三)維持穩定比例的外國史研究

外國史(包括國別史、西洋史與世界史,即中國史與臺灣史之外的歷史研究均歸入此一類別)向來不是臺灣地區歷史研究所博、碩士論文的重心,但在各期中大體維持 10%左右的比例,其中的主要原因是各校歷史系課程均將世界通史(早期稱西洋通史)列為必修課,而且必須修習固定的世界斷代史(西洋斷代史),在課程的要求下,師資的培養有其必要性,因而有部分青年學子投入相關研究,使得外國史研究比例能夠維持一定的穩定性。雖然多年來,教授西洋史的老師們不斷抱怨在臺灣地區相關研究資料的取得不易,以及語文的限制,使得他們的著作一直處在介紹多於研究的困境中[11];所幸因教學與研究上的需要,使此一領域代有才人出,青年學子投入相關

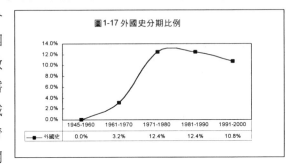

圖1-17 外國史分期比例

| | 1945-1960 | 1961-1970 | 1971-1980 | 1981-1990 | 1991-2000 |
|---|---|---|---|---|---|
| 外國史 | 0.0% | 3.2% | 12.4% | 12.4% | 10.8% |

研究究者亦代代而有,在這方面,輔仁大學歷史研究所可謂居功厥偉。多年來,輔仁大學歷史研究所為臺灣史學界培育許多西洋史研

---

[11] 王芝芝,〈淺論西洋斷代史教學〉,張哲郎(主編),《歷史學系課程教學研討會論文集》,上(臺北:國立政治大學歷史系,1993),172-177;王芝芝教授在該文頁 173 指出:

由於多年來西洋史研究未獲得充分的支持,而翻譯工作也得不到學界的認可,以致於適用的中文教材相當缺乏。

道出了一位西洋史教學工作者心中的感慨,而成立西洋史學會和世界史學會,似乎也數度胎死腹中。

究與教學的人材，使臺灣地區的西洋史或外國史研究維持一定的比例。圖 1-17 顯示除第 1 期(1953-1960)未有外國史博、碩士論文外，自第 3 期起，外國史研究所占比例基本上維持在 10%左右，其中以第 3 期與第 4 期的 12.4%最高；而因為整體歷史研究所博、碩士論文的量呈倍數成長，外國史研究亦隨之水漲船高，由圖 1-18 可看出第 4 期(1981-1990)已經有 67篇，占同期所有博、碩士論文的

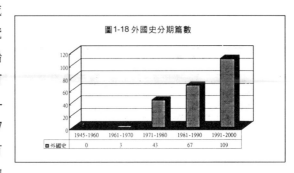

12.4%；第 5 期達 109 篇，占同期碩、士論文的 10.8%；可見此一領域續有踵繼者，未來發展應是樂觀的。

## 三、專史分類

臺灣地區歷史研究所博、碩士論文的內容，除了斷代與區域的意涵外，在專史分類上亦有值得觀察之處。本文在討論專史分類時，主要係以中國史和臺灣史為主，外國史並未列入[12]。

---

[12] 本文未將外國史列入的原因，並非這部分的工作不重要，而是因為臺灣地區的外國史(包括西洋史、世界史與國別史)，斷代上既辨別不易，專史分類尤須進一步檢驗相關資料；這部分的討論將另文處理，此處暫存而不論。

在蒐集到的 1,803 篇論文中 ，最受青年學子青睞的專史是政治軍事史，圖 2-1 顯示政治軍事史占 20.4%；依序為社會史 19.8%，思想文化史 18.5%，經濟史 11.9%，國際關係 8.3%；其他專史所占比例均在 5%以下，比例最低的三類是科技史 1.3% 、 圖 書 史 1.8% 、 婦 女 史 1.9%[13]。

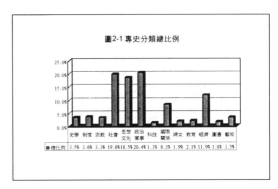

政治軍事史為歷史研究的主流，中外皆然，傳統中國史學在這方面亦多所著墨，因而在臺灣地區博、碩士論文中出現高比例，是可以預期的；

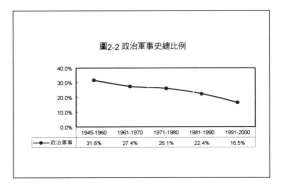

雖然如此，但在各分期中亦有其升降變化，尤其當歷史學研究愈來

---

愈多樣化之後，政治軍事史所占比例亦不再一枝獨秀，由圖 2-2 與
圖 2-3 約略可看出各分期的變化，圖中顯示第 1 期(1949-1960) 政治
軍事史所占比例為 31.6%，篇數 6；第 2 期 27.4%，篇數 26；第 3
期 26.1%，篇數 79；第 4 期 22.4%，篇數 106；第 5 期 16.5%，篇
數 151；從這些數據來看，第 4 期與第 5 期間，比例降低最多(22.4%

↓ 16.5% ， 降 低
5.9%)，第 1 期和
第 2 期之間，比
例上沒有什麼變
化；第 2 期和第
3 期之間，降低
5.0%，第 3 期和
第 4 期間，降低

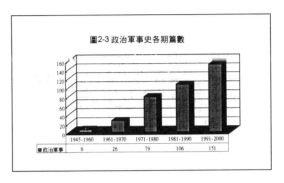

5.9%。而由第 1 期的 31.6%，降低到第 5 期的 16.5%，降低幅度約
達 15.1%，接近 50%；真可謂是滄海桑田了。由上述數據，可以看
出歷史研究所博、碩士論文愈來愈多樣化的傾向，雖然政治軍事史
仍是各專史中比例最高的，但在第 4 期以後，漸失其唯我獨尊的地
位。我們試以第 1 期和第 5 期各專史分類的比例加以觀察，便可看
出其中的玄機。

由圖 2-4 與圖 2-5 略可看出第 1 期的專史類別較少，而且相當集中：政治軍事史(31.6%)、國際關係史(26.3%)、社會史(10.5%)、經濟史(10.5%)，其他專史受到的關注較少；第 5 期的專史類別顯然多於第 1 期，雖然仍有集中的現象。第 5 期所占比例由高至低為：社會

史 24.5%、思想文化史 21.0%、政治軍事史 16.5%、經濟史 12.8%，國際關係史 5.5%；政治軍事史比例已掉到第三高，而不再一枝獨秀。其他專史所占比例雖然不高，但各類別的專史研究略已出現，易言之，即歷史研究呈現多樣化的取向。在圖 2-4 與圖 2-5 的比較中，我們發現政治軍事史由

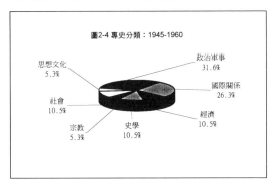

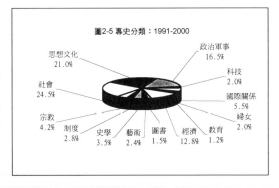

31.6%下降到 16.5%，國際關係由 26.3%下降到 5.5%；思想文化史由 5.3%上升到 21.0%；社會史則由 10.5%上升到 24.5%，是各專史分類中升降變化較大者；思想文化史與社會史的涵蓋面寬廣且多樣，正好說明了臺灣地區歷史研究所博、碩士論文多樣化的取向。

　　圖 2-6 顯示，社會史的比例一直維持在 10%以上，第 1 期 10.5%
是 5 期中比例最低的，第 5 期 24.5%最高，總比例 19.8%，為各專
史分類的第 2 高；
由圖中所顯示的現
象來看，社會史研
究乎有行情看俏之
勢，尤其第 5 期占
24.5%，已超過同時
期政治軍事史的
16.5%，由此可見其
受青睞的程度[14]。

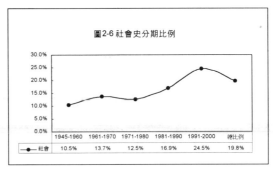

　　思想文化史是
另一個受青年學子
喜愛的專史，圖 2-
7 顯示在本文的 5
個分期中，思想文
化史雖然未曾大紅

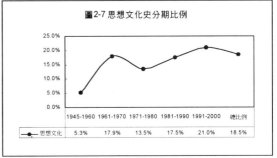

大紫，但卻維持一定的比例，除了第 1 期(1945-1960)為 5.3%之外，
第 2 期以後(1961-2000)都維持在 10%以上(第 2 期 17.9%，第 3 期 13.5%，第
4 期 17.5%，第 5 期 21.0%)，雖然不是飆得特別高，但卻持續其一定的

---

[14] 美國的歷史博士論文在 1978 年社會史比例首度超過政治史，台灣地區約晚
15-20 年；參考：Rebert Darnton, "Intellectual and Cultural History," in *The Past
Before Us: contemporary Historical Writing in the United States* (Ithaca:
Cornell University Press, 1980), 334.

熱度[15]。

　　社會史與思想文化史比例的升降，是一個值得觀察的現象。圖
2-8 顯示，臺灣地區歷史研究所博、碩士論文的思想文化史比例，

第 1 期略低於社
會史，第 2-4 期
均高於社會史；
尤其本文的第 5
期，社會史比例
遽 然 飆 高 爲
24.5%，領先思
想 文 化 史 的
21.0%；而使整
體 比 例 成 爲
19.8%，超過思
想 文 化 史 的
18.5%[16]。
　　國際關係史
的 研 究 由 強 轉
弱，是另一個值

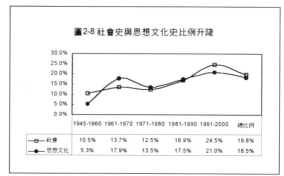

得觀察的現象，圖 2-9 顯示，在 5 個分期中，第 1 期 26.3%，第 2

[15] 雖然在一般臺灣史學界的觀念中，向來認為思想文化史是冷門領域，但就
　　博、碩士論文的專史分類統計數據來看並不然，這或許與余英時、林毓生、
　　張灝、李永熾教授等人的提倡有關，但尚待進一步分析與討論。
[16] 1970 年代，美國的歷史研究，社會史比例已高於思想文化史，臺灣地區則
　　晚了約 10 年左右；這部分的資料由周樑楷教授所提供，謹此致謝。

期 12.6%，呈顯大幅度降低的現象，第 3 期 10.2%，第 4 期 11.0%，第 5 期 5.5%；似乎有後市看低之勢。

經濟史研究在第 1 期已露曙光，但並非當紅，圖 2-10 顯示在 5 個分期中，第 1 期 10.5%；此後除第 3 期占 8.6%外，大抵維持在 10% 上下(第 2 期 10.5%，

第 4 期 12.7%，第 5 期 12.8%)，就整體來看，可說維持一定的熱度，與政治軍事史、社會史、思想文化史、國際關係史，合為臺灣地區歷史研究所博、碩士論文最受歡迎的 6 類專史。

國際關係史研究的由強轉弱，以及經濟史研究的持續加溫，是一個值

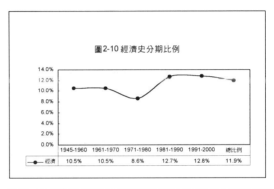

圖2-10 經濟史分期比例

| | 1945-1960 | 1961-1970 | 1971-1980 | 1981-1990 | 1991-2000 | 總比例 |
|---|---|---|---|---|---|---|
| 經濟 | 10.5% | 10.5% | 8.6% | 12.7% | 12.8% | 11.9% |

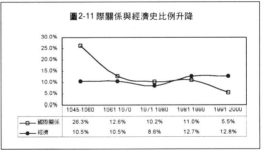

圖2-11 際關係與經濟史比例升降

| | 1945-1960 | 1961-1970 | 1971-1980 | 1981-1990 | 1991-2000 |
|---|---|---|---|---|---|
| 國際關係 | 26.3% | 12.6% | 10.2% | 11.0% | 5.5% |
| 經濟 | 10.5% | 10.5% | 8.6% | 12.7% | 12.8% |

得思考的問題，圖 2-11 說明了此一現象。國際關係史比例的降低，是否局部反應了現實政治在外交上的頓挫？而經濟史研究的持續加溫，是否與臺灣地區的經濟發展有關？當代社會與歷史學研究之間的關連性如何，是值得我們深思的。以研究主題的區域性加以探討，我們發現臺灣史研究的比例在 1987 年以後急遽上升，顯示解嚴後歷史學研究與現實政治的高度關連性；從這個角度思考，經濟史與

國際關係史所占比例的升降，是否也透露了某種玄機？這些現象都
值得再進一步深入探討。

　　科技史是臺灣地區歷史研究所博、碩士論文中，相對弱勢的領
域，圖 2-12 清楚地說明了這一點。第 2、3、4 期僅有零星的科技
史論文，要到第
5 期才出現較多
的科技史博、碩
士論文，這顯然
是清華大學歷史
研究所的成果，
因為清華歷史研
究所設立了臺灣

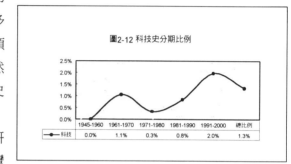

地區唯一的科技史組，為科技史研究開啟了新的紀元[17]。

　　歷史研究的專史分類，呈顯了臺灣地區歷史研究所博、碩士論
文的多樣化取向，事實上，研究生選擇何種專史進行研究，基本上
是相當自由的，除了少數學校的歷史研究所在入學考試時指定分組
外，大部分大學歷史研究所均無此類限制。因此，博、碩士班研究
生可以依自己的自由意志，選擇有興趣的專史類別進行研究；當然
這也涉及師資問題，雖然有部分歷史研究所限制研究生必須在該
系、所師資中延請指導教授，但大部分學校並無此項規定。因此，
歷史研究所研究生可依據自己的興趣，選擇所喜愛的專史類別進行
研究，以及選擇該領域的教授指導論文。這種學術自由意志的體現，
可能是形成臺灣地區博、碩士論文多樣化取向的重要因素。

---

[17] 相關討論請參考本文第四節"各大學歷史研究所論文類型分析"。

# 四、各大學歷史研究所論文類型分析

　　臺灣地區各大學歷史研究所各有專長，對臺灣史學界的生態亦多所影響。而且，臺灣地區各大學院校的歷史師資或各機構的史學工作者，大部分曾在臺灣攻讀博、碩士學位[18]，因此，對博、碩士論文進行分析，或可對臺灣地區的史學工作者按圖索驥。

　　臺灣地區各大學歷史研究所的發展重點，可謂各出機杼、別創格局。其中較具代表性者，如臺灣師範大學歷史研究所以中國近現代史和臺灣史爲重點，政治大學歷史研究所專攻中國近現代史，輔仁大學歷史研究所以西洋史爲中心，均各自在臺灣歷史學界開創出一片天地；其中亦有未特別著重單一領域的研究所，如臺灣大學、東海大學與文化大學即屬此類。因此，分析各校歷史研究所的論文取向，當有助於我們了解臺灣歷史學界的生態。

　　本文選擇臺灣大學、臺灣師範大學、政治大學、文化大學、輔仁大學、清華大學、中央大學、中興大學、暨南大學、東海大學、成功大學與中正大學爲分析對象，原因是這 12 所大學的歷史研究所創辦較早，在博、碩士論文的數量上有足夠的母本可以取樣[19]，相關分析較具參考價值。

---

[18] 雖然並非所有史學工作者均在臺灣地區完成博士學位，但大部分在臺灣地區完成大學課程與碩士學位，因此，分析各校歷史研究所的論文取向，應有助於我們了解臺灣地區的歷史教學與研究。

[19] 其他創辦於 1995 年年以後的大學歷史研究所(如淡江大學與東吳大學)，截至本文統計的 2000 年，畢業論文數量尚少，這方面的統計分析將俟適當時機另文討論。

# (一)臺灣大學

　　臺灣大學是臺灣地區最早成立歷史研究所的大學[20]；1953 年臺灣地區的第一篇歷史研究所碩士論文即臺大研究生所撰，50 餘年來培養了許多史學人材，各研究機構與教學單位均可見到臺大出身的史學工作者。

　　在臺大博、碩士論文中，除了外國史占 4.4%(包括國別史、西洋史、世界史)，比例稍偏低外，臺大歷史研究所的博、碩士論文，大體分散在各專史類別與各斷代，其比例與臺灣地區整體博、碩士論文，在專史、斷代方面的比例均頗接近，因此具有相當重要的指標性意義。

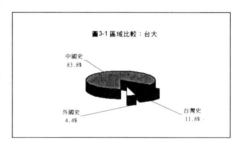

圖 3-1 區域比較：台大

中國史 83.8%

外國史 4.4%

台灣史 11.8%

　　就區域而言，臺大博、碩士論文較偏重中國史與臺灣史，圖 3-1 顯示中國史比例為 83.8%，較臺灣地區總比例 73.0%高；臺灣史比例 11.8%低於臺灣地區總比例的 15.9%，外國史部分占 4.4%，低於臺灣地區總比例的 11.1%[21]；這是因為臺灣地區的外國史博、碩士論文，主要都出自輔仁大學歷史研究所的緣故[22]，由相關數據分析，可見臺大歷史研究

---

[20] 臺大於 1945 年成立歷史學系；1947 年設文科研究所，分為文學和史學兩部；1954 年正式成立歷史研究所；資料來源：www-ms.cc.ntu.edu.tw/~history/；資料取得時間：2001/7/13。

[21] 請參照本文統計表(四) 區域對照：各大學歷史研究所與臺灣地區(1945-2000)。

[22] 其他各大學歷史研究所的外國史比例，除了輔仁大學之外，均遠低於臺灣

所的重心是中國史。

在專史分類方面，圖 3-2 顯示，社會史占 20.6%，比例最高；政治軍事史 18.1%，思想文化史 16.9%，為臺大歷史研究所博、碩士論文比例最高的三種專史；其他專史分類依序為：經濟 11.0%、藝術 9.2%、國際關係 7.8%、史學 5.7%[23]；這裡值得注意的是藝術史

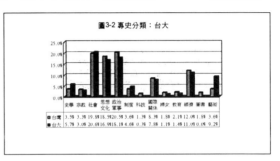

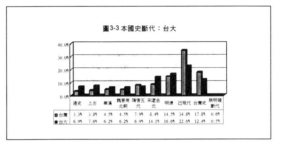

占 9.2%，居臺大博、碩士論文排名的第 5 位，高出臺灣地區總比例 3.6%甚多，這是因為臺大歷史研究所設有藝術史組的緣故；另外一個值得注意的是思想文化史占 16.9%，為臺大博、碩士論文專史分類排名第 3 位，與臺灣地區總比例 18.5%相當接近。

在斷代方面，臺大歷史研究所在本國史各斷代均有論文觸及，圖 3-3 即說明此一現象。其中比較特殊的是宋遼金元史占 14.1%，

---

地區總比例。

[23] 請參照本文統計表(六)專史分類對照：各大學歷史研究所與臺灣地區(1945-2000)。

高出臺灣地區總比例 8.4%甚多[24]，這可能與姚從吾教授的提倡有
關。而中國近現代史占 22.6%，雖然在臺大歷史究所本國斷代史比
例已是最高，但相較於臺灣地區總比例 34.8%仍低約 12.2%；可見
該所在本國斷代史的發展重點為一般史[25]。

## (二)臺灣師範大學

　　臺灣師範大學歷史研究所成立於 1970 年，亦為臺灣地區較早
成立的歷史研究所[26]。臺灣師大本以培育中學師資為主，但其歷史
研究所則與其他大學
的歷史研究所相類，
即以培養歷史專業研
究人材為主，非關中
學師資培養。

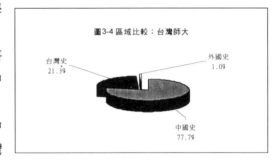

　　就區域而言，中
國史與臺灣史是臺灣
師大博、碩士論文的重心，圖 3-4 顯示中國史占 77.7%，與臺灣地
區的總比例 73.0%相當接近[27]；外國史 1.0%，遠低於臺灣地區總比
例的 11.1%；臺灣史 21.3%，高於臺灣地區總比例 15.9%，這可能

---

[24] 請參照本文統計表(八) 本國斷代史對照：各大學歷史研究所與臺灣地區
(1945-2000)。

[25] 臺灣史學界所習稱的一般史，係指非中國近、現代史研究而言，這個名詞
嚴格地說有點怪，但似已習焉而不察。

[26] 臺灣師範大學 1962 年成立歷史系，1970 年成立歷史研究所；資料來源：
www.ntnu.edu.tw/his/ index.Html，資料取得時間：2001/7/13。

[27] 請參照本文統計表(四) 區域對照：各大學歷史研究所與臺灣地區(1945-
2000)。

是因爲臺灣師大較早將臺灣史研究列爲重點發展領域的緣故，而臺灣師大早期的臺灣史博、碩士論文，大部分爲李國祁教授所指導。

在專史分類方面，圖 3-5 顯示，臺灣師大在各專史領域所占比例均與臺灣地區總比例相當接近；比較突出的是社會史占22.8%，高於臺灣地區總比例的19.8%，經濟史占 16.0%，高於臺灣地區總比例的 12.0%[28]，可

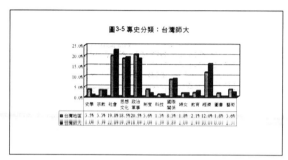

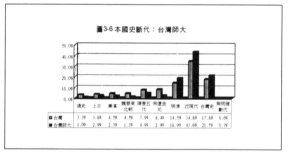

見社會史和經濟史爲臺灣師大的重點發展領域。

在本國斷代史方面，臺灣師大早期以研究中國近現代史名重史學界，其後朝本國斷代史全面發展，但其重心仍爲近現代史與明清史；圖 3-6 顯示近現代史占 43.6%，較臺灣地區總比例的 34.8%高出約 9.8%[29]；明清史 18.9%，高於臺灣地區總比例的 14.5%；其他

---

[28] 請參照本文統計表(六)專史分類對照：各大學歷史研究所與臺灣地區(1945-2000)。

[29] 請參照本文統計表(八) 本國斷代史對照：各大學歷史研究所與臺灣地區(1945-2000)。

本國斷代所占比例均低於 5%；試以本文第 4 期與第 5 期觀察臺灣
師大歷史研究所的近況，似為一可行的方案。

圖 3-7 為臺灣師大歷史研究所本國斷代史比例第 4 與第 5 期的
比較，由圖中可以看出，各斷代中以臺灣史提高 13.2%差距最大，
其次是明清史提高 6.6%，近現代史則降低約 21.5%，臺灣史和明清
史所提高的百分
比略等於中國近
現代史所降低的
比例，這是一個
相當有趣的現
象；其他各斷代
的升降比例都在
4.0%以下，可見

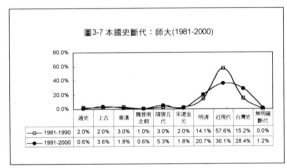

臺灣師大的研究方向雖朝中國各斷代全面發展，但固守近現代史、
明清史與臺灣史的痕跡仍極明顯，往後是否能朝其他本國斷代史全
面發展，尚有待觀察。

## (三)政治大學

政治大學歷史研究所設立於 1976 年[30]，稍晚於臺大與臺灣師大，
創立之初以研究中國現代史為發展重點，其後大體謹守中國近現代
史領域，1990 年代以後，因應臺灣史研究的風起雲湧，部分論文

---

[30] 政治大學 1967 年成立歷史系，1976 年設立歷史研究所；資料來源：
ccntsr6.cc.nccu.edu.tw/nccucd/103/ORIGINAL.HTM ； 資 料 取 得 時 間 ：
2001/7/13。

轉朝臺灣史發展，但整體上仍以中國近現代史為重心。

　　圖 3-8 顯示政治大學歷史研究所的研究重心是中國史，占 86.6%，較臺灣地區總比例 73.0% 高約 16.6%[31]，與臺灣大學 83.8% 相近，而高於臺灣師大的 77.7%。臺灣史占

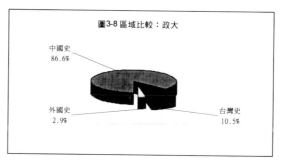

10.5%，低於臺灣地區總比例的 15.9%；外國史占 2.9%，亦低於臺灣地區總比例的 11.1%；從這些數據略可看出政大歷史研究所的發展重點是中國史，臺灣史雖在加強之列，但成果似乎尚未顯現。

　　在專史分類方面，圖 3-9 顯示，政大歷史研究所論文的各專史比例，大部分與臺灣地區總比例接近；政治史占 27.7%，較臺灣地區總比例 20.4% 高出 7.3%，這和史學界認為政大歷史研究所以政

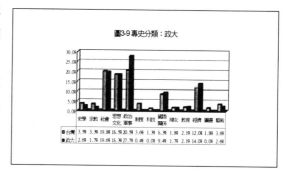

治軍事史為重心的印象相符；比較值得一提的是經濟史占 14.0%，

31　請參照本文統計表(四) 區域對照：各大學歷史研究所與臺灣地區(1945-2000)。

較臺灣地區總比例 11.9%高約 2.1%[32]。

就本國斷代史而言，政大歷史研究所名符其實以中國近現代史

為中心，圖 3-10 顯
示，在本國斷代史
研究中，近現代史
占 84.0%，較臺灣
地區總比例 34.8%
高約 49.2%[33]，超過
一倍。而中國近現
代史研究的整體比

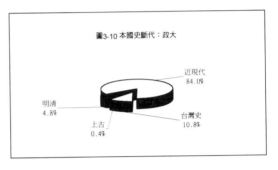

圖3-10 本國史斷代：政大

近現代
84.0%

明清
4.8%

上古
0.4%

台灣史
10.8%

例之所以攀高，可能也與政大歷史研究所有密切關連。至於上古、
明清史合占不到 6.0%，只能算是點綴；未來是否朝本國斷代史與
區域的多元化發展，猶待觀察。

## (四)文化大學

文化大學歷史研究所創立於 1962 年[34]，在臺灣地區算得上歷史
悠久。

在蒐集到的文化大學歷史研究所博、碩士論文中，區域部分係

---

[32] 請參照本文統計表(六)專史分類對照：各大學歷史研究所與臺灣地區(1945-
    2000)。

[33] 請參照本文統計表(八)本國斷代史對照：各大學歷史研究所與臺灣地區
    (1945-2000)。

[34] 文化大學歷史研究所創立於 1962 年，大學部歷史系設立於 1963 年；資料
    來源：www.pccu.edu.tw /pccu/pccu-depart/ liberal-arts/014.html；資料取得
    時間：2001/7/13。

以中國史為重心，圖 3-11 顯示中國史比例為 84.2%，其次是臺灣史
13.7%，外國史
2.1%；這部分的
比例與臺大、政
大頗為接近[35]；與
臺灣地區總比例
相較，中國史高
約 11.2%；臺灣

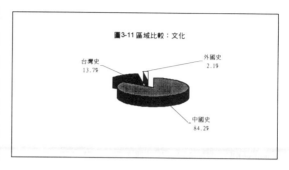

史低約 2.2%；外國史則低 9.0%，這是因為臺灣地區的外國史博、
碩士論文，主要都出自輔仁大學歷史研究所的緣故。

在專史分類方面，圖 3-12 顯示，最突出的是政治軍事史，占
26.5%，較臺灣地
區總比例 20.5%
高約 6.0%[36]；相
對的，經濟史占
7.8%，則較臺灣
地區總比例
12.0% 低約

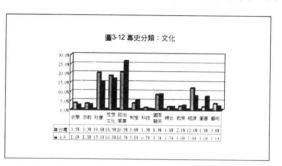

4.2%；圖書史 7.6%，較臺灣地區總比例 1.8%高約 5.8%；其他專史
分類則與臺灣地區總比例相近。由上述數據，可以略知文化歷史研
究所對政治軍事史的偏重。

---

[35] 請參照本文統計表(四) 區域對照：各大學歷史研究所與臺灣地區(1945-
2000)。
[36] 請參照本文統計表(六)專史分類對照：各大學歷史研究所與臺灣地區(1945-
2000)。

就本國斷代史而言，圖 3-13 顯示，文化歷史研究所本國史各斷代比例大部分與臺灣地區總比例接近[37]，出入較大的是隋唐五代史占 15.7%，較臺灣地區總比例 7.9% 高約 7.8%，接近一倍；因此隋唐五代史應爲該所的重點發展領域；其次是宋遼金元史 11.6%，較較臺灣地區總比

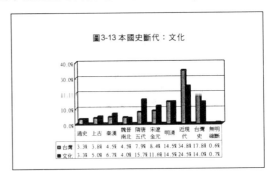

例 8.4%高 3.2%，亦爲其發展重點；反倒是近現代史占 24.5%，較臺灣地區總比例 34.8%低約 10.3%；與其他學校相較，高於臺大的 22.6%，低於政大的 83.6%與師大的 43.6%；雖然近現代史占 24.5%，在比例上已不算低，但與臺灣地區總比例相較，顯然還是低了許多，因此該所在本國斷代史的發展重點應爲一般史。

## (五)輔仁大學

輔仁大學歷史系成立於 1963 年，研究所碩士班成立於 1967 年，以研究西洋史爲主，近年並增加教會史、中外關係史研究[38]。輔仁大學歷史研究所專攻西洋史，是臺灣地區各大學歷史研究所中獨特且唯一的。在進行論文分析時，無法以本文所設計的區域、專史分

---

[37] 請參照本文統計表(八) 本國斷代史對照：各大學歷史研究所與臺灣地區 (1945-2000)。

[38] 資料來源：www.lacc.fju.edu.tw/ htm/lit03/totals；資料取得時間：2001/7/13。

類及本國斷代史統計,此處之中國史、臺灣史均指國際關係史而言,並非一般的純中國史或臺灣史,圖 3-14 顯示外國史占 92.3%,中國史 6.6%,臺灣史 1.1%;就外國史而言,顯然超出臺灣地區總比例 11.1%甚多[39];從這些數據來看,如果沒有輔大歷史研究所在外國史研究上的人力推動,臺灣地區的外國史比

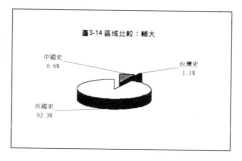

圖3-14 區域比較：輔大

中國史 6.6%

台灣史 1.1%

外國史 92.3%

例將低於 2.0%;因此輔大歷史研究所在西洋史研究上的貢獻,是有目共睹的。

## (六)清華大學

清華大學歷史研究所設立於 1985 年[40],是一個比較年輕的所;創設之初以思想史與科技史為重點,顯現於論文中的現象正可以說明這一點。

就區域言,圖 3-15 顯示,清華歷史研究所基本上較偏向中國史,占 78.6%;與臺灣地區總比例 71.3%[41]相較略高;臺灣史 19.6%,亦高於臺灣地區總比例的 17.1%;外國史 1.8%則遠低於同期臺灣地區總比例的 11.6%,這種現象與其他學校相較(如臺大、臺灣師大、政大、

[39] 參照本文統計表(四) 區域對照：各大學歷史研究所與臺灣地區(1945-2000)。

[40] 資料來源：140.114.119.1/~hist/；資料取得時間：2001/7/13。

[41] 請參照本文統計表(五) 區域對照：各大學歷史研究所與臺灣地區(1981-2000)。

文化)，大抵相似，與比較特殊的學校相較(如輔大、成大、中央)[42]，則
略有所異。如前文所述，輔大的外國史比例極高，殊非清華比較的

對象。因此，就區域方
面而言，清華的模式，
與未有特殊研究領域的
臺灣地區一般歷史研究
所相類。

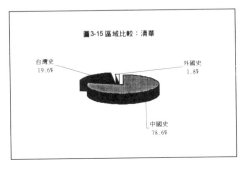

在專史分類方面，
清華歷史研究所則有相
當獨特的性格，圖
3-16 即顯示此一現
象。其中比較值得
提出來討論的是思
想文化、政治軍事、
科技、國際關係與
經濟史。思想文化

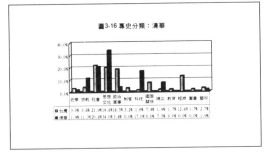

史是清華的重點專史，比例為 34.0%，與臺灣地區總比例 19.8%[43]
相較，高約 14.2%，接近 2 倍；科技史亦為清華的重點專史，比例
為 17.0%，與臺灣地區總比例 1.6%相較，高出 15.4%，超過 10 倍
以上；相反的情形是政治軍事史，清華比例為 3.8%，與臺灣地區
總比例 18.5%相較，低約 14.7%，約為臺灣地區總比例的 1/4，可

---

[42] 輔仁大學的重心是外國史，是臺灣地區各大學歷史研究所博、碩士論文唯
　一外國史比例高於中國史的研究所；成大和中央則以臺灣史為發展重點。

[43] 請參照本文統計表(七) 專史分類對照：各大學歷史研究所與臺灣地區
　(1981-2000)。

見政治軍事史不受重視的程度；國際關係與經濟史均非清華重點專史，論文數為 0，與臺灣地區總比例無法比較。倒是社會史的 20.8%，與臺灣地區總比例 21.9%相近，雖非清華重點專史，但歷史學研究的新趨勢似乎仍有其一定的魅力。而且這也顯示愈來愈多的文化思想史，與社會史並沒有太明顯的界線[44]。

　　在本國斷代史方面，秦漢、明清、近現代史，是幾個比較特殊的斷代；圖 3-17 顯示清華歷史研究所的明清史比例占 25.5%，較臺灣地區總比例 16.5%高約 9.0%[45]；中國近現代史比例占

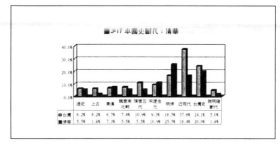

16.4%，則較臺灣地區總比例 37.6%低約 21.2%，可見中國近現代史並非清華歷史研究所本國斷代史的重點。

## (七)中央大學

　　國立中央大學歷史研究所碩士班於 1993 年正式招生，重點領域為中國東南沿海地區史、宋代以來中國社會經濟史、臺灣史以及華僑史等[46]，顯現於論文中的現象正可以說明這一點。

---

[44] 這個觀點是中興大學周樑楷教授所提示的，謹此致謝。

[45] 請參照本文統計表(九) 本國斷代史對照：各大學歷史研究所與臺灣地區 (1981-2000)。

[46] 資料來源：國立中央大學歷史研究所 www.ncu.edu.tw/~hi/；資料取得時間：2001/7/13。

就區域言，圖 3-18 顯示，中央歷史研究所基本上較偏向臺灣史，占 76.7%；與臺灣地區總比例 17.1%[47]相較，高出 59.6%，接近 4.5 倍；中國史占 23.3%，則遠低於臺灣地區總比例的 71.3%，約為 1/3；未

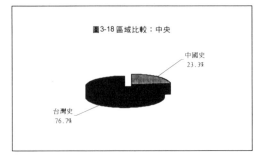

有外國史論文；略可說明中央歷史研究所以臺灣史為重點之一般。

在專史分類方面，中央歷史研究所以社會、思想文化與經濟史為重點，圖 3-19 即顯現此一現象。社會史占 30.0%，高於臺灣地區總比例的 21.9%；思想文化史占 30.0%，高於臺灣地區總比

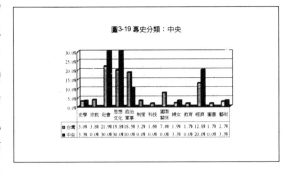

例的 19.8%；經濟史占 20.0%，亦高於臺灣地區總比例的 12.8%；政治軍事史與臺灣地區總比例相較為一反背，中央比例為 10.0%，與臺灣地區總比例 18.5%相較，約為 1/2，可見較不受重視。

---

[47] 請參照本文統計表(五) 區域對照：各大學歷史研究所與臺灣地區(1981-2000)。

在本國斷代史方面，由於過度集中於臺灣史，中國史所占比例

甚低；圖 3-20 顯
示中央歷史研究
所的論文全部集
中於明清史
(3.3%)、中國近現
代史(20.0%)與臺灣
史(76.7%)；這種獨
具特色的發展模

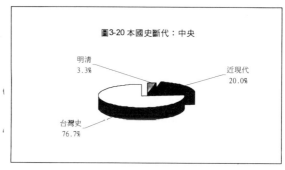

式，對臺灣地區的史學發展，可能造成何種影響，尚有待觀察。

## (八)東海大學

東海歷史研究所創立於 1970 年[48]，其論文在區域、專史分類與

本國斷代史各方面，
似乎沒有太大特色，
以本文所統計的三項
主要數據而言，論文
的比例分配與臺灣地
區總比例均相當接
近。

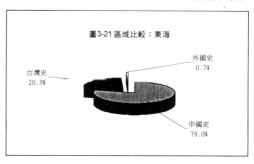

就區域而言，係以中國史為中心，圖 3-21 顯示中國史占 79.0%，

---

[48] 東海大學歷史系創立於 1955 年；研究所創立於 1970 年；資料來源：
www.thu.edu.tw/university/depart/arts/history.htm ； 資 料 取 得 時 間 ：
2001/7/13。

較臺灣地區總比例 73.0%高約 6%[49]；其次爲臺灣史 20.3%，較臺灣
地區總比例的 15.9%高約 4.4%；從這裡可以看出東海是較早投入臺
灣史研究的歷史研究所；相對的，外國史占 0.7%，則較臺灣地區
總比例的 11.1%低約 10.4%[50]；因此，就區域而言，東海歷史研究
所仍是以中國史和臺灣史研究爲主體。

在專史類別上，東海歷史研究所幾乎與臺灣地區總比例同脈
搏，差距最大的是社會史與國際關係史，圖 3-22 顯示，政治軍事
史占 17.5%，較臺灣地區總比例 20.5%低約 3.0%；社會史占 14.6%，

較臺灣地區總比
例 19.8% 低 約
5.2%[51]；國際關
係史占 9.5%，
較臺灣地區總比
例 8.3% 高 約
1.2%；這三項比

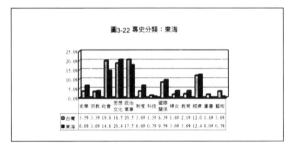

例甚低的差距，並不具太多指標性的意義。因此，就專史分類而言，
東海與臺灣地區的整體比例相當接近。

在本國斷代史方面，魏晉南北朝、明清與近現代史，爲三個與
臺灣地區總比例略有出入的斷代。圖 3-23 顯示，魏晉南北朝史占

---

[49] 參照本文(四) 區域對照表：各大學歷史研究所與臺灣地區總比例(1945-
2000)。

[50] 事實上東海歷史研究所的外國史論文僅得 1 篇；外國史比例較臺灣地區總
比例低，是除了輔仁歷史研究所之外，臺灣地區一般歷史研究所的通相，
與臺大、臺灣師大、政大、文化、清華等校，原因類似。

[51] 參照本文統計表(六)專史分類對照：各大學歷史研究所與臺灣地區(1945-
2000)。

9.3%，較臺灣地區總比例 4.5%高 4.8%[52]，超過一倍，推測此一斷代應爲東海歷史研究所的重點領域；明清史 21.1%，較臺灣地區總比例 14.5%高約 6.6%，近現代史 29.8%，較臺灣地區總比例 34.8% 低約 5.0%；明清史與近現代史的數據，嚴格地說，

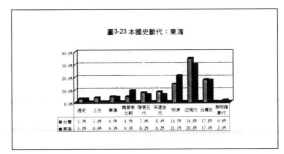

圖3-23 本國史斷代：東海

出入並不大，應該也沒有對應關係存在，唯在與臺灣地區總比例相較，略有起伏而已。審視東海歷史研究所的本國斷代史比例，除了魏晉南北朝史稍突出之外，其他各斷代幾乎沒有特別的重點，而與臺灣地區總比例的詳近略遠相互呼應。

## (九)中興大學

中興大學歷史系成立於 1968 年；研究所成立於 1991 年，1997年設立博士班。該系分爲四個學群，1.中國社會經濟史組；2.近代中外關係史組；3.思想史及史學史組；4.臺灣史組[53]；這四個學群局部地引導了博、碩士論文的方向。

---

[52] 請參照本文統計表(八) 本國斷代史對照：各大學歷史研究所與臺灣地區 (1945-2000)。

[53] 資料來源：國立中興大學歷史系 www.nchu.edu.tw/nchuidx/index.htm；資料取得時間：2001/7/13。

　　就區域言，圖 3-24 顯示，中興歷史研究所基本上較偏向中國
史，占 63.8%；較臺灣地區總比例的 71.3%[54]，約低 7.5%；臺灣史

占 26.3%，較臺灣
地區總比例的
17.1%，高約 9.2%；
外國史占 10.0%，
接近臺灣地區總比
例的 11.6%；從這
些數據來看，中興

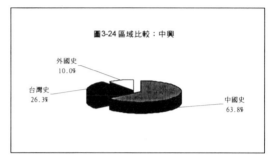

歷史研究所雖然是較晚成立的新所，但在博、碩士論文的區域取向
上卻接近較早成立的所，這和中央、成大的情形略有不同，中央和
成大在臺灣史的比例上均高於中國史，但我們也看到中興歷史研究
所臺灣史比例高於臺灣地區總比例的情形。在新設的歷史研究所
中，除了暨南大學外，其他學校的臺灣史所占比例均高於臺灣地區

總比例，這是一
個值得觀察的現
象。
　　在專史分類
方面，中興歷史
研究所以社會、
政治軍事、思想

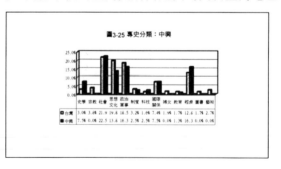

文化、經濟史爲重點，圖 3-25 顯示社會史占 22.5%，高於臺灣地區
總比例的 21.9%；經濟史 16.3%，高於臺灣地區總比例的 12.8%；

政治軍事 16.3%；低於臺灣地區總比例的 18.5%；思想文化史 13.8%，低於臺灣地區總比例的 19.8%；但整體而言，除了思想文化史與臺灣地區總比例出入稍大，中興在專史分類上和臺灣地區總比例是若合符節的。

在本國斷代史方面，圖 3-26 顯示比較突出的是魏晉南北朝、隋唐五代和宋遼金元史，即廣義的中國中古史與近古史，比例均高於臺灣地區總比例。倒是中國近現代史占

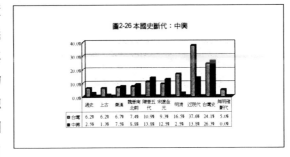

13.8%，遠低於臺灣地區總比例的 37.6%，說明中興歷史研究所對近現代史並未特別著意。

## (十)暨南大學

暨南國際大學歷史研究所成立於 1994 年，歷史學系成立於 1999 年，發展重點為華南(包括臺灣)地區的社會、歷史與文化。教學與研究方向著重經濟史、社會史及文化史。又因暨南大學所在地為南投埔里，正是過去漢人與原住民交流頻繁之處；因此南投地方史、漢人與原住民關係史也是該所研究教學的重點之一[55]。

---

[55] 資料來源：暨南國際大學歷史學系 www.his.ncnu.edu.tw/oldhomepage/；資料取得時間：2001/7/13。

就區域言，圖 3-27 顯示，暨南歷史研究所基本上較偏向中國史，占 90.0%；與臺灣地區總比例71.3%[56]相較，高出甚多；臺灣史 10.0%，則低於臺灣地區總比例的 17.1%；故暨南歷史研究所雖強調臺灣史(特別是漢人與原住

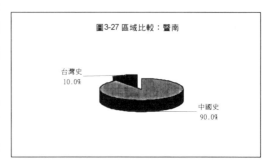

民關係史)，但論文並未顯示此一取向；未有外國史論文；說明暨南歷史研究所以中國史和臺灣史為重點。

在專史分類方面，暨南歷史研究所以經濟、社會、思想文化史為重點，圖 3-28 顯示經濟史占 60.0%，遠高於臺灣地區總比例的12.7%，亦可看出暨南歷史研究所經濟史研究的一枝獨秀；社會史占 30.0%，亦高於臺灣地區總比例的21.9%甚多；思想文化史 10.0%，低於臺灣地區總比例的 19.8%；政治軍事史則與整體相較

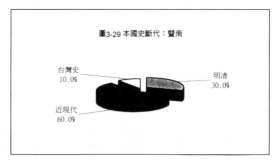

為一反背，暨南歷史研究所截至 2000 年為止，未有政治軍事史方面的論文，可見不受重視。

---

[56] 請參照本文統計表(五) 區域對照：各大學歷史研究所與臺灣地區(1981-2000)。

在本國斷代史方面，近現代史占 60.0%，幾為臺灣地區總比例

37.6%的兩倍；明
清史 30.0%，亦接
近臺灣地區總比例
16.5%的兩倍；雖
別具特色，但亦不
免有過度偏食的現
象。

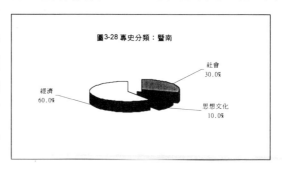

圖3-28 專史分類：暨南

社會
30.0%

經濟
60.0%

思想文化
10.0%

## (十一) 中正大學

中正大學歷史研究所於 1991 年設立，歷史學系於 1993 年設立；
著重中國中古史、明清史及西洋文化史，同時亦著重臺灣史的田野
調查工作[57]。

就區域言，圖 3-30
顯示，中正歷史研究
所基本上較偏向中國
史，占 68.0%；較臺
灣地區總比例 71.3%
略低[58]，但出入不大；
臺灣史占 26.0%，高

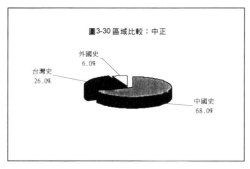

圖3-30 區域比較：中正

外國史
6.0%

台灣史
26.0%

中國史
68.0%

於臺灣地區總比例的 17.1%；外國史占 6.0%，低於臺灣地區總比例

---

[57]　資料來源：中正大學歷史學系 www.ccunix.ccu.edu.tw/~dep-his/；資料取得
　　　時間：2001/7/13。

[58]　請參照本文統計表(五) 區域對照：各大學歷史研究所與臺灣地區(1981-
　　　2000)。

的 11.6%；從這些數據來看，中正歷史研究所雖然是較晚成立的新
所，但在博、碩士論文的區域取向卻接近較早成立的所，這和中央、
成大的情形略有不同，而與中興、暨南較近，中央和成大在臺灣史
的比例上均高於中國史。

　　在專史分類方面，中正歷史研究所以社會、政治軍事、思想文
化、宗教、教育史為重點，圖 3-31 顯示社會史占 22.9%，略高於臺
灣地區總比例的
21.9%；政治軍
事史占 18.8%，
接近臺灣地區總
比例的 18.5%；
思想文化史占
16.7%，低於臺
灣地區總比例的

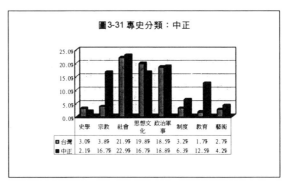

19.8%；但上述專史分類均與臺灣地區總比例相當接近；宗教史占
16.7%，高於臺灣地區總比例的 3.8%甚多，接近 4.5 倍，可見宗教
史在中正歷史研究所受重視的程度；教育史占 12.5%，亦高出臺灣
地區總比例的 1.7%甚多，接近 6.5 倍；整體而言，中正在專史分類
上以宗教史和教育史最為突出，這是和其他各大學歷史研究所差異
最大的地方。

　　在本國斷代史方面，圖 3-32 顯示比較突出的是魏晉南北朝史、隋唐五代史(即廣義的中國中古史)和明清史；魏晉南北朝史比例占 14.6%，高於臺灣地區總比例 7.4% 甚多，接近兩倍，這可能與該所的創辦者有關；隋唐五代史占 12.5%，略高於臺

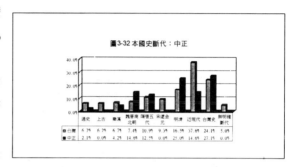

灣地區總比例的 10.9%；倒是中國近現代史占 14.6%，遠低於臺灣地區總比例的 37.6%，說明中正歷史研究所對中國近現代史並未特別著意。

## (十二) 成功大學

　　成功大學歷史研究所是一個比較年輕的所，設立於 1985 年[59]；成立之初名歷史語言研究所，1991 年語言學另成立新所，歷史研究所方始獨立運作[60]。

　　就區域言，成大歷史研究所基本上較偏向臺灣史，因而中國史比例相對降低。圖 3-33 顯示中國史占 45.2%，與同期臺灣地區總比

---

[59] 成功大學於 1969 年設立歷史系，1985 年成立歷史研究所；資料來源：成功大學歷史系 www.ncku.edu.tw/~history/chinese/index.html；資料取得時間：2001/7/13。

[60] 蔡茂松，〈國立成功大學歷史學系課程報告〉，張哲郎(主編)，《歷史學系課程教學研討會論文集》，下(臺北：國立政治大學歷史系，1993)，77。

例 71.3%相較[61]，低約 26.1%；臺灣史占 54.8%，較同期臺灣地區總
比例 17.1%高約 37.7%，超過 3 倍；由論文研究對象的區域比較來
看，成大歷史研究
所顯然以臺灣史為
重點領域。本文列
入統計的臺灣地區
歷史究所中，成大
和中央是臺灣史比
例高於中國史的兩
個研究所，這是一
個值得注意的現象；而臺灣史研究愈來愈受到史學界的重視，亦由
此可見一斑[62]。

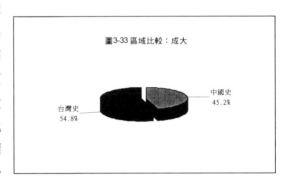

在專史分類方面，成大歷史研究所有其相當獨特的性格，其中
比較值得提出來討論的是社會、思想文化與政治軍事史。圖 3-34
顯示，社會史占成大歷史研究所論文的 35.5%，較同期臺灣地區總
比例 21.9%高約 13.6%[63]，可見社會史有愈來愈熱門的趨勢[64]；思想
文化史占 25.8%，較同期臺灣地區總比例 19.8%高約 6.0%；至於占

---

61  請參照本文統計表(五)區域對照：各大學歷史研究所與臺灣地區(1981-
    2000)。
62  新設的所基本上臺灣史所占比例上均較高，由此可以看出臺灣史研究為
    1990 年代的新顯學，已是昭然若揭；請參照本文統計表(五)區域對照：各
    大學歷史研究所與臺灣地區(1981-2000)。
63  請參照本文統計表(七)專史分類對照：各大學歷史研究所與臺灣地區(1981-
    2000)。
64  幾個較新設的所均有類似情形，請參照本文統計表(七)專史分類對照：各
    大學歷史研究所與臺灣地區(1981-2000)。

臺灣地區歷史研究所博、碩士論文最高比例的政治軍事史則為

9.7%，較同期臺灣地區總比例18.5%低約8.8%，接近 1/2；從這些數據約略可以看出臺灣地區新創的歷史研究所，亟圖發展本身特色的努力。

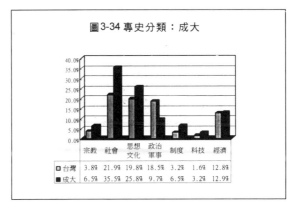

在本國斷代史方面，宋遼金元和近現代史，是與同期臺灣地區總比例出入較大的斷代；圖 3-35 顯示，成大的宋遼金元史占 22.6%，

較同期臺灣地區總比例 9.3%高約 13.3%，約為 2 倍多，就本國斷代史而言，宋遼金元史可以說是成大歷史研究所論文的重點領域；

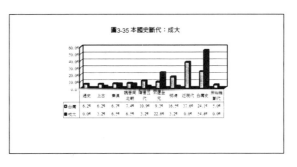

最特別的是占臺灣地區總比例最高的近現代史，成大歷史研究所竟然沒有一篇論文屬於此一斷代，從這裡應可看出成大歷史研究所如何刻意避開其他歷史研究所的重心，而另行開闢屬於自己的新領域。

# 五、結論

　　臺灣地區歷史研究所的博、碩士論文，在區域、專史類別與本
國斷代史等方面，呈顯了局部臺灣歷史學研究的面貌，各大學歷史
研究所的博、碩士論文各有特色，匯總為整體臺灣地區歷史研究所
的論文取向。就臺灣地區的整體現象而言，臺大、師大、政大、文
化，東海等 5 個研究所的論文，對整體影響最大，主要的原因當然
是因為這 5 個研究所成立時間較早，博、碩士論文數量較多，對整
體的研究取向牽動較大；就區域而言，中國史占 73.0%，臺灣史占
15.9%，外國史占 11.1%，是各校接近的比例。其中外國史比例之
所以還能占 11.9%，幾乎全靠輔仁大學歷史研究所獨挑大梁。臺灣
史方面主要是師大、東海，與新設立的中央、成大歷史研究所，師
大與東海是較早發展臺灣史研究的所，中央、成大是後起之秀；但
在 1990 年代以後，各校(除輔仁外)研究生投入此一領域者，有愈越
增加之勢，略已成為各大學歷史研究所的顯學。

　　外國史研究向來是臺灣地區歷史學研究的冷門領域，雖然所占
比例大體維持在 10%上下，惟亦僅小火微溫，未能紅火高熱。但為
因應教學的需要，這方面的史學工作者又不可少。因此，如何加強
外國史(主要是西洋史)研究人才的培育，已經呼籲多年，不知是否仍
將繼續呼籲下去？

　　在專史分類方面，臺大、師大、政大、文化、東海等校的論文，
構成了各專史比例的基礎，其中占比例較高的 4 類，依序為政治軍
事史 20.4%，社會史 19.8%，思想文化史 18.5%，經濟史 11.9%；
政治軍事史比例最高，主要是臺大、師大、政大、文化等校所造成；
社會史比例較高者為臺大、清華、中央、暨南與成大；思想文化史

主要是臺大與清華；經濟史是師大、中央與暨南；而在整體比例雖然偏低，但仍被列為重點發展領域者，如臺大的藝術史，清華的科技史，使專史研究呈顯多樣化的取向。特別是社會史博、碩士論文比例的增加，1990 年代以後已超越政治軍事史，這對歷史研究的多元化，是一個早春的消息。

中國史是 1945-2000 年間臺灣地區歷史研究所博、碩士論文的重心，斷代研究基本上由近現代史往遠古遞減，距離當代愈近的斷代史，研究者愈多，近現代史因而成為長久以來的顯學，總比例高達 34.6%；在各大學歷史研究所中，師大和政大是近現代史研究的重鎮，新設之所，以暨南在近現代史的著墨最多。明清史比例占13.9%，排名各斷代史的第 2 高；如果將近現代史延長到明清之際，臺灣地區歷史研究所博、碩士論文的本國史研究接近 48.5%集中於此，比例可以說是相當高的。

雖然臺灣地區歷史研究所博、碩士論文呈現多樣化的取向，但在分析的過程中，我們發現仍有過度集中的現象；諸如區域集中於中國史；本國斷代集中於近現代史；專史集中於政治軍事、社會、思想文化與經濟史；未來是否朝多元化方向發展，尚待觀察。

臺灣史研究成為 1990 年代以後的新顯學，在可預期的未來，將有更多研究者投入此一領域，但過度集中的現象，對歷史學研究的多元化，可能是一個負數；社會史研究的水漲船高，則值得期許；未來的歷史學研究，將愈來愈多樣化，社會史研究的面向既寬廣且多樣，對建立多元化史學當有其一定的獻替。

學術本於自由意志，未來臺灣地區歷史研究所的論文方向，仍取決於個人的選擇，多元或集中，本土或世界，歷史學研究的方向永遠在變動中。

# 六、統計表

## (一)區域

| 區　域 | 篇數 | 比例 | 篇數 | 比例 | 篇數 | 比例 | 篇數 | 比例 | 篇數 | 比例 | 篇數 | 比例 |
|---|---|---|---|---|---|---|---|---|---|---|---|---|
| 分　期 | 1945-1960 | 1949-1960 | 1961-1970 | 1961-1970 | 1971-1980 | 1971-1980 | 1981-1990 | 1981-1990 | 1991-2000 | 1991-2000 | 1945-2000 | 1945-2000 |
| 中　國　史 | 19 | 100.0% | 88 | 93.6% | 279 | 80.6% | 413 | 76.6% | 667 | 66.0% | 1,466 | 73.0% |
| 臺　灣　史 | 0 | 0.0% | 3 | 3.2% | 24 | 6.9% | 59 | 10.9% | 234 | 23.2% | 320 | 15.9% |
| 外　國　史 | 0 | 0.0% | 3 | 3.2% | 43 | 12.4% | 67 | 12.4% | 109 | 10.8% | 222 | 11.1% |
| 總　篇　數 | 19 | | 94 | | 346 | | 539 | | 1,010 | | 2,008 | |

## (二)專史分類

| 分　類 | 篇數 | 比例 | 篇數 | 比例 | 篇數 | 比例 | 篇數 | 比例 | 篇數 | 比例 | 篇數 | 比例 |
|---|---|---|---|---|---|---|---|---|---|---|---|---|
| 分　期 | 1945-1960 | 1949-1960 | 1961-1970 | 1961-1970 | 1971-1980 | 1971-1980 | 1981-1990 | 1981-1990 | 1991-2000 | 1991-2000 | 1945-2000 | 1945-2000 |
| 史　學 | 2 | 10.5% | 6 | 6.3% | 13 | 4.3% | 10 | 2.1% | 32 | 3.50% | 63 | 3.5% |
| 制　度 | | 0.0% | 5 | 5.3% | 16 | 5.3% | 18 | 3.8% | 26 | 2.85% | 65 | 3.6% |
| 宗　教 | 1 | 5.3% | 1 | 1.1% | 5 | 1.7% | 15 | 3.2% | 38 | 4.16% | 60 | 3.3% |
| 社　會 | 2 | 10.5% | 13 | 13.7% | 38 | 12.5% | 80 | 16.9% | 224 | 24.53% | 357 | 19.8% |
| 思　想文　化 | 1 | 5.3% | 17 | 17.9% | 41 | 13.5% | 83 | 17.5% | 192 | 21.03% | 334 | 18.5% |
| 政　治軍　事 | 6 | 31.6% | 26 | 27.4% | 79 | 26.1% | 106 | 22.4% | 151 | 16.54% | 368 | 20.4% |
| 科　技 | 0 | 0.0% | 1 | 1.1% | 1 | 0.3% | 4 | 0.8% | 18 | 1.97% | 24 | 1.3% |
| 國　際關　係 | 5 | 26.3% | 12 | 12.6% | 31 | 10.2% | 52 | 11.0% | 50 | 5.48% | 150 | 8.3% |
| 婦　女 | 0 | 0.0% | 3 | 3.2% | 6 | 2.0% | 8 | 1.7% | 18 | 1.97% | 35 | 1.9% |
| 教　育 | 0 | 0.0% | 1 | 1.1% | 13 | 4.3% | 12 | 2.5% | 11 | 1.20% | 37 | 2.1% |
| 經　濟 | 2 | 10.5% | 10 | 10.5% | 26 | 8.6% | 60 | 12.7% | 117 | 12.81% | 215 | 11.9% |
| 圖　書 | 0 | 0.0% | | 0.0% | 9 | 3.0% | 9 | 1.9% | 14 | 1.53% | 32 | 1.8% |
| 藝　術 | 0 | 0.0% | | 0.0% | 25 | 8.3% | 16 | 3.4% | 22 | 2.41% | 63 | 3.5% |
| 總　計 | 19 | | 95 | | 303 | | 473 | | 913 | | 1,803 | |

## (三)本國斷代史

| 斷代 \ 分期 | 篇數 1945-1960 | 比例 1945-1960 | 篇數 1961-1970 | 比例 1961-1970 | 篇數 1971-1980 | 比例 1971-1980 | 篇數 1981-1990 | 比例 1981-1990 | 篇數 1991-2000 | 比例 1991-2000 | 篇數 1945-2000 | 比例 1949-2000 |
|---|---|---|---|---|---|---|---|---|---|---|---|---|
| 通　　史 | 1 | 5.3% | 4 | 4.4% | 10 | 3.3% | 11 | 2.3% | 33 | 3.6% | 59 | 3.3% |
| 上　　古 | 2 | 10.5% | 7 | 7.7% | 16 | 5.3% | 16 | 3.4% | 28 | 3.1% | 69 | 3.8% |
| 秦　　漢 | 1 | 5.3% | 9 | 9.9% | 19 | 6.3% | 23 | 4.9% | 29 | 3.2% | 81 | 4.5% |
| 魏晉南北朝 | 2 | 10.5% | 3 | 3.3% | 13 | 4.3% | 18 | 3.8% | 43 | 4.7% | 79 | 4.4% |
| 隋唐五代 | 0 | 0.0% | 8 | 8.8% | 23 | 7.6% | 35 | 7.4% | 74 | 8.1% | 140 | 7.8% |
| 宋遼金元 | 1 | 5.3% | 15 | 16.5% | 40 | 13.2% | 37 | 7.8% | 50 | 5.5% | 143 | 8.0% |
| 明　　清 | 10 | 52.6% | 13 | 14.3% | 39 | 12.9% | 67 | 14.2% | 120 | 13.2% | 249 | 13.9% |
| 近　現　代 | 2 | 10.5% | 28 | 30.8% | 112 | 37.0% | 203 | 43.0% | 276 | 30.3% | 621 | 34.6% |
| 臺　灣　史 | 0 | 0.0% | 3 | 3.3% | 24 | 7.9% | 59 | 12.5% | 234 | 25.7% | 320 | 17.8% |
| 無明確斷代 | 0 | 0.0% | 1 | 1.1% | 7 | 2.3% | 3 | 0.6% | 25 | 2.7% | 36 | 2.0% |
| 小　　計 | 19 | | 91 | | 303 | | 472 | | 912 | | 1,797 | |

## (四) 區域對照：各大學歷史研究所與臺灣地區(1945-2000)

| 區域 | 中國史 篇數 | 中國史 比例 | 臺灣史 篇數 | 臺灣史 比例 | 外國史 篇數 | 外國史 比例 | 總計 |
|---|---|---|---|---|---|---|---|
| 臺灣地區 | 1,466 | 73.0% | 222 | 15.9% | 320 | 11.1% | 2,008 |
| 臺　　大 | 582 | 83.8% | 54 | 11.8% | 20 | 4.4% | 156 |
| 師　　大 | 241 | 77.7% | 66 | 21.3% | 3 | 1.0% | 310 |
| 政　　大 | 207 | 86.6% | 25 | 10.5% | 7 | 2.9% | 239 |
| 文　　化 | 363 | 84.2% | 59 | 13.7% | 9 | 2.1% | 431 |
| 輔　　大 | 12 | 6.6% | 2 | 1.1% | 169 | 92.3% | 183 |
| 東　　海 | 109 | 79.0% | 28 | 20.3% | 1 | 0.7% | 138 |

## (五) 區域對照：各大學歷史研究所與臺灣地區(1981-2000)

| 區　　　域 | 中國史篇數 | 中國史比例 | 臺灣史篇數 | 臺灣史比例 | 外國史篇數 | 外國史比例 | 總計 |
|---|---|---|---|---|---|---|---|
| 臺 灣 地 區 | 1,080 | 71.3% | 293 | 17.1% | 176 | 11.6% | 1,549 |
| 清　　華 | 44 | 78.6% | 11 | 19.6% | 1 | 1.8% | 56 |
| 中　　正 | 34 | 68.0% | 13 | 26.0% | 3 | 6.0% | 50 |
| 成　　大 | 14 | 45.2% | 17 | 54.8% | 0 | 0.0% | 31 |
| 中　　央 | 34 | 23.3% | 23 | 76.7% | 7 | 0.0% | 64 |
| 中　　興 | 51 | 63.8% | 21 | 26.3% | 8 | 10.0% | 80 |
| 暨　　南 | 9 | 90.0% | 1 | 10.0% | 0 | 0.0% | 10 |

## (六) 專史分類對照：各大學歷史研究所與臺灣地區(1945-2000)

| 分　　類 | 臺灣地區篇數 | 臺灣地區比例 | 臺大篇數 | 臺大比例 | 師大篇數 | 師大比例 | 政大篇數 | 政大比例 | 文化篇數 | 文化比例 | 東海篇數 | 東海比例 |
|---|---|---|---|---|---|---|---|---|---|---|---|---|
| 史　　學 | 63 | 3.5% | 25 | 5.7% | 3 | 1.0% | 6 | 2.6% | 11 | 2.6% | 9 | 6.6% |
| 宗　　教 | 60 | 3.3% | 13 | 3.0% | 10 | 3.3% | 4 | 1.7% | 12 | 2.8% | 5 | 3.6% |
| 社　　會 | 357 | 19.8% | 90 | 20.6% | 70 | 22.8% | 46 | 19.6% | 65 | 15.1% | 20 | 14.6% |
| 思想文化 | 333 | 18.5% | 74 | 16.9% | 59 | 19.2% | 43 | 18.3% | 71 | 16.8% | 28 | 20.4% |
| 政治軍事 | 368 | 20.5% | 79 | 18.1% | 57 | 18.6% | 65 | 27.7% | 112 | 26.5% | 24 | 17.5% |
| 制　　度 | 65 | 3.6% | 20 | 4.6% | 6 | 2.0% | 1 | 0.4% | 22 | 5.2% | 9 | 6.6% |
| 科　　技 | 23 | 1.3% | 3 | 0.3% | 4 | 1.3% | 0 | 0.0% | 3 | 0.7% | 1 | 0.7% |
| 國際關係 | 150 | 8.3% | 34 | 7.8% | 27 | 8.8% | 22 | 9.4% | 36 | 8.5% | 13 | 9.5% |
| 婦　　女 | 32 | 1.8% | 5 | 1.1% | 6 | 2.0% | 4 | 1.7% | 7 | 1.7% | 5 | 3.6% |
| 教　　育 | 37 | 2.1% | 6 | 1.4% | 9 | 2.9% | 5 | 2.1% | 11 | 2.6% | 5 | 3.6% |
| 經　　濟 | 215 | 12.0% | 48 | 11.0% | 49 | 16.0% | 33 | 14.0% | 33 | 7.8% | 17 | 12.4% |
| 圖　　書 | 32 | 1.8% | 0 | 0.0% | 0 | 0.0% | 0 | 0.0% | 32 | 7.6% | 0 | 0.0% |
| 藝　　術 | 64 | 3.6% | 40 | 9.2% | 7 | 2.3% | 3 | 2.6% | 9 | 2.1% | 1 | 0.7% |
| 總　　計 | 1,799 | | 437 | | 307 | | 232 | | 424 | | 137 | |

## (七) 專史分類對照：各大學歷史研究所與臺灣地區(1981-2000)

| 分類 | 臺灣地區篇數 | 臺灣地區比例 | 清華篇數 | 清華比例 | 中正篇數 | 中正比例 | 成大篇數 | 成大比例 | 中央篇數 | 中央比例 | 中興篇數 | 中興比例 | 暨南篇數 | 暨南比例 |
|---|---|---|---|---|---|---|---|---|---|---|---|---|---|---|
| 史學 | 42 | 3.0% | 1 | 1.9% | 1 | 2.1% | 0 | 0.0% | 1 | 3.3% | 6 | 7.5% | 0 | 0.0% |
| 宗教 | 53 | 3.8% | 6 | 11.3% | 8 | 16.7% | 2 | 6.5% | 0 | 0.0% | 0 | 0.0% | 0 | 0.0% |
| 社會 | 304 | 21.9% | 12 | 20.8% | 11 | 22.9% | 11 | 35.5% | 9 | 30.0% | 18 | 22.5% | 3 | 30.0% |
| 思想文化 | 275 | 19.8% | 20 | 34.0% | 8 | 16.7% | 8 | 25.8% | 9 | 30.0% | 11 | 13.8% | 1 | 10.0% |
| 政治軍事 | 257 | 18.5% | 2 | 3.8% | 9 | 18.8% | 3 | 9.7% | 3 | 10.0% | 13 | 16.3% | 0 | 0.0% |
| 刑庭 | 44 | 3.2% | 0 | 0.0% | 3 | 6.3% | 2 | 6.5% | 0 | 0.0% | 2 | 2.5% | 0 | 0.0% |
| 科技 | 22 | 1.6% | 9 | 17.0% | 0 | 0.0% | 1 | 3.2% | 0 | 0.0% | 2 | 2.5% | 0 | 0.0% |
| 國際關係 | 102 | 7.4% | 0 | 0.0% | 0 | 0.0% | 0 | 0.0% | 0 | 0.0% | 6 | 7.5% | 0 | 0.0% |
| 婦女 | 26 | 1.9% | 4 | 7.5% | 0 | 0.0% | 0 | 0.0% | 1 | 3.3% | 0 | 0.0% | 0 | 0.0% |
| 教育 | 23 | 1.7% | 0 | 0.0% | 6 | 12.5% | 0 | 0.0% | 0 | 0.0% | 1 | 1.3% | 0 | 0.0% |
| 經濟 | 177 | 12.8% | 0 | 0.0% | 0 | 0.0% | 4 | 12.9% | 6 | 20.0% | 13 | 16.3% | 6 | 60.0% |
| 圖書 | 23 | 1.7% | 0 | 0.0% | 0 | 0.0% | 0 | 0.0% | 0 | 0.0% | 0 | 0.0% | 0 | 0.0% |
| 藝術 | 38 | 2.7% | 1 | 1.9% | 2 | 4.2% | 0 | 0.0% | 1 | 3.3% | 0 | 0.0% | 0 | 0.0% |
| 總計 | 1,386 | | 55 | | 48 | | 31 | | 30 | | 72 | | 10 | |

## (八) 本國斷代史對照：各大學歷史研究所與臺灣地區(1945-2000)

| 斷代 | 臺灣地區篇數 | 臺灣地區比例 | 臺大篇數 | 臺大比例 | 師大篇數 | 師大比例 | 政大篇數 | 政大比例 | 文化篇數 | 文化比例 | 東海篇數 | 東海比例 |
|---|---|---|---|---|---|---|---|---|---|---|---|---|
| 通史 | 59 | 3.3% | 30 | 6.9% | 3 | 1.0% | 1 | 0.4% | 14 | 3.3% | 5 | 3.1% |
| 上古 | 69 | 3.8% | 33 | 7.6% | 9 | 2.9% | 1 | 0.4% | 21 | 5.0% | 2 | 0.6% |
| 秦漢 | 81 | 4.5% | 27 | 6.2% | 7 | 2.3% | 0 | 0.0% | 28 | 6.7% | 5 | 4.3% |
| 魏晉南北朝 | 80 | 4.5% | 27 | 6.2% | 4 | 1.3% | 0 | 0.0% | 17 | 4.0% | 12 | 9.3% |
| 隋唐五代 | 141 | 7.9% | 30 | 6.9% | 15 | 4.9% | 0 | 0.0% | 66 | 15.7% | 9 | 6.2% |
| 宋遼金元 | 150 | 8.4% | 61 | 14.1% | 9 | 2.9% | 0 | 0.0% | 49 | 11.6% | 8 | 6.2% |
| 明清 | 260 | 14.5% | 72 | 16.6% | 58 | 18.9% | 11 | 4.7% | 61 | 14.5% | 25 | 21.1% |
| 近現代 | 624 | 34.8% | 98 | 22.6% | 134 | 43.6% | 194 | 83.6% | 103 | 24.5% | 41 | 29.8% |
| 臺灣史 | 320 | 17.8% | 54 | 12.4% | 66 | 21.5% | 25 | 10.8% | 59 | 14.0% | 28 | 17.4% |
| 無明確斷代 | 10 | 0.6% | 2 | 0.5% | 2 | 0.7% | 0 | 0.0% | 3 | 0.7% | 2 | 2.0% |
| 總計 | 1,794 | | 434 | | 307 | | 232 | | 421 | | 137 | |

## (九) 本國斷代史對照：各大學歷史研究所與臺灣地區(1981-2000)

| 斷代 | 臺灣地區篇數 | 臺灣地區比例 | 清華篇數 | 清華比例 | 中正篇數 | 中正比例 | 成大篇數 | 成大比例 | 中央篇數 | 中央比例 | 中興篇數 | 中興比例 | 暨南篇數 | 暨南比例 |
|---|---|---|---|---|---|---|---|---|---|---|---|---|---|---|
| 通史 | 44 | 6.2% | 3 | 5.5% | 1 | 2.1% | 0 | 0.0% | 0 | 0.0% | 2 | 2.5% | 0 | 0.0% |
| 上古 | 44 | 6.2% | 1 | 1.8% | 0 | 0.0% | 1 | 3.2% | 0 | 0.0% | 1 | 1.3% | 0 | 0.0% |
| 秦漢 | 52 | 6.7% | 4 | 7.3% | 2 | 4.2% | 2 | 6.5% | 0 | 0.0% | 6 | 7.5% | 0 | 0.0% |
| 魏晉南北朝 | 61 | 7.4% | 3 | 5.5% | 7 | 14.6% | 2 | 6.5% | 0 | 0.0% | 7 | 8.8% | 0 | 0.0% |
| 隋唐五代 | 109 | 10.9% | 3 | 5.5% | 6 | 12.5% | 1 | 3.2% | 0 | 0.0% | 11 | 13.8% | 0 | 0.0% |
| 宋遼金元 | 87 | 9.3% | 6 | 10.9% | 0 | 0.0% | 7 | 22.6% | 0 | 0.0% | 10 | 12.5% | 0 | 0.0% |
| 明清 | 187 | 16.5% | 14 | 25.5% | 12 | 25.0% | 1 | 3.2% | 1 | 3.3% | 2 | 2.5% | 3 | 30.0% |
| 近現代 | 479 | 37.6% | 9 | 16.4% | 7 | 14.6% | 0 | 0.0% | 6 | 20.0% | 11 | 13.8% | 6 | 60.0% |
| 臺灣史 | 293 | 24.1% | 11 | 20.0% | 13 | 27.1% | 17 | 54.8% | 23 | 76.7% | 21 | 26.3% | 1 | 10.0% |
| 無明確斷代 | 28 | 5.0% | 1 | 1.8% | 0 | 0.0% | 0 | 0.0% | 0 | 0.0% | 0 | 0.0% | 0 | 0.0% |
| 總計 | 1,384 | | 55 | | 48 | | 31 | | 30 | | 71 | | 10 | |

## (十) 臺灣史與中國近現代史比例消長(1945-2000)

| 年代 | 1953 | 1954 | 1956 | 1957 | 1958 | 1959 | 1960 | 1961 | 1962 | 1963 |
|---|---|---|---|---|---|---|---|---|---|---|
| 臺灣史篇數 | 0 | 0 | 0 | 0 | 0 | 0 | 0 | 0 | 0 | 0 |
| 臺灣史比例 | 0.0% | 0.0% | 0.0% | 0.0% | 0.0% | 0.0% | 0.0% | 0.0% | 0.0% | 0.0% |
| 近現代篇數 | 0 | 0 | 0 | 2 | 0 | 0 | 0 | 0 | 0 | 1 |
| 近現代比例 | 0.0% | 0.0% | 0.0% | 66.7% | 0.0% | 0.0% | 0.0% | 0.0% | 0.0% | 33.3% |
| 論文總篇數 | 1 | 1 | 2 | 3 | 4 | 2 | 6 | 3 | 2 | 3 |

| 年代 | 1964 | 1965 | 1966 | 1967 | 1968 | 1969 | 1970 | 1971 | 1972 | 1973 |
|---|---|---|---|---|---|---|---|---|---|---|
| 臺灣史篇數 | 0 | 0 | 2 | 1 | 0 | 0 | 0 | 0 | 1 | 2 |
| 臺灣史比例 | | | 16.7% | 12.5% | 0.0% | 0.0% | 0.0% | 0.0% | 4.0% | 6.7% |
| 近現代篇數 | 3 | 3 | 1 | 1 | 5 | 7 | 7 | 5 | 9 | 10 |
| 近現代比例 | 33.3% | 33.3% | 8.3% | 12.5% | 33.3% | 41.2% | 53.8% | 33.3% | 36.0% | 33.3% |
| 論文總篇數 | 9 | 9 | 12 | 8 | 15 | 17 | 13 | 15 | 25 | 30 |

| 年　　　　代 | 1974 | 1975 | 1976 | 1977 | 1978 | 1979 | 1980 | 1981 | 1982 | 1983 |
|---|---|---|---|---|---|---|---|---|---|---|
| 臺灣史篇數 | 2 | 1 | 4 | 1 | 4 | 3 | 6 | 5 | 3 | 4 |
| 臺灣史比例 | 5.3% | 4.3% | 14.8% | 3.0% | 17.4% | 7.3% | 12.5% | 10.0% | 7.3% | 8.5% |
| 近現代篇數 | 11 | 7 | 10 | 12 | 5 | 17 | 27 | 25 | 19 | 19 |
| 近現代比例 | 28.9% | 30.4% | 37.0% | 36.4% | 21.7% | 41.5% | 56.3% | 50.0% | 46.3% | 40.4% |
| 論文總篇數 | 38 | 23 | 27 | 33 | 23 | 41 | 48 | 50 | 41 | 47 |

| 年　　　　代 | 1984 | 1985 | 1986 | 1987 | 1988 | 1989 | 1990 | 1991 | 1992 | 1993 |
|---|---|---|---|---|---|---|---|---|---|---|
| 臺灣史篇數 | 3 | 6 | 10 | 6 | 9 | 5 | 8 | 10 | 17 | 14 |
| 臺灣史比例 | 9.1% | 12.8% | 16.1% | 12.2% | 18.4% | 12.2% | 15.1% | 15.2% | 21.3% | 18.7% |
| 近現代篇數 | 14 | 19 | 26 | 25 | 18 | 16 | 22 | 30 | 39 | 17 |
| 近現代比例 | 42.4% | 40.4% | 41.9% | 51.0% | 36.7% | 39.0% | 41.5% | 45.5% | 48.8% | 22.7% |
| 論文總篇數 | 33 | 47 | 62 | 49 | 49 | 41 | 53 | 66 | 80 | 75 |

| 年　　　　代 | 1994 | 1995 | 1996 | 1997 | 1998 | 1999 | 2000 |
|---|---|---|---|---|---|---|---|
| 臺灣史篇數 | 29 | 21 | 28 | 32 | 34 | 29 | 20 |
| 臺灣史比例 | 29.6% | 25.9% | 24.3% | 30.2% | 27.9% | 29.3% | 33.3% |
| 近現代篇數 | 29 | 21 | 39 | 26 | 27 | 28 | 22 |
| 近現代比例 | 29.6% | 25.9% | 33.9% | 24.5% | 22.1% | 28.3% | 36.7% |
| 論文總篇數 | 98 | 81 | 115 | 106 | 122 | 99 | 60 |

# 臺灣的歷史教育與歷史教科書
## (1945-2000)*

## 一、前言

歷史教育是形塑民族認同與國家認同的重要手段，任何一個國家在形塑其民族認同與國家認同時，歷史教育與歷史教科書所扮演的角色，都是無可取代的。臺灣因為現實政治、特殊的時空背景與歷史經驗，在歷史教育與歷史教科書的編寫上，和一般民主國家略有所異，特別在民族精神教育方面，歷史課程所扮的演角色尤其重要，因而形成比較特別的歷史課程和教科書，應該是可以被理解的。

從 1945 年到 2000 年的 55 年間，臺灣的歷史教科書曾歷經多次修訂，修訂的因素甚多，有時是因為歷史研究的新成果或教育需

---

\* 本文曾於海德堡大學漢學系(Institute for Chinese Studies, University of Heidelberg, Germany)所主辦"現代中國史學與歷史思想研討會"(Workshop on Modern Chinese Historiography and Historical Thinking; 2001. 5. 23 -27)上宣讀，會中蒙各與會學者提供寶貴意見，特此申致謝悃。

求，有時則基於現實政治的考量。有關臺灣地區中、小學歷史教育
與課程問題，論著甚多，本文並不打算巨細靡遺地討論所有和歷史
教育相關的種種細節[1]，而以較宏觀的眼光，勾勒 55 年來臺灣歷史
教育和歷史教科書的大略面貌，希望可以爲關心此一論題的學者，
提供一幅鳥瞰式的圖象[2]。

　　1945 年第二次世界大戰結束，臺灣歸屬中華民國統治，一方
面展開去日本化的教育與宣導，另一方面則加強中國化／內地化的
政策，不論在文宣或教育內容，都以中國化／內地化爲依歸，因此，

---

[1] 事實上在一篇小文章中討論所有相關問題是不切實際的，而且筆者本身並
非歷史教育專家，有許多前輩在這方面有很好的成績，如王仲孚、張元教
授對高中歷史教學的研究；李國祁、林麗月教授對國中歷史教材的努力；
王芝芝、周樑楷、蒲慕州教授對世界史教學的提倡；吳文星、黃秀政教授
對臺灣史教學的用心；徐雪霞教授對國(初)中、小歷史教科書的探討；他
們有的是課程標準的訂定者，有的是教科書的撰寫者，有的是教科書的審
查者，有的在大學講授歷史科教材教法課程，有的長期研究中、小學歷史
教育，可謂費心盡力，他們才是真正的歷史教育專家；在本文的寫作過程
中，前輩們的論著對筆者幫助甚大，在此特致謝悃。筆者雖然曾參與過與
歷史教育和教科書相關的部分工作，但投入心力無多，亦未深入歷史教育
的相關論題，但正因如此，或許可以用比較客觀的角度省察歷史教育的種
種問題，這些觀察當然難免帶有個人的主觀偏見，雖然筆者已儘量避免，
而本文的分析亦不一定至當歸一。

[2] 巧合的是在筆者蒐集資料準備撰寫本文時，新史學雜誌社和中國近代史學
會分別舉辦了有關歷史教學的學術研討會；新史學雜誌社主辦的"歷史教
科書與歷史教學座談會"於 2000 年 9 月 9 日舉行；中國近代史學會主辦的"歷
史教科書與歷史教育學術研討會"於 2000 年 11 月 17-18 日舉行；兩次會議
所發表的論文和座談記錄，對本文的寫作幫助甚大。"歷史教科書與歷史
教育學術研討會"論文在本文引用時分別注明，新史學雜誌社主辦的"歷史
教科書與歷史教學座談會"記錄發表於：新史學主辦，〈歷史教科書與歷
史教學座談會(記錄稿摘要)〉，《新史學》，11.4(臺北，2000. 12): 139-194；
有興趣的讀者可一併參閱。

歷史、地理和語文教育成為官方掌控意識形態的重要憑依，尤其歷史教育更是形塑民族精神不可缺的一環，國家立場的主體性不言可喻。在 1987 年臺灣地區解嚴以前，臺灣的歷史教科書基本上以中國為主體，在敘述中國歷史時慣常以"我國"稱之，使得學習者在學習歷史的過程中認同"中國"為"我國"，這種現象從 1945 年以來長期維持，直到 1993 年新修訂的國民小學課程標準才稍稍改變[3]。1987 年臺灣地區宣布解除戒嚴，政治上的禁忌解除，文化思想亦朝多元發展，歷史教育重新思考國家立場主體性的問題，部分學者提出本土歷史的重要性，過去四十年來被忽略的臺灣史開始浮出檯面，不論在歷史研究或歷史教學上，都開啟了新的思維。

　　在歷史教育形塑國家主體性的年代(1945-1985)，臺灣的歷史教育基本上架構於兩個主要範疇，即中國史與外國史，雖然 1980 年代以後，外國史為世界史所替代，但基本上並沒有太大的差異性，在小學／國中(初中)／高中各階段的歷史教育，一律以中國史和外國史(世界史)為內容，臺灣史則穿插在中國史的明末清初、1894 年的甲午戰爭前後、1945 年後的中華民國在臺灣。簡單地說，這個時期臺灣的歷史教育並沒有獨立／完整的臺灣史，這在當今世界各國歷史教育中是比較特殊的，因為很少有國家不教本鄉本土的歷史，但在形塑國家主體性的年代，臺灣的歷史教育卻只講授片斷的、少得可憐的臺灣史知識。這種現象的改變，主要關鍵在於 1994 年教育部所修訂的國中課程標準，明訂國民中學一年級學生必須學習"認識臺灣"課程，這個課程的內容分為地理、歷史與社會篇[4]，依據課

---

[3] 有關 1993-1995 年之間，臺灣中、小學課程標準的重新修訂，請參閱本文第三節"臺灣歷史教科書的內容及其演變"。

[4] 教育部，《國民中學課程標準》(臺北：教育部，1994)，133-198。

程標準所編寫的教科書在 1995 年開始進行，1997 年 9 月試用。但在編寫過程中，卻引發了學術界的熱烈討論。

## 二、從認識臺灣課程談起

臺灣的中、小學教科書，大體有兩種編寫模式：

(一)國定本／統編本：由政府訂定課程標準，邀請學者專家和教師編寫，由政府統一編輯，統一發行，全國只有一個版本，自 1950 年代起，這類教科書大部分由國立編譯館組成編輯委員會負責編輯，並統一發行[5]。

(二)審訂本：即一綱多本，由民間出版社依據教育部頒布的"課程標準"編輯，然後送教育部委託的審查委員會(國中、高中部分由國立編譯館負責，國小部分由國民學校教師研習會負責)審查[6]，通過後取得執照始得發行。

臺灣的教科書在英文、數理和藝能科方面開放較早[7]，如高中教科書在 1970 年代即已出現英文、數理、藝能科的審訂本教科書(即所謂一綱多本的教科書)，但在國文、社會科(地理、歷史、公民)方面，則遲至 1990 年代才漸次開放，如小學課本在 1996 年始開放審訂本教

---

[5] 王仲孚，〈試論中學歷史教科書〉，中國近代史學會主辦，"歷史教科書與歷史教育學術研討會"(臺北：中央研究院，2000. 11. 17-18)，2；歐用生、楊慧文，〈我國社會科教育的回顧與展望〉，收入：歐用生、楊慧文，《新世紀的課程改革——兩岸觀點》(臺北：五南出版社，1998)，123-125。

[6] 國立編譯館和國民學校教師研習會於 2000 年併入新成立的教育研究院。

[7] 國小教科書在 1996 年以前，國中教科書在 2000 年以前，全部為國定本，高中在英文、數理、藝能科教科書一向採審訂本；國文、歷史、地理教科書則在 1999 年開放審訂本。

科書，目前社會科有 6 個版本[8]；國中部分雖然於 2000 年開放，但歷史教科書並未有民間版本，仍使用國立編譯館的國定本。這個國定本是 1995-1999 年間所編寫的，依據 1994 年版的《國民中學課程標準》[9]，其中歷史課程包括兩個部分，一年級學習《認識臺灣(歷史篇)》；二年級學習《歷史》，歷史部分包括中國史和世界史。這是一個有趣的現象，臺灣史部分特別訂出"認識臺灣(歷史篇)"的科目，感覺似乎不是歷史課，真正的歷史課程是中國史和世界史。

　　由於歷史解釋與政權的合法性息息相關，傳統中國史學對歷史解釋形成一種特殊的正統論[10]，所以在 1945 年以後，臺灣的歷史教

---

[8] 1995 年開始審查的民間版教科書，依據 1993 年所訂定的《國民小學課程標準》，於 1995-2001 年間審查，截至 2001 年 7 月，已全部審查完 12 冊教科書(即 1 年級至 6 年級)；出版社會科教科書的書局計有 5 家民間出版社及 1 家官方機構——國立編譯館，資料如下：牛頓出版公司，《國民小學社會科課本》，1-9(臺北：牛頓出版公司，1995-2000)；南一書局主編，《國民小學社會科課本》，1-12(臺南：南一書局，1995-2001)；康軒文教事業公司主編，《國民小學社會科課本》，1-12(臺北：康軒文教事業公司，1995-2001)；新學友書店主編，《國民小學社會科課本》，1-12(臺北：新學友書店，1995 2001)；翰林出版社主編，《國民小學社會科課本》1-12(臺南：翰林出版社，1995-2001)；國立編譯館主編，《國民小學社會科課本》，1-12(臺北：國立編譯館，1995-2001)。

[9] 教育部，《國民中學課程標準》(臺北：教育部，1994)，147-154；217-229。

[10] 正統論的思想淵源深長，中國正統論的思想主要有二：一是春秋公羊學的大一統觀念，一是五德終始說的理論，前者和孔子的正名主義有關，後者來自鄒衍的陰陽五行學說；而正統論的主要目的是解釋政權統治的合法性；本文不擬費心討論此一論題，有興趣的讀者可參考：陳芳明，〈宋代正統論的形成背景及其內容〉，收入：杜維運、黃進興(編)，《中國史學史論文選集》，1(臺北：華世出版社，1976)，378-401；陳芳明，〈宋遼金史的纂修與正統之爭〉，《食貨月刊》，2.8(臺北，1972.11): 398-411；胡昌智，〈呂祖謙的史學〉，收入：杜維運、陳錦忠(編)，《中國史學史

學和歷史教科書，因新的歷史學研究成果或政治局勢的改變，歷史
課程綱要曾歷經多次修訂[11]。

　　在形塑國家意識方面，臺灣的歷史教學和歷史教科書長久以來
扮演了重要角色，問題在於政府當局所要形塑的國家意識是什麼？
如所周知，臺灣官方的意識形態，最初所要形塑的國家意識是中國，
亦即以臺灣爲中國的代表。這種意識形態不論其現實面如何，在1980
年代以前，基本上是政府官方所堅持的。歷史教育既爲形塑國家意
識的一環，那麼，以臺灣代表中國，把"中國"歷史當成"我國"歷史，
便被視爲天經地義[12]。事實上，臺灣從1945到1983年的教科書課
程標準，都是以"我國"稱呼"中國"，國家立場的主體性可謂旗幟鮮
明。以歷史做爲民族、國家、族群或地區認同的基礎由來已久，西
方自文藝復興(Renaissance)時期的方言(國語)文學，到啓蒙時代
(Enlightenment)近代國家觀念的興起，歷史是形塑國家意識的重要工
具[13]，因而西歐國家以歷史爲國民基礎教育的重要環節，在學校教
育中加入"歷史學科"，"歷史"的地位始逐漸突顯。

---

　　論文選集》，3(臺北：華世出版社，1980)，289-129；雷家驥，〈正史及
　　其形成理念〉，收入：雷家驥，《中古史學觀念史》(臺北：學生書局，1990)，
　　507-590；饒宗頤，《中國歷史上之正統論》(臺北：宗青圖書公司，1979)；
　　趙令陽，《關於歷代正統問題之爭論》(香港：學津出版社，1977)。

[11] 這些修訂將在本文第三節"臺灣歷史教科書的內容及其演變"中剖析。

[12] 王仲孚教授在〈試論中學歷史教科書〉中提到「國家立場的"主體性"，在
　　中學歷史教科書中的行文中，很容易表述出的是"我國"兩個字」；王仲孚
　　教授在文中舉1984年8月出版的《國中歷史教科書》第一冊，有關"漢武
　　帝興革"的敍述，在這段簡單的教材中，三次提到"我國"，說明臺灣歷史教
　　科書堅強的"國家立場的主體性"；王仲孚，〈試論中學歷史教科書〉，3。

[13] 周惠民，〈歷史教育與國家意識〉，中央研究院主辦，《中央研究院第三
　　屆國際漢學會議》(臺北，2000. 6. 29-7. 11)，2-3。

　　西歐地區在國家意識興起後，許多國家開始認知到歷史是形塑國家認同的重要工具，除了在大學設立歷史研究所，從事歷史相關領域的研究之外，也在各級學校中講授歷史課程[14]。這種以建立共同"歷史意識"形塑國家主體性的方式，不僅是西歐各國建立其國家意識的工具，也是世界各國所共同採取的模式，臺灣的歷史教育亦與此差相彷彿。

　　問題在於臺灣歷史教育所要形塑的國家意識是什麼？在 1980 年代以前，這個問題並不存在，從教育和宣導的內容來看，"中國"顯然是惟一的答案。但這種以現實政治為考量的方式，在 1987 年臺澎金馬地區解嚴之後，有了急遽的轉變，其中最大的轉變是臺灣主體意識的加強，包括在言論自由上"臺灣獨立"(Taiwan Independence)不再成為禁忌，1994 年修訂的《國民中學課程標準》中，也訂定了"認識臺灣"的必修課程。

　　1994 年的《國民中學課程標準》中，"認識臺灣"分為"社會篇"、"歷史篇"與"地理篇"[15]；依據這分課程標準所編輯的教科書於 1995 年開始撰寫，1997 年春天完成課本初稿後，在該年春夏之交引發了一場學術界的論辯，其中引起較大爭議的是歷史篇與社會篇[16]，

---

[14]　在周惠民教授的論文中，以德意志地區為例，說明從蘭克(Leopold Ranke, 1975-1886)、特萊區克(H. von Treitscnke,1834-1896)以降，普魯士史學所主張的歷史主義(Historismus)，其重要內容之一即以建立共同"歷史意識"為民族意識的先導，認為共同的歷史感，是民族統一的基礎；周惠民，〈歷史教育與國家意識〉，6。

[15]　教育部，《國民中學課程標準》(臺北：教育部，1993)，133-198。

[16]　這次的論戰從 1997 年 5 月點燃火花,持續到該年 9 月教科書正式印行試用，報刊、雜誌的討論文章逾 200 萬字，甚至電視臺亦舉辦辯論會，向全臺灣閱聽人播出。

爭論的主要焦點是中國主體性或臺灣主體性問題。在"認識臺灣"教
科書的爭議之外，1997 年 3 月下旬有關高中歷史教科書的討論，
是這一年教科書論戰的前哨戰，引發這場論戰的主因是 1995 年 10
月，教育部修正發布了《高級中學課程標準》，在這分課程標準的
歷史部分，維持了中國／世界史的架構，臺灣史僅在中國史的明末
清初、甲午戰爭和 1945 年以後的三個時期穿插出現[17]。1996 年 10
月受國立編譯館之邀編纂教科書的杜正勝教授，認爲這分課程標準
不符合臺灣現況，而且與國中歷史課程無法銜接，因而提出"同心
圓"構想，主張臺灣的歷史課程架構可分爲鄉土史、臺灣史、中國
史、亞洲史、世界史五個同心圓[18]；但"同心圓"構想並未被教育部
及參與編撰會議的學者們所接受，而且 1995 年所修正發布的《高
級中學課程標準》尚未實施，在法令上亦無法重新修訂新的《高級
中學課程標準》，教育部決定依此課程標準，開放民間撰寫教科書，
於是有 1999 年 9 月開始使用的民間版高中歷史教科書[19]。

---

[17] 教育部，《高級中學課程標準》(臺北：教育部，1995)，91-120；119-123；
461-469。
[18] 杜正勝教授提出各階段歷史教育應有不同的著重點，小學中低年級為第一
圓，高小一、二圓，國中二、三圓，高中二、三、 四圓，大學三、四、
五圓；杜正勝，〈歷史教育的改造〉，《臺灣心‧臺灣魂》(高雄：河畔出
版社，1998)，140-142。
[19] 在臺灣稱這種依據同一課程標準所撰寫的教科書為"一綱多本"，目前依據
1995 年課程標準所編輯的教科書計有 6 種：王仲孚主編，《高級中學歷史》，
上、下(臺中：大同資訊企業股份有限公司，1999-2000)；王仲孚主編，《高
級中學世界文化(歷史篇)》，上、下(臺中：大同資訊企業股份有限公司，
2000-2001)；李東華主編，《高級中學歷史》，上、下(臺北：三民書局，
1999-2000)；李東華主編，《高級中學世界文化(歷史篇)》，上、下(臺北：
三民書局，2000-2001)；林能士主編，《高級中學歷史》，上、下(臺南：
南一書局，1999-2000)；林能士主編，《高級中學世界文化(歷史篇)》，上、

　　在這場歷史教科書論戰中，高中版引發的問題不大，因爲後來仍依據教育部所修訂發布的 1995 年版《高級中學課程標準》編寫，但國中課程的"認識臺灣"教科書卻引發一場史無前例的論戰。根據不完整的統計，有關"認識臺灣"教科書的新聞報導超過 250 則，社論 18 篇，專欄 100 篇，以及臺灣流行的讀者投書 200 篇[20]。

　　"認識臺灣"課程所引發的爭議，雖然部分基於歷史事實的敘述，但大部分的焦點集中於歷史解釋，而這裡所謂歷史解釋又涉及"統"、"獨"之爭，這是臺灣現實政治與歷史教育最糾結難分的部分[21]。

---

下(臺南：南一書局，2000-2001)；陳豐祥，《高級中學歷史》，上、下(臺北：建宏出版社，2000)；張元，《高級中學歷史》，上(臺北：龍騰文化事業公司，1999)；李孝悌，《高級中學歷史》，下(臺北：龍騰文化事業公司，2000)；周樑楷，《高級中學世界文化(歷史篇)》，上、下(臺北：龍騰文化事業公司，2000-2001)；胡春惠主編，《高中歷史——本國歷史》，上、下(臺北：正中書局，1999-2000)；胡春惠主編，《高級中學世界文化(歷史篇)》，上、下(臺北：正中書局，2000-2001)；中國文化史和世界文化史尚在編寫或審查中，中國文化史於 2001 年 9 月開始使用，世界文化史於 2002年 2 月開始使用。

[20] 杜正勝，〈歷史教育的改造〉，《臺灣心·臺灣魂》，158；這些資料只限於公開發行的報紙，電子媒體如電視、廣播的評論和辯論、Call-in 節目等，尚未計算在內。

[21] 其中引起最激烈討論的是 1895-1945 年日本統治臺灣期間，究竟是"日據時期"或"日治時期"，已往教科書均用"日據時期"，但在學者論著及歷史學界的學術研討會則較常使用"日治時期"，部分學者認為"日治時期"失去國家立場的主體性(案：就國際公法而言，1895-1941 年日本依據馬關條約實施其對臺灣的殖民統治，就中文的用法可稱為"日治時期"、"日本統治時期"或"日本殖民統治時期"，1941 年太平洋戰爭爆發，中華民國政府正式向日本宣戰，因而 1941-1945 年可稱之為"日本占據臺灣時期"，即"日據時期")；部分學者甚至主張日本在臺灣的建設不宜寫入教科書，因為這樣會失去民族精神教育的立場；教科書的執筆者甚至被指為具有"親日反華"傾向；參考，唐祖基，〈不容青史盡成灰——對國民中學教科書《認識臺灣》(歷史

簡單地說，其實就是臺灣史究竟屬鄉土史或本國史的問題，亦即前
文所述國家立場主體性的問題。

　　臺灣大部分學者在討論歷史教育時，均強調其功能性與工具
性，即歷史教育的實用性，李國祁教授在其論文中，在在強調民族
認同與國家認同的重要性，很可以代表一般歷史學者的觀點[22]；在
〈歷史教育的目的與使命〉中，李國祁教授認爲歷史所具有的教育
功能有二：一是對國家文化的體認，二是鑑往知來的史學實用價值；
而依據這兩個前提，李國祁教授將歷史教育的目的歸納爲四點：(一)
加深受教育者對本民族本國家文化的體認。(二)促使受教育者了解
各種史事演變的規律及其因果關係。(三)促使受教育者認清歷史上
各時代所具有的特質與精神。(四)分析史事的得失成敗，以供受教

---

篇)(社會篇)"非中國化"傾向的批判〉，收入：許南村，《認識臺灣教科書
評析》(臺北：人間出版社，1999)，9-30；楊義德，〈關於日據後期臺灣"工
業化"問題的剖析〉，收入：許南村，《認識臺灣教科書評析》，119-144；
該教科書的執筆者吳文星教授則説明編纂日治時期臺灣社會變遷内容的意
義；請参閲：吳文星，〈《認識臺灣(歷史篇)》對日本殖民統治時期社會
變遷之編纂〉，《人文及社會學科教學通訊》10.5=59 (臺北，2000.02): 35-43；
對教科書應如何看待日本統治臺灣時期的相關論著甚多，此處無法詳細列
舉，反對意見部分可参閲：許南村，《認識臺灣教科書評析》；當事者意
見可参考：杜正勝，《臺灣心·臺灣魂》(高雄：河畔出版社，1998)，137-169；
至於當時討論的熱烈情形，有興趣的讀者可参閲 1997 年 5-9 月臺灣各大報
紙。

22 李國祁，〈歷史教育的目的與使命〉，《近代中國》，3(臺北，1977.09):41-46；
這方面的討論，李國祁教授和王仲孚教授的觀點甚具代表性，参考：李國
祁，〈我國中學歷史課程及教材之檢討與建議〉，《臺灣教育》，445(臺
北，1988.01): 4-8；李國祁，〈談國中歷史科教科書編寫的理想與認知〉，
《國立編譯館通訊》10.1=34(臺北，1997.01): 18-22；王仲孚，〈國高中歷
史課程新標準簡介〉，《人文及社會學科教學通訊》，5.5=29(臺北，1995.
02)，6-10；王仲孚，〈試論中學歷史教科書〉，3-4。

者遭遇相同情況時抉擇的參考[23]。李國祁教授所強調的歷史教訓、鑑往知來等目的，和傳統中國的鑑戒史學可謂相互呼應，而 1945年以後臺灣的歷史教育，相當強調這種以史為鑑的功能[24]。

　　李國祁教授進一步指出，歷史教育的目的即是要受教者加深其對國家民族與文化的了解，進而產生認同感，使之能發生借鑑[鑑戒]的效能，所以李國祁教授認為歷史教育具有下列四項重大任務：(一)堅定自我，激發國人愛國家愛民族的激昂情操。(二)樹立聖賢典範，以之作為世人仿效的標準。(三)明辨是非，建立絕對的社會道德批判。(四)維護傳統，指導思潮，使其發展方向符合國家民族的需要[25]。上述論點約略可以代表臺灣歷史教育的重要面向，雖然所論內容是歷史，但實際上比較扣緊本國史(中國史)立說，而 1945年以後臺灣的歷史教育相當重視本國史部分[26]，因為這是形塑國家認同的重要基礎。由於以歷史為國家認同與民族精神教育的重要環節，因而歷史教育採用國定本(統編本)，李國祁教授在〈論中學歷史教科書的編寫〉中就清楚地指明這一點。李國祁教授指出，注重民族精神教育的國家，由於視歷史教育為發揚民族精神重要的一環，

---

[23] 李國祁，〈歷史教育的目的與使命〉，《近代中國》，3：42。

[24] 鑑戒史學來自孔子《春秋》，相關討論可參考：杜維運，《中國史學史》，1 (臺北：三民書局，1993)，84-95；白壽彝，《中國史學史》，1(上海：上海人民出版社，1986)，213-216；進一步發揮鑑戒史學功能的是司馬光《資治通鑑》，相關討論可參閱：陳明錄(著)，張榮芳(譯)，〈《資治通鑑》的史學〉，《食貨月刊》，12.4-6 (臺北，1982.08-09)：164-178；王德毅，〈司馬光與《資治通鑑》〉，收入：杜維運、黃進興(編)，《中國史學史論文選集》，1(臺北：華世出版社，1976)，515-536。

[25] 李國祁，〈歷史教育的目的與使命〉《近代中國》，3：44。

[26] 有關於臺灣中、小學歷史課程中外歷史所占比重，本文第三節〈臺灣歷史教科書的內容及其演變〉有進一步的分析。

故對中學歷史課本的編寫採用國定本方式，如韓國、東歐諸國及臺灣，均採行此一方式[27]。臺灣地區自 1945 年後，因爲重視民族精神教育，故將歷史、地理、公民、國文等與民族精神教育有關的學科，中、小學課本均採國定本[28]，直到 1996 年始有審訂本的國民小學教科書出現(包括所有小學科目)，高中的歷史、地理、公民、國文，則遲至 1999 年方始開放審訂本民間版；因此，從 1995 年到 2001 年，是臺灣歷史教科書改變的關鍵年代，特別因爲 1993、1994、1995 分別發布的小學、國中、高中課程標準，具有絕對的關鍵性[29]。

　　問題在於同樣是國定本(統編本)，爲何認識臺灣教科書會引起如此大的爭議？引發認識臺灣教科書爭議的暴風圈學者杜正勝教授指出，「過去以大中國主義爲主體而編撰的教科書，臺灣人宿命地忍受，不曾反抗或抱怨，而今不過是要讓臺灣青少年認識他所生活的土地的歷史和文化，卻引來這麼大的反彈，我想只有結合過去歷史教育所塑造的意識形態和現在臺灣政治黨派的鬥爭，才比較容易理解。」[30] 杜正勝教授的論點，在長期以中國史爲"國史"、"本國史"的臺灣，所可能引發的爭議乃無庸置疑[31]。杜正勝教授對臺灣的歷史教育長期以中國爲主體表達強烈不滿，他指出：「中國歷史悠久，

[27] 李國祁，〈論中學歷史教科書的編寫〉，教育部人文及社會學科教育指導委員會主編，《歷史科教學研究》(臺北：幼獅文化事業公司，1993)，80。
[28] 杜正勝，〈歷史教育與國家認同〉，《臺灣心‧臺灣魂》，152；杜正勝教授指出 1945 年以後臺灣的歷史、地理、公民、國文課本一定是部編，其目的即在加強意識形態的控制。
[29] 1993-1995 年所頒布的課程標準，和此前各次修訂的版本，有極大差異，本文第三節"臺灣歷史教科書的內容及其演變"有較詳細的討論。
[30] 杜正勝，〈歷史教育與國家認同〉，《臺灣心‧臺灣魂》，158-160。
[31] 在這次認識臺灣教科書的爭議中，許南村所編《認識臺灣教科書評析》可以代表部分統派文化人士和學者的觀點。

臺灣的歷史教育是從五十萬年前的"北京人"講起的，這麼漫長的歷史中當然不可能充斥現代中國政黨的影子，但正如以國民黨做近現代中國史之主軸，過去五十年臺灣的歷史教育是以國家主義、民族主義做為歷史教育之主軸的。因此過去五十年臺灣的歷史教育便充滿著大中國主義，甚至窄化成大漢沙文主義。從小學到大學，臺灣史沒有自己的地位，只附屬於中國史系統中，在呼應大中國主義或大漢沙文主義時，順筆提到而已。」[32]所以，當教育部附屬機構國立編譯館編撰出一本以臺灣為主體的教科書時，所引發的爭議不言可喻。

　　歷史教育和歷史學研究雖然不一定是正相關，但有時從歷史學研究亦可看出意識形態的蛛絲馬跡。臺灣地區的大學歷史研究所博、碩士論文向來以中國史為主，但在 1987 年臺灣地區解除戒嚴以後，有愈來愈多的歷史研究所博、碩士論文以臺灣史為題。這個現象說明政治禁忌解除之後，臺灣史研究的蓬勃發展，而臺灣史研究成為歷史研究所博、碩士論文熱門領域的同時，教科書內容的改變，是彼此相關連呼應的。

　　筆者曾對臺灣地區歷史研究所的博、碩士論文進行計量分析，在蒐集到的 2,008 篇博、碩士論文中[33]，中國史所占比例最高，以

---

[32] 杜正勝，〈歷史教育與國家認同〉，《臺灣心‧臺灣魂》，153-154；這種順筆提到的標準模式是，明朝內政與開拓一章有一節"鄭成功抗清與臺灣的開發"，晚清外患一章有一小節講"甲午戰爭和臺灣割讓"，最後便是"復興基地的建設"，講中華民國在臺灣；杜正勝，〈歷史教育與國家認同〉，《臺灣心‧臺灣魂》，154；本文第三節"臺灣歷史教科書的內容及其演變"有進一步的分析。

[33] 筆者所使用的統計數字，主要來自下列資料：(1)政治大學圖書館，《中文博、碩士論文索引光碟資料庫》(臺北：政治大學，1998)；(2)政治大學社

每 10 年爲一個分期[34],5 個分期均超過 65%；而其總比例約爲 73.1%。

在 2,008 篇博、碩士論文中，中國史論文既占如此高的比例，臺灣史和外國史研究則相對受到忽略，在整體比例上遠不及中國史，圖 1 顯示中國史占 73.1%，臺灣史占 15.9%，外國史占 11.0%，略可看出臺灣地區各大學歷史研究所博、碩士論文研究重心之所在。圖 2 說明臺灣史與中國史在 5 個分期中的消長情形；我們發現中國史研究的比例漸次下

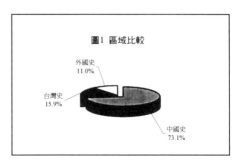

圖1 區域比較

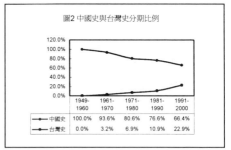

圖2 中國史與台灣史分期比例

資中心，《全國博、碩士論文分類目錄》(臺北：政治大學，1977)；(3)政治大學社資中心，《全國博、碩士論文分類目錄》(臺北：政治大學，1985)；(4)政治大學社資中心，《全國博、碩士論文分類目錄》(臺北：政治大學，1989)；(5)行政院國家科學委員會，《博士論文提要暨碩士論文目錄》(臺北：行政院國科會，1987)；各大學歷史系所網站；統計數據請參閱本文統計表(一)臺灣地區歷史研究所博、碩士論文區域比例(1945-2000)，(二) 臺灣地區歷史研究所博、碩士論文臺灣史與中國近現代史對照臺灣地區歷史研究所博、碩士論文臺灣史與中國近現代史對照(1985-2000)。

[34] 筆者將 1945-2000 年間，臺灣歷史研究所博、碩士論文分為 5 期：第 1 期 1945-1960，此期以 15 年為期的原因是臺灣地區於 1953 年始有碩士論文，至 1960 年為 8 年，與其後 4 期的時間略等；第 2 期 1961-1970；第 3 期 1971-1980；第 4 期 1981-1990，第 5 期 1991-2000；其中第 2、3、4、5 期以 10 年為斷限，主要是為了便於觀察其間每 10 年量的變化。

降，而臺灣史則幾乎呈等比級數成長，尤其在第 3 期到第 4 期間，由 6.9%成長到 10.9%，幾乎成長一倍；第 4 期到第 5 期更由 10.9%成長到 22.9%，成長比例超過 100%。

　　1987 年臺灣地區解嚴以後，臺灣史研究成爲新的顯學，新一代的歷史研究所研究生以臺灣史研究爲論文題目者與日俱增。而在臺灣史研究成爲顯學之前，中國近現代史是臺灣地區歷史研究所博、碩士論文最熱門的研究課題，圖 3 說明臺灣史研究 1997 年的比例，首次超過中國近現代史，這是一個值得參考的指標。中國近現代史研究由 1993 年的 22.7%，成長爲 1994 年的 29.6%；臺灣史卻由 1993 年的 18.7%成長爲1994 年的 29.6%；兩者比例相等；1995 年兩者比例再次相同(25.9%)，此後臺灣史與中國近現代史所占比例

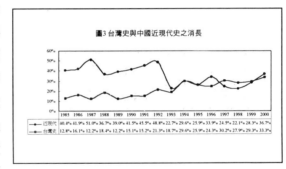

則互有頡頏；如果從第 4 期算起，中國近現代史比例由 1987 年的 51.0%，跌落至 1998 年的 22.1%，跌幅近 28.9%；臺灣史由 1987 年的 12.2%，成長至 1997 年的 30.2%，成長幅度近 18.0%，其中的玄機不言可喻。雖然中國近現代史研究仍維持相當高的比例，但相較之下，臺灣史研究顯然受到更多的青睞[35]。

　　歷史教育與歷史研究當然不能劃上等號，但如果歷史教育完全

---

[35] 這裡所討論的統計分析，請參閱本書〈臺灣地區歷史研究所博、碩士論文取向：一個計量史學的分析(1945-2000)〉(151-205)。

不能反應歷史研究的成果，恐怕也有點不合學術常軌。臺灣史研究
的日益受到青睞，以及將臺灣史列入中、小學歷史課程，是臺灣地
區 1987 年解嚴之後的自然現象，政治的禁忌解除，以臺灣為主體
思考的歷史研究如雨後春筍、新綠勃發；歷史教育開始嘗試以臺灣
為主體的思考，也正反映了這個現象，"認識臺灣"教科書的論戰，
只是這個現象的一個切片。但臺灣的歷史教育和歷史教科書內容，
並未一戰而決，1994 年版《國民中學課程標準》和 1995 年版《高
級中學課程標準》，有關臺灣史課程在立場的主體性上，仍存在矛
盾和衝突[36]，未來的走向如何，尚有待觀察。

## 三、臺灣歷史教科書的內容及其演變

　　1945 年以後，臺灣的歷史教科書採行國定本政策[37]，這是因為
政府要加強思想與意識形態的控制，國文、歷史、地理和公民等教
科書，長久以來均為"國定本"；而歷史教科書是所有國定本教科書
中最被關注的科目，被當作意識形態推廣的標準示範[38]。

　　國定本教科書的編寫過程如下：課程標準公布後，國立編譯館
成立各科教科書編審委員會，聘定主任委員及編審委員，委員的組
成包括編譯館的編審人員、學者專家、現役教師等。編審會議由主

---

[36] 國中的課程內容為臺灣史、中國史、世界史；高中課程的內容為中國史、
　　世界史，臺灣史放在中國史中講述；相關討論請參閱本文第三節"臺灣歷
　　史教科書的內容及其演變"。

[37] 所謂"國定本"係指全國只有一種教科書版本，由國家統一編撰；學者們討
　　論教科書問題時，有時用"國編本"、"部編本"、"統編本"，其意均指"國定
　　本"而言。

[38] 杜正勝，〈歷史教育的改造〉，《臺灣心‧臺灣魂》，152。

任委員主持，推選各冊教科書的實際執筆人，負責教科書的撰寫，人數多寡視實際需要而定。教科書的實際執筆人依據課程標準擬訂章節綱目，經編審會議討論通過後，再進行章節內容的編寫。章節的綱目需符合課程標準，但不必與課程標準的綱目相同，執筆者為了避免麻煩或審查委員的吹毛求疵，大部分時候會以課程標準的綱目擬訂章節。

　　教科書初稿完成後，編譯館影印若干分，分送各委員審查，然後擇期開會，逐章逐節——實際上是逐頁討論，有時甚至逐句討論，字斟句酌，由各委員指出錯誤或不妥之處，提出修正或改進意見；編譯館並且另請兩位匿名審查人加以審查。初稿中如有疏失或謬誤，執筆者需依據編審會議的決定加以修正，對於見仁見智的意見，執筆者也需要仔細斟酌考慮，以決定取捨或刪改[39]。

　　以上述方式撰寫的教科書顯然極少有執筆者個人的意見，而是編審委員會的集體意志，所寫出來的教科書，內容四平八穩，符合課程標準，至於生動活潑、別具新意當然談不上，但符合國家立場的民族精神教育卻一定可以貫徹。下文將分別就小學、國中、高中歷史教科書的內容及歷年修訂版本，做一鳥瞰式的論析。

---

[39] 王仲孚，〈談新編高中歷史第一冊編審經過〉，《中等教育》，36.2(臺北，1985.04): 11；歐用生、楊慧文，〈我國社會科教育的回顧與展望〉，《新世紀的課程改革——兩岸觀點》，123-125；筆者個人曾擔任其中一次國立編譯館國中教科書(非歷史教科書)的實際執筆者，兩年之內開了 15 次撰寫小組會議，23 次審查會，其審慎與繁複可見一斑。

## (一)小學的歷史課程與教學

1945 年後臺灣的小學課程曾歷經幾次變革[40]，歷史課程有時併入社會科，有時開設獨立的歷史課程，其演變略如表 1。

### 表1 國民小學社會科課程演變表

| 年代<br>科目 | 1948 | 1952 | 1962 | 1968 | 1975 | 1993 |
|---|---|---|---|---|---|---|
| 1 年級<br>2 年級 | 常識 | 常識 | 常識 | 常識 | 社會 | 社會 |
| 3 年級<br>4 年級 | | | 社會 | 社會 | | |
| 5 年級<br>6 年級 | 公民<br>歷史<br>地理 | 公民<br>歷史<br>地理 | 歷史<br>地理 | | | |

資料來源：歐用生、楊慧文，〈我國社會科教育的回顧與展望〉，113。

從表 1 來看，臺灣在 1968 年以前，小學課程設有獨立的歷史科，1968 年以後則併入社會科中。但無論歷史課獨立與否，小學基本上均有歷史課程。

在 1975 年以前，小學歷史課程不論分科或合科，都帶有"社會控制"的色彩[41]；這種色彩表現在社會科(包括歷史課程)的教育目標上，

---

[40] 國民小學課程標準歷經 5 次修訂，分別是 1952, 1962, 1968, 1975, 1993 年；參考：教育部，《國民學校課程標準》(臺北：商務印書館，1952)；教育部，《國民學校課程標準》(臺北：正中書局，1962)；教育部，《國民小學暫行課程標準》(臺北：正中書局，1968)；教育部，《國民小學課程標準》(臺北：正中書局，1975)；教育部，《國民小學課程標準》(臺北：教育部，1993)。

[41] 歐用生、楊慧文，〈我國社會科教育的回顧與展望〉，《新世紀的課程改

強調"主義、領袖、國家"，重視"愛護國家"、"復興民族"、"反共抗俄"等思想的培養[42]；我們試以 1952 年和 1972 年的課程標準來了解其中的內容。

表2　國民小學社會科標準：1952 與 1975 年版歷史課程教學目標

| 1952 | 1975 |
|---|---|
| **教學目標**<br>1.指導兒童明瞭民族的發展，和文化演進的概況，啟發其愛護國家的民族的情緒，增進其發揚固有文化的信心。<br>2.指導兒童明瞭民族獨立，民權運用，民生改善的意義和方法，以樹立建設國家，促進大同的信念。<br><br>**教學要點**<br>1.足以發揚三民主義精神，或表揚我國固有文化。<br>2.足以激發兒童愛護國家，復興民族的情緒。<br>3.關於共黨危害基本人權及身體自由，破壞家庭，摧殘文教，欺騙兒童，破壞農村及共黨集團侵略我國等事實，應盡量設法列入公民及歷史等科教材內。 | **教學目標**<br>1.指導兒童從歷史的演進中，明瞭中華文化的淵源與現代生活的關係，以培養愛民族、愛國家的情操，發揮團結奮鬥、合作進取的精神。<br>**中年級目標**<br>1.指導兒童了解臺灣的歷史發展經過，及近代偉人對於臺灣建設的貢獻。<br>2.指導兒童認清臺灣為復興基地，及其對於光復大陸的重要性。<br>**高年級目標**<br>1.指導兒童明瞭中華民國的歷史演進及民族融合的過程，建立民族的自尊心。<br>2.指導兒童了解中國人的智慧、技能與德行等優越民族特性，並建立民族自信。<br>3.指導兒童知道中華民族的傳統道德與民族文化，願意發揚光大。<br>4.指導兒童了解我國歷代的科技發明及重要的典章制度。<br>5.指導兒童明瞭近代世界的大勢與中西關係的變動情形。<br>6.指導兒童敬仰　國父暨　蔣總統對於國民革命的貢獻。。<br>7.指導兒童認識共匪暴行，明瞭國際現勢及自由與極權兩大陣營的對立情勢。 |

革——兩岸觀點》，115。

[42] 歐用生、楊慧文，〈我國社會科教育的回顧與展望〉，《新世紀的課程改革——兩岸觀點》，115-116。

| | 8.指導兒童認清中華文化對於世界人類的貢獻，及中國人對於世界應盡的責任，並建立維護世界和平促進世界大同的理想。 |
|---|---|

資料來源：教育部，《國民學校課程標準》(1952)，123；教育部，《國民小學課程標準》(1975)，153-155；表中的編號為筆者所加，因原教學目標包括地理、公民及其他內容。

　　從表 2 我們可以看出兩個課程標準強調國家民族的主體性是一致的；對傳統道德的維護、建立民族自尊心、認識共匪暴行、建設復興基地、光復大陸、敬仰國父暨蔣總統、中華文化對於世界人類的貢獻等，其中的意識形態可謂旗幟鮮明。

　　小學歷史課程具有愛國教育和民族精神教育的色彩，強調國家認同與文化認同，並加強歷史文化意識，是歷史教育的基礎[43]

　　1975 年版的課程標準使用時間甚長，從 1975 年到 1995 年，長達 20 年時間；臺灣的教科書一般情形是 10 年一修，這次則使用了 20 年[44]，是比較少見的情形；雖然意識形態不變，但我們也注意到 1975 年的課程標準，明顯地出現了臺灣／中國／世界的論述方式，亦即此時小學的歷史課程已經注意到鄉土史的重要性，國中部

---

[43] 臺灣小學歷史課程的內容及其教學，本文不擬在此詳述，有興趣的讀者可參閱下列相關論著：李緒武，〈國民小學社會科的教學功能〉《臺灣教育》，434 (臺北，1987. 02): 19-21；徐雪霞，〈我國小歷史教育研究的回顧與展望〉，《人文及社會學科教學通訊》，2. 5(臺北，1992. 02): 42-58；徐雪霞，〈歷史不留白—試評國小新社會科實驗課程鄉土史教材〉，《國教之友》，47. 4=540(臺北，1996. 04): 5-10; http://www.ntntc.edu.tw/~gac500/book/540-1.Htm；李永謀，〈國小教科書歷史教材內涵分析及國小高年級兒童歷史知識與歷史意識之研究〉(嘉義：嘉義師範學院教育研究所碩士論文，1997，未刊稿)。

[44] 以課程標準訂定則為 18 年，即 1975 年到 1993 年。

分則仍維持其以中國爲主體的論述方式[45]。必須討論的是，1975 年版課程標準的臺灣史教學並未被視爲"本國史"，而視爲"鄉土史"，這在意識形態上與 1993 年版課程標準有所不同。因爲 1993 年版課程標準乃臺灣 1987 年解嚴以後所訂定，在意識形態上隱含了以臺灣爲主體的思考。對臺灣現實政治不熟悉的人可能不易理解，但稍了解臺灣現實政治發展的人，應該可以理解其間的差異性。我們比較 1975 年版和 1993 年版《國民小學課程標準》，就可以看出兩者有明顯的不同。

表3　國民小學社會科課程標準：1975 與 1993 年版歷史課程教學目標

| 1975 | 1993 |
|---|---|
| **教學目標**<br>1.指導兒童從歷史的演進中，明瞭中華文化的淵源與現代生活的關係，以培養愛民族、愛國家的情操，發揮團結奮鬥、合作進取的精神。 | **教學目標**<br>1.輔導兒童了解其生活環境和本國的歷史、地理和文化，以培養其愛鄉土、愛社會、愛國家的情操。<br>2.輔導兒童了解世界大勢、擴充其視野和胸襟，以培養平等、互助、合作的世界觀。 |
| **中年級目標**<br>1.指導兒童了解臺灣的歷史發展經過，及近代偉人對於臺灣建設的貢獻。<br>2.指導兒童認清臺灣為復興基地，及其對於光復大陸的重要性。 | **中年級目標**<br>1.了解家鄉和臺灣地區的環境和政治、經濟和社會等方面的發展，培養愛社會的情操。<br>2.了解不同地區政治、經濟和社會的發展和互動，培養寬廣的胸襟。 |

<hr>

[45] 相關討論請參閱本文下個小節"國(初)中的歷史課程與教學"。

| 高年級目標 | 高年級目標 |
|---|---|
| 1.指導兒童明瞭中華民國的歷史演進及民族融合的過程，建立民族的自尊心。 | 1.了解我國的地理環境及文化傳統，培養愛國的情操。 |
| 2.指導兒童了解中國人的智慧、技能與德行等優越民族特性，並建立民族自信。 | 2.了解世界的地理環境、文明的發展及人類環境面臨的問題，培養平等、互助、合作的世界觀。 |
| 3.指導兒童知道中華民族的傳統道德與民族文化，願意發揚光大。 | 3.了解當前社會多元化的性，培養多元化社會應有的態度與能力。 |
| 4.指導兒童了解我國歷代的科技發明及重要的典章制度。 | |
| 5.指導兒童明瞭近代世界的大勢與中西關係的變動情形。 | |
| 6.指導兒童敬仰　國父暨　蔣總統對於國民革命的貢獻。。 | |
| 7.指導兒童認識共匪暴行，明瞭國際現勢及自由與極權兩大陣營的對立情勢。 | |
| 8.指導兒童認清中華文化對於世界人類的貢獻，及中國人對於世界應盡的責任，並建立維護世界和平促進世界大同的理想。 | |

資料來源：教育部，《國民小學課程標準》(1975)，153-155；教育部，《國民小學課程標準》(1993)，159-160。

　　在 1975 年版的社會科標準中，課程總目標的第 1 項為「培養愛民族、愛國家的情操，發揮團結奮鬥、合作進取的精神」；而且強調「中華文化對於世界人類的貢獻」，顯示了國家立場主體性和民族精神教育的重要性，而強調"中華文化"的另一層意涵即"中國民族意識"。1993 年版則從生活環境出發，了解"本國的歷史、地理和文化"；這裡用"本國的"而非"中華文化"或"中國的"，是相當重要的關鍵，亦即在意識形態上把臺灣史當成"本國史"看待，而不再只是"鄉土史"而已。而且 1993 年版社會科課程總目標的後半段，更揭示了迥異於舊課程標準(1948-1975)的順序，舊課程標準是"培養愛民族、愛國家的情操"，其實質意涵為愛"中華"民族、愛"中國"；1993年的課程標準為"以培養其愛鄉土、愛社會、愛國家的情操"，順序是鄉土／社會／國家；明顯看出以臺灣為主體的意涵。而 1975 年版課程標準總目標的第 4 項「指導兒童從倫理、民主、科學的實踐過程中，了解近代世界的大勢與現代文化的發展、激發莊敬自強、革新創造的精神」[46]，充分顯示了以意識形態為主導的立場；1993 年版的第 3 項則是「輔導兒童了解世界大勢，擴充其視野胸襟，以培養平等、互助、合作的世界觀」[47]；去除了 1975 年版"倫理、民主、科學、莊敬自強、革新創造"等教條，而將培養世界公民列為教學目標[48]。

事實上臺灣的小學社會科教育曾歷經多次課程標準的改變，在教科書的編寫方面也形成三種不同模式：

1.舟山模式：即前文所述的"國定本"模式，而舟山指的是國立編譯館位於臺北市舟山路。其進行方式為由國立編譯館邀集社會科學者、課程專家、現役教師，組成編輯委員會，課本由大學教授執筆。教材編輯完成即開始使用，未經過試用程序，教材偏難[49]。

2.板橋模式：1979 年起由臺灣省國民學校教師研習會(原在板橋，2000 年遷到三峽)邀集各類社會科學教育學者、課程專家、教育行政人員組成"國民小學社會科課程實驗研究委員會"負責指導，並選調優秀的小學教師組成編輯小組，開始發展並實驗社會科教科書。板橋

---

[46] 教育部，《國民小學課程標準》(1975)，153。

[47] 教育部，《國民小學課程標準》(1993)，159。

[48] 但教學目標並不等於實際教學成果，1993 年版的新課程才剛剛實施，需要時間來完成；周惠民教授的論文即指出，目前臺灣實施的歷史教育，既無關乎國家意涵，也沒有清楚的世界觀，歷史教育甚難與國家意識連結，確實指出臺灣歷史教育的癥結所在；周惠民，〈歷史教育與國家意識〉，17。

[49] 歐用生、楊慧文，〈我國社會科教育的回顧與展望〉，《新世紀的課程改革——兩岸觀點》，116-117。

模式將社會科的課程內容加以擴充，整合了人類學、社會學、心理學、政治學、經濟學、歷史學、地理學，並且由實際任教的小學教師執筆，經過試用、評鑑的程序，爲臺灣的小學社會科課程奠立了良好的基礎。板橋模式社會科教科書於 1988 年開始推廣使用[50]。1993年版《國民小學課程標準》社會科部分，就是在板橋模式下發展出來的，2001 年推行的"九年一貫課程綱要"[51]，亦植基於此。

　　3.南海模式：教育部爲整體規劃各級學校及社會科教育目標、課程、教材、教法與師資，設立"人文及社會科教育指導委員會"，委員會下分設人文及社會科教育兩個研究委員會，社會科教育研究委員會之下設"國民小學社會科教材大綱研究"，此即"南海模式"(教育資料館位於南海路)。南海模式先歸納出 12 個社會科學的最重要概念，整理成"國民小學社會科概念及通則架構表"，做爲選擇和組織教材的基礎。南海模式的研究雖暫時終止，但對 1993 年版社會科課程標準影響很大[52]。

　　1993 年版"國民小學社會科課程標準"，在歷史部分採取由近及遠的方式，小學一、二年級以學校、家庭和社區史爲主；三、四年級爲家鄉史(縣市鄉鎮)和臺灣史；五、六年級爲中國史和世界史；這

---

[50] 歐用生、楊慧文，〈我國社會科教育的回顧與展望〉，《新世紀的課程改革──兩岸觀點》，117。

[51] 教育部，《國民教育階段九年一貫課程總綱綱要》(臺北：教育部，1998)，8-9。

[52] 歐用生、楊慧文，〈我國社會科教育的回顧與展望〉，《新世紀的課程改革──兩岸觀點》，117；1993 年版"國民小學社會科課程標準"，結合了板橋模式與南海模式，所編撰教科書自 1996 年啓用，其中國立編譯館版尤集舟山、板橋、南海模式之大成，因為板橋模式和國立編譯版的編輯委員會召集人均為黃炳煌教授。

種由學校、家庭、社區史、國史、民族史到世界史的進程，比較接近目前一般世界各國的社會科或歷史科教學內容[53]。

在 1988 年板橋模式的國民小學社會科教科書開始使用以前，舟山模式的社會科教科書內容以歷史、地理、公民為主，包括日常生活、歷史、地理、政治領袖、思想教育、政府措施、學術文化、道德規範、自然科學、社會組織、社會問題等，缺乏人類學、心理學的內容[54]。板橋模式則擴充內容，整合了人類學、社會學、心理學、政治學、經濟學、歷史學、地理學等，1993 年版"國民小學社會科課程標準"已包含這些內容，但無形中也降低了歷史課程所占比重，引起歷史學界的反彈。

國民小學社會科課程的改變，一方面固然是涵蓋學門的增加，另一方面則是解除意識形態的束縛；歐用生教授的研究指出，1993年以前的臺灣國民小學社會教科書包含了 6 種意識形態或偏見：

1.傳統導向：社會教科書極力宣揚我國[中國]的光榮和偉大，極力主張復興中華文化，強調愛國、孝順、成就、自然美的欣賞，教科書重視的價值是傳統儒家思想認可的社會規範和道德。

2.反共第一：國民小學社會科教科書充斥"反共復國"的國策，在不同年代的社會科教科書中，政治口號雖有變化，但"反共復國"的基本國策堅定不移，社會教科書成為"政治手冊"。

3.國家至上：教科書中對於道德的解釋，任何德目均與"愛國"

---

[53] 目前許多國家均採類似方式，參考：黃炳煌等，《九年一貫課程綱要之研究》(臺北：教育部，1997)，19-89；這分研究討論了美國、加拿大、澳洲、英國、日本、新加坡等國的社會科課程(包括歷史)。

[54] 歐用生、楊慧文，〈我國社會科教育的回顧與展望〉，《新世紀的課程改革——兩岸觀點》，117；歐用生，〈我國國民小學社會科"潛在課程"分析〉(臺北：臺灣師範大學教育研究所博士論文，1990，未刊稿)。

連在一起。

　4.領袖崇拜：社會教科書中的政治領袖出現次數占絕對多數，且常被做爲章、節的名稱，政治領袖被塑造成完美的形象，幾乎達到"神話"、"神秘化"，形成過度崇拜。

　5.我族中心：社會教科書依據一種特殊的歷史情懷，充滿各種殘留不褪的歷史仇恨，敵意的意識形態溢於言表。教科書極力贊揚中華民族，實際上是以漢族爲中心，強調"愛國"更勝於"愛鄉"，缺乏本土教材，原住民被邊緣化，並粉飾漢族對邊疆民族的侵略，充滿種族偏見。

　6.男性獨尊：社會教科書中，敘述中國歷史的社會都是靠男性運作，女性處於權威階層的底層；教科書未提及女性的歷史、社會活動和組織，女性的角色和地位被刻意漠視[55]。

　依據 1993 年版"國民小學社會科課程標準"所編寫的 6 個社會科教科書版本，對上述僵化的意識形態已有所改進，教材從兒童的實際生活出發，以學校、家庭、社區爲立足點，向外擴及家鄉、臺灣、中國、世界[56]；其中"國家意識"的內涵建立在具體可見的"政治符號"之上，強調"群體意識"，並加入"環保意識"。"漢族中心"、"男性獨尊"的偏見已微乎其微，昔往臺灣社會科教科書中意識形態的

---

[55] 歐用生、楊慧文，〈我國社會科教育的回顧與展望〉，《新世紀的課程改革——兩岸觀點》，120-122。

[56] 依據1993年版課程標準所編輯的教科書，明確區別臺灣與中國，而不再使用從前教科書較模稜兩可的"我國"，如第 7 冊介紹臺灣的地理環境和開發時，即明確使用"臺灣"，第10冊介紹中國的地理和歷史時，亦明確使用中國大陸的地理、氣候；而中國歷史的發展也不再寫為"我國"歷史的發展；請參閱：國立編譯館(主編)，《國民小學社會科課本》，7/6-127；10/8-92；康軒文教事業公司(主編)，《國民小學社會科課本》，7/6-97；10/6-61。

偏見已大幅減弱[57]。

　　有關意識形態在教科書中的地位，臺灣學術界亦出現不同的觀點，歷史學界比較傾向歷史教育做為民族精神教育的重要內涵[58]；教育學界則主張摒除意識形態的意涵，以生活和社會整體為社會科／歷史科的內容[59]；而歷史學界對民族精神教育的內涵亦有不同觀點，有的學者主張以中華文化為依歸；有的學者主張以臺灣為主體[60]；此類涉及學術立場與現實政治的爭辯，很難有何確切的答案，未來臺灣小學歷史教育的國家立場主體性為何，尚有待觀察。

## (二)國(初)中的歷史課程與教學

　　由於國民小學的歷史課程有時獨立、有時併入社會科，無法計量其所占時數，國中歷史課程則有較明確的時數可資統計，比較能

---

[57]　歐用生、楊慧文，〈我國社會科教育的回顧與展望〉，122-123。

[58]　歷史學界的觀點可以李國祁和王仲孚教授為代表，參考：李國祁，〈我國中學歷史課程及教材之檢討與建議〉，《臺灣教育》，445(臺北，1988. 01): 4-8；李國祁，〈談國中歷史科教科書編寫的理想與認知〉，《國立編譯館通訊》10. 1-34(臺北，1997. 01)· 18-22；王仲孚，〈國高中歷史課程新標準簡介〉，《人文及社會學科教學通訊》，5. 5=29(臺北，1995. 02): 6-10；王仲孚，〈試論中學歷史教科書〉，中國近代史學會主辦，"歷史教科書與歷史教育學術研討會"(臺北：中央研究院，2000. 11. 17-18)，3-4。

[59]　教育學界的觀點可以歐用生和黃炳煌教授為代表，參考：歐用生、楊慧文，《新世紀的課程改革——兩岸觀點》，107-140；黃炳煌等，《九年一貫課程綱要之研究》(臺北，教育部，1997)，7-18；黃炳煌教授也是板橋模式國小社會科教科書、1996 年版國立編譯館國小社會科教科書、九年一貫課程社會學習領域的召集人。

[60]　主張以中華文化為依歸的代表性學者如李國祁、王仲孚教授；主張以臺灣為主體的代表性學者如杜正勝；相關討論請參閱本文第二節"從認識臺灣課程談起"及第四節"結論"。

看出課程重點所在。

　　國(初)中歷史教科書曾歷經 7 次修訂，其中 1948 年為大陸時期所編輯之教科書，正式在臺灣編寫者計有 6 次[61]，其中 1952 年所修訂公布的《中學課程標準》，是 1952-1993 年間國(初)中歷史教科書的主要內容；但其間 1968 年實施九年國民教育，國民中學的歷史課程略有修訂(即 1967 年版的《國民學中學課程標準草案》)；而以 1994 年版《國民中學課程標準》在歷史課程方面的變動最大，其中主要的關鍵是加入臺灣史內容[62]。

---

[61] 這 6 次分別是 1952, 1962, 1967, 1972, 1983, 1994；1956 年版與 1952 年版內容完全相同；參考：教育部，《中學課程標準》(臺北：教育與文化社，1952)；教育部，《中學課程標準》(臺北：教育與文化社，1956)；教育部，《中學課程標準》(臺北：正中書局，1962)；教育部，《國民學中學課程標準草案》(臺北：教育部中等教育司，1967)；教育部，《國民學中學課程標準》(臺北：正中書局，1972)；教育部，《國民學中學課程標準》(臺北：正中書局，1983)；教育部，《國民中學課程標準》(臺北：教育部，1994)。目前所用為 1997-1999 年間依據 1994 年課程標準所編輯的教科書；參考：國立編譯館主編，《國民中學歷史》，1-4(臺北：國立編譯館，2000-2001)；國立編譯館主編，《國民中學認識臺灣(歷史篇)》(臺北：國立編譯館，2000)。

[62] 有關臺灣國(初)中歷史課程的內容及其教學，論著甚夥，本文不擬在此詳述，有興趣的讀者可參閱下列相關論著：鄭文芳，〈國中歷史教科書在教師教學歷程中使用情形之探討〉(臺南：國立成功大學教育研究所碩士論文，1996，未刊稿)；陳埩淑，〈國民中學歷史教科書課程目標、教材編輯及實施現況之研究〉(高雄：國立高雄師範大學教育研究所碩士論文，1995，未刊稿)；劉曉芬，〈我國中學歷史教科書中臺灣史教材之分析〉(臺北：國立政治大學教育研究所碩士論文，1991，未刊稿)；王仲孚，〈國中歷史科的性質與歷史教學的基礎知識〉，《臺灣教育》，434(臺北，1987. 02): 19-21；徐雪霞，〈中學歷史教科書的歷史意識分析—以國初中本國史為例〉，《教育研究資訊》，2. 3(臺北，1994. 05): 123-137；徐雪霞，〈光復以來初級中學歷史教科書變遷及歷史意識〉，《臺南師專學報》，20 下(臺南，1987. 04): 201-220；李慶西，〈國中歷史教科書教材內容疑難問題的歸類與對策〉，

　　1948 年版的初中歷史教科書爲一綱多本，徐雪霞教授的研究列舉了世界書局、中華書局、臺灣書局、正中書局等 4 個版本加以分析；課本內容爲中外歷史混合編撰[63]。

　　1952 年是臺灣官方主持國定本(統編本)教科書編撰的開始，也是訂定歷史教學目標，成爲後來沿用不替的開始[64]，直到 1994 年版《國民中學課程標準》才有所改變；我們比較 1952 年與 1983 年版的課程標準即可了解。

---

《中學教育學報》，3(臺北，1996. 06): 135-155；李慶西，〈國中歷史教科書教材內容疑難問題的歸類與對策〉,《中學教育學報》,3(臺北,1996. 06): 135-155；http://isst.edu.tw/s61/home1.htm；李慶西，〈國民中學歷史教科書相關問題的探討〉，《中學教育學報》，2(臺北，1995. 06) :147- 168；李國祁，〈我國中學歷史課程及教材之檢討與建議〉,《臺灣教育》,445(臺北，1988. 01): 4-8；李國祁，〈談國中歷史科教科書編寫的理想與認知〉，《國立編譯館通訊》，10. 1=34(臺北，1997. 01): 18-22；李國祁，〈歷史教育的革新之道〉，《文訊月刊》，23=總號 2(臺北，1990. 12): 76-78；李國祁，〈八十六年度國民中學歷史科教材精簡工作紀實〉，《人文及社會學科教學通訊》8. 5-17(臺北，1996. 02): 24-33；林麗月，〈新編國中歷史第一冊的編寫構想〉，《國立編譯館通訊》，10. 1=34(臺北，1997. 01): 4-6，林麗月,〈國中歷史第一冊的編寫與教學〉,《人文及社會學科教學通訊》，10. 5=59 (臺北，2000. 02): 45-51；袁筱梅，〈"國中歷史教師對歷史教科書中秦漢時代人物的看法"問卷調查報告〉,《人文及社會學科教學通訊》，10. 5=59(臺北，2000. 02): 53-82。吳文星，〈《認識臺灣(歷史篇)》對日本殖民統治時期社會變遷之編纂〉,《人文及社會學科教學通訊》10：5=59 (臺北，2000. 02): 35-43。

[63] 徐雪霞，〈光復以來初級中學歷史教科書變遷及歷史意識〉，《臺南師專學報》，20 下: 205，表一。

[64] 徐雪霞，〈光復以來初級中學歷史教科書變遷及歷史意識〉，《臺南師專學報》，20 下: 204。

表4　國民(初級)中學課程標準：1952 與 1983 年版歷史課程教學目標

| 1952 | 1983 |
|---|---|
| 1.明瞭中華民族的演進和歷代疆域的變遷。 | 1.使學生明瞭中華民族的演進和歷代疆域的變遷。 |
| 2.明瞭我國政治制度及社會生活的演進。 | 2.使學生就國民小學社會學科所學基礎，進一步明瞭我國政治、社會、經濟、文化的發展，以期增強其愛國家、愛民族的情操與團結合作的精神。 |
| 3.從建國悠久文化燦爛史實中，認識民族的傳統精神，以啟發復興國家責任之自覺。 | 3.使學生從我國悠久歷史、燦爛文化的史實中，使學生認識民族的傳統精神、國民的地位與責任。 |
| 4.明瞭世界各主要民族演進的大要，及我國在國際上的地位和責任。 | 4.使學生明瞭世界各民族歷史的演進、文化的發展、時代的趨勢、以及我國在國際上的地位與責任。 |

資料來源：教育部，《中學課程標準》(1952)，112；教育部，《國民學中學課程標準》(1983)，91。

　　在上述教學目標中，我們發現兩者之間並沒有太大的差異，除了 1983 年版的文字略為柔性，國家立場的主體性兩者完全一致，以民族文化為依歸的意涵亦前後一貫，是典型以民族精神教育為宗旨的歷史教育[65]。

　　在授課時數方面(參見圖 4)，1952 年版為本國史每周 3 小時，一年兩學期計 6 小時，外國史每周 2 小時，一年兩學期計 4 小時[66]；但自 1955 年起，本國史、外國史授課時數皆為一年兩學期每周 2

---

[65] 徐雪霞，〈光復以來初級中學歷史教科書變遷及歷史意識〉，《臺南師專學報》，20 下：204；王仲孚，〈國中歷史科的性質與歷史教學的基礎知識〉，《臺灣教育》，434(臺北，1987. 02): 19-21；李國祁，〈歷史教育的目的與使命〉，《近代中國》，3(臺北，1977. 09): 41-46；李國祁，〈歷史教育的革新之道〉，《文訊月刊》，23=總號 62(臺北，1990. 12): 76-78。

[66] 教育部，《中學課程標準》(1952)，112。

小時，此時期中、外歷史所占比重相同[67]。

　　1968 年臺灣實施九年國民教育，前一年(1967)所公布的《國民中學課程標準草案》，其中"歷史課程標準"的教學目標與 1952 年版相當接近[68]；但在授課時數上有所調整[69]，中國史與外國史比例約為 60%:40%，恢復了 1952 年的

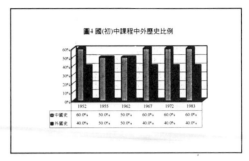

時間支配，而與 1955 年的時間支配不同；1972 年修訂的課程標準，"教學目標"、"時間支配"和"教材大綱"均沒有太大變動[70]；1983 年版《國民中學課程標準》，在"教學目標" "時間支配"上與此前版本完全相同[71]，但在"教材大綱"部分略有調整[72]，而課程內容則沒有太大變動[73]。

　　在上述 1952, 1962, 1967, 1972, 1983 年版的課程標準中，我們

---

[67] 教育部，《中學課程標準》(1956)，112。

[68] 教育部，《國民學中學課程標準草案》(1967)，81-84。

[69] 第一、二學年每周 2 小時，第三學年每周 1 小時；前三個學期講授本國史，其餘時間講習外國史；教育部，《國民中學課程標準草案》(1967)，81。

[70] 第一、二學年每週均二小時，第三學年每週一小時。三學年中，以前三個學期每週二小時講習本國史，其餘時間講習外國史；教育部，《國民學中學課程標準》(1972)，99-102。

[71] 第一學年及第二學年上學期每週二小時，講授本國史。第二學年下學期每週二小時，第三學年每週一小時，講授外國史；教育部，《國民學中學課程標準》(1983)，91。

[72] 教育部，《國民學中學課程標準》(1983)，2-100。

[73] 教育部，《國民學中學課程標準》(1983)，91-104。

了解除了 1955-1967 年間，中、外歷史所占比例相同外，本國史大
體占 60%，外國史占 40%；符合民族精神教育和國家主體性立場的
原則[74]。

1994 年教育部修正發布的《國民中學課程標準》中，歷史課
程不論在內容、目標、時間分配上，都有了極大的改變。就內容而
言，歷史課程分為"認識臺灣(歷史篇)"和"歷史"兩部分；其教學目標
如表 5 所列。

表5    1994 年版國民中學"認識臺灣(歷史篇)"與"歷史"課程教學目標

| 歷史 | 認識臺灣(歷史篇) |
|---|---|
| 1.引導學生瞭解歷史知識的本質。<br>2.引導學生對歷史發生興趣，俾能主動學習。<br>3.引導學生認清國家創建的艱辛及個人的責任。<br>4.培養學生具有開闊的心胸並成為具有世界觀的國民。 | 1.認識各族群先民開發臺、澎、金、馬的史實，加強承先啟後、繼往開來的使命感，並培養團結合作的精神。<br>2.認識自己生活周遭環境，培養愛鄉愛國的情操與具有世界觀的胸襟。<br>3.增進對臺、澎、金、馬文化資產的瞭解，養成珍惜維護的觀念。 |

資料來源：教育部，《國民學中學課程標準》(1994)，147; 217。

我們發現 1994 年版的歷史課程教學目標中，歷史知識的意義

---

[74] 這也是歐美大部分國家歷史課程的一般現象，請參閱：林慈淑、劉靜貞，
〈英國歷史教科書的編寫及其理念分析〉，收入：張元、周樑楷(主編)，《方
法論：歷史意識與教科書的編寫國際學術研討論文集》(新竹：清華大學歷
史研究所，1998)，311-336；周樑楷，〈歐洲和西方：高中歷史教科書研
究分析的基本問題〉，收入：張元、周樑楷(主編)，《方法論：歷史意識
與教科書的編寫國際學術研討論文集》，61-80；張四德，〈民族意識、史
學研究與歷史教科書的編撰：以美國為例〉，收入：張元、周樑楷(主編)，
《方法論：歷史意識與教科書的編寫國際學術研討論文集》，347-364；周
惠民，〈歷史教育與國家意識〉，4-12。

已經獲得重視，而且以"引導學生對歷史發生興趣"爲目標；特別是國家立場的主體性和培養世界公民獲得等量的重視，而不再僅限於以民族精神教育爲宗旨的歷史教育。在"認識臺灣(歷史篇)"教學目標的第 2 項"培養愛鄉愛國的情操與具有世界觀的胸襟"，在"愛鄉"與"愛國"的順序上，我們發現"愛鄉"置於"愛國"之前，在中文書寫習慣上表示"先愛鄉再愛國"，這和前此以國家立場爲主體性的教學目標有所不同；而且在這裡也增加了培養"具有世界觀的胸襟"，和歷史課程教學目標"培養學生具有開闊的心胸並成爲具有世界觀的國民"，彼此相互輝映；雖然一本《認識臺灣(歷史篇)》教科書，要做到培養世界觀恐怕不太容易[75]。

在時間分配上，臺灣史、中國史、外國史的比例爲20%: 40%: 40% (參考圖 5)[76]；中國史和世界史的比重相等，這是和此前歷年課程標準略有不同的地方。但如果把臺灣史放到本國史計算，則本國史占 60%，外國史占 40%，則又與

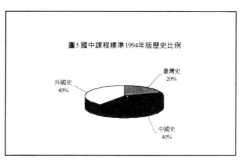

圖5 國中課程標準1994年版歷史比例

前幾次的課程標準相同，這裡真正要討論的其實是臺灣史在本國史所占比重。

---

[75] 周惠民教授的論文就對此有所批評，參見：周惠民，〈歷史教育與國家意識〉，15-16。

[76] "認識臺灣(歷史篇)"課程的時間支配爲第一學年上、下學期每周各一節；歷史課程的時間支配爲第二學年每週二節課，講授本國史；第三學年每週二節課，講授外國史；教育部，《國民中學課程標準》(1994)，147; 217。

我們無法用章節或課本頁數來衡量 1994 年以前課程標準中臺
灣史所占比例，但可以明顯看出 1994 年版的課程標準將臺灣史獨
立為一科目，說明以臺灣為主體性思考的臺灣史教學意涵[77]。

由於 1945 年以後，臺灣歷史教育以國家立場的主體性為依歸，
中華文化、儒家思想、中華民族等概念，早已深入人心，在這種強
調民族精神教育的意識形態下，"我國"歷史等於"中國"歷史的觀念
已然形成。因此，當以臺灣為主體性的國民中學歷史教科書出現時，
所引起的論爭是可以理解的[78]。1994 年修訂的《國民中學課程標
準》，不僅臺灣史獨立成科，歷史課程在目標、教材、綱要上也有
很大改變，我們試比較 1983 年和 1994 年版的教學目標(參閱表 6)，
即可了解其中所隱含的玄機。

表6　國民中學課程標準：1983 與 1994 年版歷史課程教學目標

| 1983 | 1994 |
|---|---|
| 1.使學生明瞭中華民族的演進和歷代疆域的變遷。 | 1.引導學生瞭解歷史知識的本質。 |
| 2.使學生就國民小學社會學科所學基礎，進一步明瞭我國政治、社會、經濟、文化的發展，以期增強其愛國家、愛民族的情操與團結合作的精神。 | 2.引導學生對歷史發生興趣，俾能主動學習。 |
| 3.使學生從我國悠久歷史、燦爛文化的史實中，使學生認識民族的傳統精神、國民的地位與責任。 | 3.引導學生認清國家創建的艱辛及個人的責任。 |
| 4.使學生明瞭世界各民族歷史的演 | 4.培養學生具有開闊的心胸並成為具有 |

[77] 這是本文第二節討論認識臺灣教科書論戰的由來。
[78] 論爭的內容隱然與"統"、"獨"立場有關，相關內容請參考：杜正勝，《臺灣心‧臺灣魂》，137-169；許南村，《認識臺灣教科書評析》(臺北：人間出版社，1999)。

| 進、文化的發展、時代的趨勢、以及我國在國際上的地位與責任。 | 世界觀的國民。 |
|---|---|

資料來源：教育部，《國民學中學課程標準》(1983)，91；教育部，《國民學中學課程標準》(1994)，217。

　　我們發現 1994 年版的"教學目標"，除了第 3 項"引導學生認清國家創建的艱辛及個人的責任"，維持國家立場的主體性之外，第1、2、4 項目標，和 1983 年版強調"愛國家、愛民族"的民族精神教育內涵，已有極大的不同。從 1952 年版的"初級中學歷史課程標準"到 1983 年版"國民中學歷史課程標準"，4 項教學目標幾乎大同小異，除了文字上的小幅修訂外，其意涵幾乎完全相同，但 1994 年版"國民中學歷史課程標準"顯然有了大幅度的改變，比較強調歷史知識的本質、引發學生學習歷史的興趣，以及培養學生的世界觀。

　　1994 年版國民中學"認識臺灣(歷史篇)"與歷史課程標準，在教學目標、授課時數、課程內容等方面都有巨大的改變，部分學者擔心國家主體性立場的喪失，部分學者則認為臺灣史所占比例可再增加，以加強臺灣為主體的歷史教育[79]；但未來課程的規劃，仍須視歷史學界的共識與臺灣現實政治的發展而定，臺灣史是否再加重比例，猶有待觀察。

## (三)高中的歷史課程與教學

　　臺灣的高中歷史課程，前後有過 5 次比較主要的修訂[80]，但在

---

[79] 杜正勝，《臺灣心‧臺灣魂》，140-142；黃秀政，〈國中"認識臺灣"(歷史篇)課程標準的研訂與特色〉，《人文及社會學科教學通訊》，5. 5=29(臺北，1995. 02): 11-16。

[80] 這 5 次修訂分別是 1952, 1962, 1971, 1983, 1995；1956 年版與 1952 年版內

課程內容上並沒有太大變動，僅課程的時間分配有些微改變，實際
的授課內容基本上均以中國史和外國史為主[81]。

---

容完全相同；參考：教育部，《中學課程標準》(臺北：教育與文化社，1952)；
教育部，《中學課程標準》(臺北：教育與文化社，1956)；教育部，《中
學課程標準》(臺北：正中書局，1962)；教育部，《高級中學課程標準》(臺
北：正中書局，1971)；教育部，《高級中學課程標準》(臺北：正中書局，
1983)；教育部，《高級中學課程標準》(臺北：教育部，1995)。

[81] 有關臺灣高中歷史課程的內容及其教學，論著甚夥，本文不擬在此詳述，
有興趣的讀者可參閱下列相關論著：王仲孚，〈高中中國文化史教學的困
難〉，《中等教育》，22. 3(臺北，1971. 06): 15-20；王仲孚，〈國、高中
歷史課程新標準簡介〉，《人文及社會學科教學通訊》，5. 5=29(臺北，1995.
02): 6-10；王仲孚，〈略談本國歷史教學上的幾個問題〉，《中等教育》，
32. 5(1981. 10): 11-14；王仲孚，〈最近六年臺灣地區歷史教育論文目錄〉，
《中等教育》，46. 1(臺北，1995. 02): 111-124；王仲孚，〈試論中學歷史
教科書〉，中國近代史學會主辦，"歷史教科書與歷史教育學術研討會" (臺
北：中央研究院，2000. 11)，17-18；王仲孚，〈談高中歷史的教學目標
與教科書的編輯〉，《人文及社會學科教學通訊》，10. 5=59 (臺北，2000.
02): 10-14；王仲孚，〈談新編高中歷史第一冊的編寫經過〉，《中等教育》，
36. 2(1985. 04): 11-17；李國祁，〈我國中學歷史課程及教材之檢討與建議〉，
《臺灣教育》，445(臺北，1988. 01): 4-8；周惠民，〈歷史教育與國家意
識〉，中央研究院主辦，《中央研究院第二屆國際漢學會議》(臺北，2000.
6. 29- 7. 1)；陳春梅，〈新編高中本國史(初版)有關臺灣日治時期教材之分
析比較及其與國中《認識臺灣(歷史篇)》之連貫性探討〉，中國近代史學
會主辦，"歷史教科書與歷史教育學術研討會"(臺北：中央研究院，2000. 11.
17-18)；黃秀政，〈高中歷史教科書的開放與審查〉，《人文及社會學科
教學通訊》，10. 5=59(臺北，2000. 02): 6-9；歐素瑛，〈銜接性課程的探
討——以現行中學歷史教科書為中心〉，《人文及社會學科教學通訊》，
5. 5=29(臺北，1995. 02): 17-33；嚴佳芳，〈探討現行國、高中教科書的銜
接性——以本國史為例〉，中國近代史學會主辦，"歷史教科書與歷史教
育學術研討會"(臺北：中央研究院，2000. 11)，17-18；吳瑞元，〈歷史科
新教材各版本比較—掌握歷史學習新紀元：歷史科新教材各版本比較與評
析，八十八學年度下學期社會科期初教學研究會書面報告〉(臺北，2000)；

　　1952 年版"高級中學歷史課程標準"，是以後幾次課程標準的基礎，除了 1995 年版與前面 4 次不同外，1952-1983 年的課程標準，除了文字上的改動，教學目標幾乎如出一轍；我們試以 1952 年和1971 年版課程標準加以比較即可了解。

表7　高級中學課程標準：1952 與 1971 年版歷史課程教學目標

| 1952 | 1971 |
|---|---|
| 1.明瞭中華民族之演進及各宗族間之融洽與相互依存關係。 | 1.明瞭中華民族之演進及各宗族間之融合與相互依存之關係。 |
| 2.明瞭我國歷代政治、經濟、社會、文化等變遷的趨向，特別注重光榮偉大的史實，以啓示復興民族之途徑及其應有之努力。 | 2.明瞭我國歷代政治、經濟、社會、文化等變遷的趨向，特別注重光榮偉大的史實與文化的成就，以啓示復興民族之途徑及其應有之努力。 |
| 3.明瞭世界各主要民族演進之歷史及其相互影響。 | 3.明瞭世界各主要民族演進之歷史及其相互之影響。 |
| 4.明瞭世界文化之演進及現代國際大勢，確立我國對國際應有之態度與責任。 | 4.明瞭世界文化之演進及現代國際大勢，確立我國對國際應有之態度與責任。 |

資料來源：教育部，《中學課程標準》(1952)，116； 教育部，《高級中學課程標準》(1971)，73。

http://mypaper1.ttimes.com.tw/user/askwusir/index.html；李孝悌，〈我對高中歷史教科書的一些想法〉，《清華歷史教學》，9(新竹，200)；http://vm.nthu.edu.tw/history/histeach/9-1-1. html。

在表 7 中，我們發現經過 20 年時間，"高級中學歷史課程標準"
的教學目標除了少數字眼的修訂外，幾乎完全沒有變動。在授課時
間上(參考圖 6)，1952 年
版為中國史 60%，外國
史 40%[82]；但自 1955 年
以後則為中國史 50%，
外國史 50%；這種情形
維持到 1962 年版課程
標準，再改回中國史

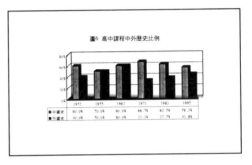

60%，外國史 40%[83]；1971 年的授課時數再度調整，為中國史 66.7%，
外國史 33.3%[84]；1983 年版中國史 62.5%，外國史 37.5%[85]，1995 年

---

[82] 1952 年版的時間分配為：自第二學年起，共四學期。第二學年每週三小時，
講授本國史；第三學年每週二小時，講授外國史(四十四年五月修正公布每
週教學時數表，第二學年改為每週二小時)；教育部，《中學課程標準》
(1952)，116。

[83] 1962 年版的時間分配如下：(1)第一、二學年，每週均二小時，為共同必修；
第三學年每週二小時，在乙表為必修，甲表為選修。(2)第一學年講授本國
史；第二學年講授外國史；第三學年講授本國文化史，以社會學科為主之
學生為必修，以自然學科為主之學生為選修。教育部，《中學課程標準》
(1962)，259。

[84] 1971 年版的時間分配如下：(1)第一、二學年，每週均二小時，為共同必修；
第三學年每週二小時，在乙表為必修。(2)第一學年及第二學年講授本國史；
第二學年第二學期講授近代世界史；第三學年第一學期講授中國文化史；
第三學年第二學期講授西洋文化史。教育部，《高級中學課程標準》(1971)，
73。

[85] 1983 年版的時間分配如下：(1)歷史部分：第一、二學年每週均授課二小時。
第一學年及第二學年第一學期講授本國史，第二學年第二學期講授近代世
界史。(2)中國文化史部分：第三學年，每週授課二至四小時[實際上課為
四小時]。(3) 西洋文化史部分：第三學年，每週授課二至四小時[實際上課

版的時間分配，中國史 56.3%，外國史 43.8%[86]；從中、外歷史所占比重略可看出臺灣高中歷史課程的重點所在，中國史所占比例基本上都在 50%以上，一般情形則維持在中國史占 60%、外國史占 40%。但課程所占比例並非高中歷史課程惟一值得關注的焦點，真正值得討論的有下列幾點：1.高中歷史課程和國中歷史課程的重疊性；2.1952-1983 年間的歷史課程教學目標一成不變；3.過度強調國家立場的主體性；4.臺灣史的不受重視。

　　就高中歷史課程和國中歷史課程的重疊性而言，我們試以 1972 年版國中與 1971 年版高中課程標準加以比較就可以了解。

表8　國中 1972 年版與高中 1971 年版歷史課程教學目標

| 1972 年版國中歷史課程教學目標 | 1971 年版高中歷史課程教學目標 |
|---|---|
| 1.使學生明瞭中華民族的演進和歷代疆域的變遷。 | 1.明瞭中華民族之演進及各宗族間之融合與相互依存之關係。 |
| 2.使學生明瞭我國政治制度及社會生活的演進。 | 2.明瞭我國歷代政治、經濟、社會、文化等變遷的趨向，特別注重光榮偉大的史實與文化的成就，以啟示復興民族之途徑及其應有之努力。 |
| 3.從建國悠久、文化燦爛的史實中，使學生認識民族的傳統精神，以啟發復興國家責任之自覺。 | 3.明瞭世界各主要民族演進之歷史及其相互之影響。 |
| 4.使學生明瞭世界主要民族演進的大要、時代的趨勢、及我國在國際上的地位和責任。 | 4.明瞭世界文化之演進及現代國際大勢，確立我國對國際應有之態度與責任。 |

---

　　為二小時]。教育部，《高級中學課程標準》(1983)，89; 441; 447。

[86] 1995 年版的時間分配如下：(1)歷史(本國史)：第一學年第一、第二學期講授，每週三節。(2)世界文化(歷史篇)：第二學年講授，每週二節。(3) 第三學年每週講授三節，其中第一學期講授中國文化史，第二學期講授世界文化史。教育部，《高級學中學課程標準》(1995)，91; 119; 461-462。

資料來源：教育部，《國民學中學課程標準》(1972)，99；教育部，《高級中學課程標準》(1971)，73。

　　從表 8 的對照中，我們可以看出教學目標雖有文字上的不同，但內容與意涵並無太大差異，這一方面說明了國中和高中歷史課程的重疊性，另一方面對教科書撰寫者而言，也很難明確劃分何者當寫入國中教材，何者當寫入高中教材[87]；不僅高中教材與國中有重複，高中教材本身也有重複，既有重複當然影響學習的內容(因為授課時數的排擠效應)，因而造成連貫性不足和整體歷史知識的缺漏。其中比較明顯的是，本國史部分教材與中國文化史重複，世界文化史和近代世界史亦有部分重複[88]。內容重複固然是國、高中歷史課程的一個大問題，教材的銜接不良，則是國、高中歷史課程另一個大難題[89]。高中世界史的教學是先講近代史，後講古代史，和國中課程

---

[87] 李國祁教授在〈我國中學歷史課程及教材之檢討與建議〉中指出高中歷史課程的一些問題：

　　……本國歷史仍然維持以朝代興衰為中心的架構，其中綱目與國中歷史教材大綱之綱目雷同處頗多，導致國高中歷史教材有相當的重複，素為論者所詬病。

李國祁，〈我國中學歷史課程及教材之檢討與建議〉，《臺灣教育》，445：6。

[88] 造成重複的原因是因為高中一、二年級歷史課為必修，三年級中國與世界文化史為選修，如果一、二年級課本中不寫文化史，則不修文化史的學生，即可能不具有基本的文化史知識，如一、二年級課本編寫文化史內容，勢必形成重複：李國祁，〈我國中學歷史課程及教材之檢討與建議〉，《臺灣教育》，445：6；張明雄，〈四十年來臺灣地區高中歷史教育的回顧〉，國立臺灣師範大學歷史系所(編)，《國際歷史教育研討會論文集》(臺北：國立臺灣師範大學歷史系所，1986)，267-284。

[89] 歐素瑛教授的研究指出國中與高中歷史課程在銜接性上有許多問題，包括：重複問題、縱向與橫向聯繫性的不足、教材組織不當；歐素瑛教授在論文中提出幾項修改的建議：(1)減少重複及次要人名、地名、年代等的出現；

的銜接並不良好。而國、高中歷史課程之所以會產生這些問題，主要是課程標準由兩個不同的委員會所訂定，教科書的編撰者也不同，彼此的協調不足[90]。

臺灣地區的歷史課程與歷史教學，基本上採取教育學中的螺旋理論，即各階段均講授中、外歷史，雖然在課程內容上有深淺之別，但課程間的重複有時很難避免。以 1945-1990 年代之間而言，有關本國史(事實上是中國史)的教學，總共有 4 次螺旋，即小學、國中、高中、大學各一次[91]；1993 年以後的課程標準仍維持 3 次螺旋，即小學、國中、高中各一次。既然採取螺旋式教育理論，各階段歷史課程的重複當然難以避免，問題在於螺旋幾次最適當，學者們在這方面的看法則是見仁見智[92]。

---

(2)加強與其他學科之間的聯繫；(3)改變教學方式，教師不應只是單向式的教學，應有雙向的溝通；(4)賦與歷史解釋、說明及客觀的評價與分析；(5)教材應適合學生的程度，為學生所需要；(6)教科書在編寫上可採單元式教學，提高其選擇性；(7)未來實施 12 年國教時，可參考西方的例子，將國中與高中歷史教科書聯編；歐素瑛，〈銜接性課程的探討——以現行中學歷史教科書為中心〉，《人文及社會學科教學通訊》，5.5=29: 17-33。

[90] 有關國、高中歷史課程銜接和連貫的問題，可參考．嚴佳芳，〈探討現行國、高中教科書的銜接性——以本國史為例〉；陳春梅，〈新編高中本國史(初版)有關臺灣日治時期教材之分析比較及其與國中《認識臺灣(歷史篇)》之連貫性探討〉；張明雄，〈四十年來臺灣地區高中歷史教育的回顧〉，國立臺灣師範大學歷史系所(編)，《國際歷史教育研討會論文集》，267-284。

[91] 這段期間大學必須修習"中國通史"課程，1993 年以後，"中國通史"課方始改為一般歷史課，學生可以選修校方所規定的歷史學分，但不必一定是中國史，更不必一定是"中國通史"，有的學校將歷史課獨立為大一歷史，和大一國文、大一英文同列必修課，有的學校將歷史課放到通識課程中，因此大學的歷史學分很難做一客觀之評量或分析。

[92] 這種情形在"九年一貫課程"中減少為兩次，即國小和國中一次，高中一次，

就教學目標而言，從 1952 年到 1995 年幾乎一成不變，除了授課時數和課程大綱的局部調整之外，可以說 1952 年到 1995 年之間的 40 幾年間，高中歷史課程，套句中國俗語真的是"換湯不換藥"，直到 1995 年版課程標準才稍稍改變這種現象[93]

臺灣史是否列入中學歷史課程，是臺灣歷史學界近十年來的新論題，部分臺灣史學者強調以臺灣為主體思考的重要性，主張中、小學歷史課程應加強臺灣史內容，這項主張在 1994 年版的國中課程標準已設置"認識臺灣(歷史篇)"，但此一課程的設置和教科書的撰寫，引發了臺灣史無前例的教科書爭議[94]。事實上，在中、小學歷史課程加入臺灣史，歷史學界基本上並沒有太多的反對意見，關鍵在於要不要有獨立科目的臺灣史課程，或將臺灣史插入中國史課程的部分章節中；1993 年版《國民小學課程標準》的社會科中，小學三、四年級修習臺灣史，五年級中國史，六年級世界史[95]；1994 年版《國民中學課程標準》的歷史課程，一年級修習臺灣史／"認識臺灣(歷史篇)"，二年級修習本國史／中國史，三年級修習世界史[96]；可以說在課程內容上加強了臺灣史所占比例及主體性，但 1995 年版《高級中學課程標準》的歷史課程，臺灣史內容則是插入中國史

---

這方面的討論請參閱下個小節"國民中、小學九年一貫課程中的歷史課程"。

[93] 筆者不敢以後見之明責備前賢，在歷次課程標準修訂或教科書改寫中，不乏筆者的師長參與其中，但時代的局限性，使他們無法以自己的自由意志訂定課程標準或編寫教科書，筆者此處所論僅係現象的陳述，殊無責備前賢之意，這一點在此特別說明。

[94] 相關討論請參閱本文第二節"從認識臺灣課程談起"。

[95] 教育部，《國民小學課程標準》(1993)，159-172。

[96] 教育部，《國民中學課程標準》(1994)，147; 217。

課程的部分章節中[97]。此外，將臺灣史視為鄉土史或本國史，也是歷史學界爭論的重要焦點[98]；由於臺灣的現實政治極為特殊，歷史課程出現這些爭議，對身處其中的歷史學工作者而言，完全是可以理解的，但對臺灣現實政治不了解的外國學者，可能難免霧裡看花，愈看愈花。

1995 年版"高級中學歷史課程標準"為歷次修訂幅度最大者，我們比較 1983 年版和 1995 年版的教學目標，就可以了解其間的改變。

表9　高級中學課程標準：1983 與 1995 年版歷史課程教學目標

| 1983 | 1995 |
|---|---|
| 1.明瞭中華民族之演進及各宗族間之融合與相互依存關係。 | 1.啟發學生對歷史的興趣，俾能主動學習歷史，吸取歷史經驗，增進人文素養。 |
| 2.明瞭我國歷代政治、經濟、社會、文化等變遷的趨向，特別 | 2.引導學生了解歷史知識的特質，使其認清歷史變遷對時代的重要性，以強化其 |

[97] 這一點是本文第二節"從認識臺灣課程談起"中，杜正勝教授提出同心圓理論而未被接受的由來；有關國、高中臺灣史課程銜接和連貫的問題，可參考：陳春梅，〈新編高中本國史(初版)有關臺灣日治時期教材之分析比較及其與國中《認識臺灣(歷史篇)》之連貫性探討〉，中國近代史學會主辦，"歷史教科書與歷史教育學術研討會"(臺北：中央研究院，2000. 11)，17-18。

[98] 由於臺灣的歷史教育長期以來以中國史為本國史，臺灣學生對中國史的認知顯然高於臺灣史，王明珂教授在一項針對臺灣青少年所做的社會歷史記憶調查指出，臺灣青少年對本國史的認知場域不限於臺灣，而且對中國史的認知遠高於臺灣史；對左鎮人、鄭成功與吳沙的認識，遠不及北京人、秦始皇或孫中山；這項調查的對象是國中一年級與高中二年級學生；王明珂，〈臺灣青少年的社會歷史記憶〉，《臺灣師範大學歷史學報》，25(臺北，1997. 06): 149-182；林玉体教授在 1985 年所做的調查，結果亦相近；林玉体，〈我國中學生歷史意識的調查報告〉，國立臺灣師範大學歷史系所(編)，《國際歷史教育討會論文集》(臺北：國立臺灣師範大學歷史系所，1986)，285-317。

| | |
|---|---|
| 注重光榮偉大的史實與文化的成就,以啓示復興民族之途徑及其應有之努力。<br>3.明瞭世界各主要民族演進之歷史及其相互之關係與影響。<br>4.明瞭世界文化之演進及現代國際大勢,確立我國對國際應有之態度與責任。 | 思考與分析能力。<br>3.引導學生思索人我、群我的關係,以培養學生對社會、民族、國家的認同感和責任心。<br>4.培養學生具有開闊的胸襟及世界觀,使能以更寬廣的角度思索中國歷史文化在世界歷史文化中之地位。 |

資料來源:教育部,《高級中學課程標準》(1983),89;教育部,《高級中學課程標準》(1994),91。

　　在表 9 中,我們看到 1983 年版的 4 項目標中,除了第 3 項"明瞭世界各主要民族演進之歷史及其相互之關係與影響",非關國家立場的主體性和民族精神教育,其餘 1, 2, 4 項均本於民族精神教育,且強調國家立場的主體性。1995 年版教學目標則較強調歷史本身的意義,而第 3 項"培養學生對社會、民族、國家的認同感和責任心",是世界各國歷史課程的一般目標[99]。任何國家的歷史教育都會強調國家立場的主體性,並以歷史課程培養國民的愛國心與民族認同。而在 1995 年版教學目標,我們看到"培養學生具有開闊的胸襟及世界觀",且不再像以往課程的教學目標般以我族本位方式思考,希望學生能"以更寬廣的角度思索中國歷史文化在世界歷史文化中之地位",就歷史教學而言,可以說為建立開闊的胸襟邁出

---

[99] 林慈淑、劉靜貞,〈英國歷史教科書的編寫及其理念分析〉,收入:張元、周樑楷(主編),《方法論:歷史意識與教科書的編寫國際學術研討論文集》,311-336;周樑楷,〈歐洲和西方:高中歷史教科書研究分析的基本問題〉,收入:張元、周樑楷(主編),《方法論:歷史意識與教科書的編寫國際學術研討論文集》,61-80;張四德,〈民族意識、史學研究與歷史教科書的編撰:以美國為例〉,收入:張元、周樑楷(主編),《方法論:歷史意識與教科書的編寫國際學術研討論文集》,347-364;周惠民,〈歷史教育與國家意識〉,4-12。

了一大步。

　　雖然 1995 年版課程標準和從前的標準比起來，不再過度強調我族中心，關於復興民族之類的字眼也不再出現，但這分課程標準尚未解決的問題是國家本位為何？是以中國為本位，或以臺灣為主體的思考，不僅是現實政治的難題，也是歷史教學的難題[100]。現實政治無法解決的問題，歷史教育恐怕很難越庖代俎。

　　1995 年版《高級中學課程標準》，和歷史相關的不僅是歷史課程，還有世界文化(歷史篇)、中國文化史、世界文化史，四者的教學目標，有的相互呼應，但亦有部分重疊之處。

表10　　1995 年版高中課程標準歷史課程教學目標

| 歷史 | 世界文化(歷史篇) | 中國文化史 | 世界文化史 |
|---|---|---|---|
| 1.啓發學生對歷史的興趣，俾能主動學習歷史，吸取歷史經驗，增進人文素養。 | 1.明瞭近代人文思想、政治思潮及大眾文化，以增進對世界文化的認識。 | 1.明瞭中國文化的起源與發展，以及在世界文化史上的地位，促進學生對中國文化的瞭解與關懷。 | 1.掌握人類思維方式的發展，以瞭解世界文化的整體演變。 |
| 2.引導學生了解歷史知識的特質，使其認清歷史變遷對時代的重要性，以強化其思考與分析能力。 | 2.明瞭近代社會中的種族、階級和兩性關係，以建立多元文化的世界觀。 | 2.瞭解歷代重要典章制度的演，以及學術思想、宗教信仰、文學藝術及科學技術等方面的成就，啓發學生的文化意 | 2.重視各區域文化的特質，以培養文化交流中的正確態度。 |
| 3.引導學生思索人我、群我的關 | 3.明瞭文化的變遷及影響，以培養歷史的思維方 | | 3.認識文化思潮的變遷，以增進思考理解的能力。 |

---

[100] 在依據教育部《高級中學課程標準》1995 年版所撰寫的高中歷史教科書中，有關中國史部分，課程標準明訂為中國歷史，但在教科書撰寫時，有的版本用"中國"，有的版本用"我國"；依據教育部《國民小學課程標準》1993 年版所編輯的國小社會教科書，則明確區別臺灣與中國，而不再使用較模稜兩可的"我國"；正好說明了臺灣史學界對中國史的認知各有不同觀點。

| 係，以培養學生對社會、民族、國家的認同感和責任心。 4.培養學生具有開闊的胸襟及世界觀，使能以更寬廣的角度思索中國歷史文化在世界歷史文化中之地位。 | 式。 | 識。 3.瞭解傳統中國文化兼容並蓄的精神，以及近代中國文化的變遷與新文化的發展，激發學生能主動思考中國文化的價值和現代意義。 | |
|---|---|---|---|

資料來源：教育部，《高級學中學課程標準》(1995)，91; 119; 461-462。

在表 10 所揭示的教學目標中，我們發現 1995 年版顯然較此前各版課程標準更強調歷史學本身的意涵，而且也較具世界觀，不再以狹隘的民族主義史觀為中心，雖然國家立場的主體性和民族精神教育的內涵繼續存在(而且也必須存在)[101]。這種以歷史學為中心的教學目標，應是符合當前世界歷史教育趨勢的。

雖然在 1995 年版的課程標準中，仍然有兩個待解決的問題：1.世界史的知識不夠完整；2.臺灣史的主體性。《高級中學課程標準》的世界文化(歷史篇)是以近代西方為主要內容[102]；在世界文化史部分，雖然顧及世界文化的各個面向，且由古到今[103]，但因授課時數

---

[101] 這是世界各國歷史教育的共同目標，參考：周惠民，〈歷史教育與國家意識〉，4-12。

[102] "世界文化(歷史篇)"的教材綱要有 8 章：(1)世界史觀與歷史的思維，(2)工業革命與法國大革命以來的世界，(3)近代政治與社會思潮，(4)物質材料的進步，(5)資訊傳播媒體的普及，(6)日常生活與大眾文化的變遷，(7)人文思想與文化價值，(8)世界文化的交流；教育部，《高級中學課程標準》(1995)，119-121。從這些章節來看，明顯受到年鑑史學(Annales School)的影響，但未呈現完整的世界史概念亦顯而易見。

[103] "世界文化史"的教材綱要有 8 章，因為章名無法呈現實際內容，筆者將節

不足[104]，教材內容難以深入。其次是有關臺灣史的主體性問題，在
1995 年版的課程標準中，臺灣史占中國史 19 章中的 4 章[105]；不僅
內容稍偏少，而且缺乏主體性，學者們因而提出不同的看法[106]。這
兩個問題在未來課程標準修訂時，是否會有所調整，不僅是歷史學
界內部的問題(持中國／臺灣立場主體性學者間的拔河)，更要看現實政治
的發展如何。

## (四)國民中、小學九年一貫課程中的歷史課程

　　1997 年教育部規劃國民中、小學九年一貫課程七大學習領域，

---

　　名一併附在各章之下：一、"神話思維"的時代：(一) 石器時代的社會與文
　　化，(二)古代兩河流域和埃及的文化；二、人文思想興起：(一) 兩河流域
　　帝國的更迭及其文化，(二) 古印度文化，(三) 希臘文化；三、大帝國的出
　　現及文化交流：(一)希臘化時代，(二)羅馬時代；四、世界三大宗教的興起
　　及影響：(一)早期基督教的發展，(二)拜占庭帝國的文化，(三)中古時代前
　　期的歐洲，(四)回教的興起與阿拉伯世界的文化，(五)佛教的傳播；五、十
　　一至十五世紀的社會與文化：(一)歐亞草原民族對世界文化交流的影響，(二)
　　東南亞地區的文化，(三)美洲的文化，(四)歐洲社會與文化的變遷；六、近
　　代西方文化的興起：(一)商業資本社會的形成，(二)文藝復興與宗教改革，
　　(三)近代科學的興起與啓蒙運動；七、近代西方文化的發展及其問題：(一)
　　浪漫運動的興衰，(二) 新興社會階層及其對工業文化的回應，(三)科學主
　　義及工業資本社會的優勢；八、當代世界文化：(一)一八八○至一九三○
　　年代的思潮，(二)現代化的理論與實際，(三)當今世界文化的展望；教育部，
　　《高級中學課程標準》(1995)，462-466。
[104] 第三學年下學期，每周授課三節；教育部，《高級中學課程標準》(1995)，
　　462。
[105] 這三章分別是：(12)臺灣的開發與經營；(14)臺灣建省與乙未割讓；(18)"臺
　　灣經驗"的建立；(19)臺灣社會的文化變遷；教育部，《高級中學課程標準》
　　(1995)，94-96。
[106] 杜正勝，《臺灣心‧臺灣魂》，140-145; 149-161。

並委託各領域規劃小組進行專案研究,開啓臺灣地區國中、小學九年一貫課程的新頁;但九年一貫課程在臺灣學術界、教育界,甚至整個社會,卻引起各種不同程度的回響;憂心忡忡者有之,殷殷期盼者有之;贊同者有之,反對者有之;可謂眾聲喧嘩,莫衷一是[107]。在歷史相關課程中,比較引起討論的主要有兩個部分:1.合科與分科的爭議;2.歷史教學應有幾次螺旋?

在"國民中、小學九年一貫課程"中,最引起歷史學界討論和疑慮的是歷史課程併入社會學習領域中,因而沒有獨立的歷史科目[108]。

---

[107] 教育部所規劃的"國民中、小學九年一貫課程"計有 7 大學習領域:語文、健康與體育、社會、藝術與人文、數學、自然與科技、綜合活動;教育部,《國民教育階段九年一貫課程總綱綱要》(臺北:教育部,1998),8-9;筆者在這裡無法詳細交代九年一貫課程的內容,僅就歷史相關課程做一簡要說明;對九年一貫課程有興趣的讀者,可參考:中華民國教材發展學會,《邁向課程新紀元》,上、下(臺北:中華民國教材發展學會,1999)。

[108] 歷史科併入社會學習領域,來自 1996 年行政院教育改革審議委員會的《教育改革總諮議報告書》,這分報告書對國中、小課程提出下列建議:

積極統整課程,減少學科之開設,並避免過分強調系統嚴謹之知識架構,以落實生活教育與學生身心發展的整體性,減少正式上課時數,減輕學生課業負擔。增加活動課程,對於目前生活上的重要課題,如環保、倫理、道德、民主、法治、世界觀等生活教育內容,應加以重視,並整合於各科教學與活動中。目前國中地理、歷史、公民,可合併為社會科;理化、生物、地球科學可合併為自然科或綜合科學。國小健康教育,亦可與自然科或其他生活教育活動等合科。國小之團體活動、輔導活動或國中鄉土藝術活動等,應使學生落實於生活中,不宜單獨設科教學。

行政院教育改革審議委員會,《教育改革總諮議報告書》(臺北:行政院教育改革審議委員會,1996),38;教育部 1998 年所發布的《國民中、小學九年一貫課程總綱綱要》即依據此項建議將課程規劃為 7 大學習領域;教育部,《國民教育階段九年一貫課程總綱綱要》,8-9;教育部 2000 年所公布的《國民中、小學九年一貫課程暫行綱要》,則確定社會學習領域的內容及實施時間表,自 2001 年至 2005 年分 4 年完成;教育部,《國民中、

臺灣各大學歷史系所主任曾為此發表連署書，強列反對取消國中歷史科課程的做法；部分歷史學者和社會科教育專家亦持反對立場[109]；反對的理由主要約可分為 3 點：1.歷史是一門獨立而完整的學科，不能被割裂，而且就學術的分類而言，也沒有一種叫做社會科的學門，合科的教材無法編寫；2.歷史教育是民族精神教育的重要環節，放在"社會學習領域"無法彰顯其重要性，亦無法培養國民愛國家愛民族的情懷；3.歷史在"社會學習領域"中所占分量太少，以"社會學習領域"的 9 個主題軸而言，只有第 2 個主題軸"人與時間"屬於歷史學，僅占"社會學習領域"的 1/9，將來學生的歷史程度將大為低落。

此外，有關歷史教學應有幾次螺旋的問題，亦為歷史學者所關心；已往臺灣的歷史教學，以 1945-1990 年代之間而言，本國史教學總共有 4 次螺旋，即小學、國中、高中、大學各一次；1993-1995 年修訂的中、小學課程標準仍維持 3 次螺旋，即小學、國中、高中各一次；世界史亦有 3 次螺旋，即小學、國中、高中各一次；在"九年一貫課程"中則減少為 2 次，即國中、小學合為一次，高中一次。有學者認為只有 2 次螺旋不夠，特別是臺灣史課程僅在小學有，國中歷史課程只有中國史和世界史，小學生的認知無法深入臺灣史，因此建議國中至少應有一學期讓學生習得較完整而有系統的臺灣

---

小學九年一貫課程暫行綱要》(臺北：教育部，2000. 12)，1-2; 255-272。

[109] 反對歷史科併入"社會學習領域"的歷史學者包括王仲孚、張元、吳文星等教授；社會科教育專家李緒武教授亦持反對觀點；筆者此處無法詳述其內容，有興趣的讀者請參閱下列相關論著：王仲孚主持、林淑華紀錄整理，〈九年一貫社會科課程下的歷史教育座談會紀錄〉，《近代中國》，132(臺北，1999. 08): 197-224；吳文星，〈社會科七至九年級課程設計芻議(以日本為例)〉，中華民國教材發展學會，《邁向課程新紀元》，上，224-230。

史[110]。

　　"社會學習領域"比較接近歷史學的是第 2 個主題軸"人與時間"，能力指標顯示國中、小學合為一個螺旋的情形[111]：小學一、

---

[110] 如吳文星教授即持此類觀點，在新史學雜誌社主辦的"歷史教科書與歷史教學座談會"中，吳文星教授表示：「新的課程標準[案：指"九年一貫課程"]要將現行國中一年級所實施的臺灣歷史、地理、社會放到小學五、六年級，然因涉及學生學習心理發展、學習經驗及實際教材編寫，事實上並不可能深入而有系統地將臺灣史地與社會作為學習的內涵，因此我們建議未來在七至九年級，至少宜以一學期讓學生習得較完整而有系統的臺灣史。」新史學主辦，〈歷史教科書與歷史教學座談會(記錄稿摘要)〉，《新史學》，11. 4(臺北，2000. 12): 154。

[111] 為了論述的方便，茲將"國民中、小學九年一貫課程暫行綱要‧社會學習領域‧人與時間"的能力指標條列於下：

　　編號說明：在下列「a-b-c」編號中，a 代表主題軸序號，b 代表學習階段序號，c 代表流水號。第一學習階段為小學二年級結束，第二學習階段為小學四年級結束，第三學習階段為小學六年級結束，第四學習階段為國中三年級結束。

　　2-1-1 了解住家及學校附近環境的歷史變遷。

　　2-1-2 描述家族定居與遷徙的經過。

　　2-2-1 了解居住城鎮(縣市鄉鎮)的人文環境與經濟活動的歷史變遷。

　　2-2-2 認識居住城鎮(縣市鄉鎮)的古蹟或考古發掘，並欣賞地方民俗之美。

　　2-3-1 探索臺灣社會制度與經濟活動的歷史變遷，並了解其價值觀念的形成。

　　2-3-2 探討臺灣文化的內涵與淵源。

　　2-3-3 了解今昔臺灣與亞洲和世界的互動關係。

　　2-4-1 認識中國歷史發展過程中的思想、文化、社會制度、經濟活動與政治興革。

　　2-4-2 了解今昔中國與亞洲、世界的互動關係。

　　2-4-3 認識世界歷史發展過程中的思想、文化、社會制度、經濟活動與政治興革。

二年級學習住家、學校、社區的歷史；小學三、四年級學習居住城鎮(縣市鄉鎮)的歷史(即鄉土史)；小學五、六年級學習臺灣史；國中學習中國史、世界史，以及有關歷史意義和歷史解釋相關的內涵。"社會學習領域‧人與時間"主題軸的能力指標試圖將歷史課程減為兩次螺旋，並將歷史學的意義和解釋列入課程，但有學者認為並無新意[112]。

　　"九年一貫課程"將自 2001 年開始分年實施，預計在 2005 年全面完成，"社會學習領域‧人與時間"主題軸能力指標對歷史教學所帶來的影響如何，恐需待數年後方有可能進行評估。

# 四、結論

　　臺灣因為現實政治、特殊的時空背景與歷史經驗，在歷史教育與歷史教科書的編寫上，特別強調民族精神教育與國家立場的主體性，惟此亦為當代世界各國歷史教育的共同內涵。

　　從 1945 年到 2000 年的 55 年間，臺灣的歷史課程標準曾歷經多次修訂，歷史教科書亦歷經多次改寫，本文以較宏觀的眼光，勾勒 55 年來臺灣歷史教育和歷史教書的大略面貌，為關心此一論題

---

　　2-4-4　比較人們對歷史的不同說法和不同解釋。

　　2-4-5　從演變與革命的觀點，分析歷史的變遷。

　　2-4-6　從直線前進與循環的觀點，分析歷史的變遷。

　　教育部，《國民中、小學九年一貫課程暫行綱要‧社會學習領域》(臺北：教育部，2000. 12)，22-23。

[112] 林慈淑教授即認為"人與時間能力指標"似無新意，請參閱：林慈淑，〈"學歷史"與"歷史學"之間——九年一貫"人與時間"領域規劃之商榷〉，中國近代史學會主辦，"歷史教科書與歷史教育學術研討會"(臺北：中央研究院，2000. 11. 17-18)，6- 25。

的學者提供一幅鳥瞰式的圖象。

　　1987 年臺灣地區解嚴之後，進入多元思考的時代，分別在 1993、1994、1995 年修訂的國小、國中、高中課程標準，和過去幾次修訂的課程標準顯然有所不同，意識形態在歷史教學中削弱許多，但國家立場的主體性和民族精神教育的內涵仍繼續維持(而且也必須維持)，因爲這是世界各國歷史教育的共同目標。目前歷史課程中爭議性較大的論題有三：(一)臺灣史的主體性，(二)"國民中、小學九年一貫課程"的合科與分科問題，(三)中、小學歷史課程應有幾次螺旋。

　　有關臺灣史的主體性問題，1993 年和 1994 年修訂的國中、小學歷史課程標準，比較以臺灣爲主體來看待臺灣史(2000 年發布的"國民中、小學九年一貫課程"亦同)；1995 年修訂的高中歷史課程，則將臺灣史置於中國史課程中；與國中、小學歷史課程在銜接性和立場的主體性上並不同調；但這不只是歷史學界內部的問題(持中國／臺灣立場主體性學者間的拔河)，更涉及現實政治問題，未來的發展非可逆料。有關"國民中、小學九年一貫課程"的合科與分科問題，歷史學界主張分科，教育專家主張合科，未來發展尚有待觀察。而中、小學歷史課程應有幾次螺旋的問題，學者們的觀點見仁見智，在短時間內可能很難找到至當歸一的答案。

# 五、統計表

## (一)臺灣地區歷史研究所博、碩士論文區域比例(1945-2000)

| 區　域 | 篇　數 | 比　　例 | 篇　數 | 比　例 | 篇　數 | 比　例 | 篇　數 | 比　　例 | 篇　數 | 比　例 | 篇　數 | 比　例 |
|---|---|---|---|---|---|---|---|---|---|---|---|---|
| 分　期 | 1945-1960 | 1949-1960 | 1961-1970 | 1961-1970 | 1971-1980 | 1971-1980 | 1981-1990 | 1981-1990 | 1991-2000 | 1991-2000 | 1945-2000 | 1945-2000 |
| 中國史 | 19 | 100.0% | 88 | 93.6% | 279 | 80.6% | 413 | 76.6% | 667 | 66.0% | 1,466 | 73.0% |
| 臺灣史 | 0 | 0.0% | 3 | 3.2% | 43 | 12.4% | 67 | 12.4% | 109 | 10.7% | 222 | 11.1% |
| 外國史 | 0 | 0.0% | 3 | 3.2% | 24 | 6.9% | 59 | 10.9% | 234 | 23.1% | 320 | 15.9% |
| 總篇數 | 19 | | 94 | | 346 | | 539 | | 1010 | | 2008 | |

## (二)臺灣地區歷史研究所博、碩士論文臺灣史與中國近現代史對照(1985-2000)

| 年代 | 1985 | 1986 | 1987 | 1988 | 1989 | 1990 | 1991 | 1992 |
|---|---|---|---|---|---|---|---|---|
| 近現代 | 40.4% | 41.9% | 51.0% | 36.7% | 39.0% | 41.5% | 45.5% | 48.8% |
| 臺灣史 | 12.8% | 16.1% | 12.2% | 18.4% | 12.2% | 15.1% | 15.2% | 21.3% |

| 年代 | 1993 | 1994 | 1995 | 1996 | 1997 | 1998 | 1999 | 2000 |
|---|---|---|---|---|---|---|---|---|
| 近現代 | 22.7% | 29.6% | 25.9% | 33.9% | 24.5% | 22.1% | 28.3% | 36.7% |
| 臺灣史 | 18.7% | 29.6% | 25.9% | 24.3% | 30.2% | 27.9% | 29.3% | 33.3% |

## (三)國民中學歷史課程授課時數及所占比例

| 年　代 | 中國史時數 | 中國史比例 | 外國史時數 | 外國史比例 | 總　計 |
|---|---|---|---|---|---|
| 1952 | 6 | 60.0% | 4 | 40.0% | 10 |
| 1955 | 4 | 50.0% | 4 | 50.0% | 8 |
| 1962 | 4 | 50.0% | 4 | 50.0% | 8 |
| 1967 | 6 | 60.0% | 4 | 40.0% | 10 |
| 1972 | 6 | 60.0% | 4 | 40.0% | 10 |
| 1983 | 6 | 60.0% | 4 | 40.0% | 10 |

## (四)國民中學歷史課程授課時數及所占比例(1994)

| 1994 | 臺灣史 | 中國史 | 外國史 | 總　計 |
|---|---|---|---|---|
| 時　數 | 2 | 4 | 4 | 10 |
| 比　例 | 20.0% | 40.0% | 40.0% | 100.0% |

## (五)高級中學歷史課程授課時數及所占比例

| 年　代 | 中國史時數 | 中國史比例 | 外國史時數 | 外國史比例 | 總　計 |
|---|---|---|---|---|---|
| 1952 | 6 | 60.0% | 4 | 40.0% | 10 |
| 1955 | 4 | 50.0% | 4 | 50.0% | 8 |
| 1962 | 6 | 60.0% | 4 | 60.0% | 10 |
| 1971 | 8 | 66.7% | 4 | 33.3% | 12 |
| 1983 | 10 | 62.5% | 6 | 37.5% | 16 |
| 1995 | 9 | 56.3% | 7 | 43.8% | 16 |

# 徵引書目

## 一、中、日文部分(依作者姓名筆劃排列)

### (一)專書

1. 小野川秀美(著),林明德、黃福慶(譯),《晚清政治思想研究》,臺北:時報出版公司,1982。
2. 中山久次郎,《以內鮮看滿洲的歷史》,大連:南滿鐵道株式會社大連圖書館,1932。
3. 中央研究院近代史研究,《近世中國經世思想研討會論文集》,臺北:中央研究院近代史研究所,1984。
4. 中國人民大學清史研究所、中國社會科學院邊疆史地研究中心(編),《清代邊疆史地論著索引》,北京:中國人民大學出版社,1988。
5. 中國近現代史論集編輯委員會(編),《中國近現代史論集》26《對日抗戰》,上,臺北:商務印書館,1986。
6. 中華民國教材發展學會,《邁向課程新紀元》,上、下,臺北:中華民國教材發展學會,1999。

7. 孔恩(Thomas Kuhn)(著)、王道還(編譯),《科學革命的結構》(*The Structure of Scientific Revolutions*),臺北:遠流出版公司,1989。

8. 方豪,《中西交通史》,1-5,臺北:華岡出版公司,1977。

9. 牛頓出版公司,《國民小學社會科課本》,1-9,臺北:國立編譯館,1995-2000。

10. 王仲孚(主編),《高級中學世界文化(歷史篇)》,上、下,臺中:大同資訊企業股份有限公司,2000-2001。

11. 王仲孚(主編),《高級中學歷史》,上、下,臺中:大同資訊企業股份有限公司,1999-2000。

12. 王仲孚,《歷史教育論集》,臺北:商鼎文化出版社,1997。

13. 王汎森,《古史辨運動的興起》,臺北:允晨文化出版公司,1987。

14. 王汎森,《章太炎的思想:兼論其對傳統的衝擊》,臺北:時報出版公司,1985。

15. 王沛綸(編著),《音樂辭典》,臺北:音樂與音響雜誌社,1989。

16. 王爾敏,《晚清政治思想史論》,臺北:華世出版社,1976。

17. 王德威,《眾聲喧嘩》,臺北:遠流出版公司,1988。

18. 布洛克(Marc Bloch)著、周婉窈(譯),《史家的技藝》,臺北:遠流出版公司,1989。

19. 白壽彝,《中國史學史》,1,上海:上海人民出版社,1986。

20. 矢野仁一,《滿洲近代史》,東京:弘文堂,1941。

21. 石璋如等,《中國歷史地理》,1-3 冊,臺北:中華文化出版事業委員會,1954。

22. 行政院國家科學委員會,《博士論文提要暨碩士論文目錄》,臺北:行政院國科會,1987。

23. 余英時,《中國近代思想史上的胡適》,臺北:聯經出版公司,1984

24. 余英時,《史學與傳統》,臺北:時報出版公司,1982。

25. 余英時,《陳寅恪晚年詩文釋證——兼論他的學術精神和晚年心境》,臺北:時報文化出版公司,1984。

26. 余英時,《猶記風吹水上鱗》,臺北:三民書局,1991。

27. 余英時,《論戴震與章學誠》,臺北:華世出版社,1977。

28. 李孝悌,《高級中學歷史》,下,臺北:龍騰文化事業公司,2000。

29. 李東華(主編)，《高級中學世界文化(歷史篇)》，上、下，臺北：三民書局，2000-2001。

30. 李東華(主編)，《高級中學歷史》，上、下，臺北：三民書局，1999-2000。

31. 李澤厚，《中國現代思想史論》，北京：東方出版社，1988。

32. 杜正勝，《臺灣心‧臺灣魂》，高雄：河畔出版社，1998。

33. 杜瑜、朱玲玲(編)，《中國歷史地理學論著索引(1900-1980)》，北京：書目文獻出版社，1986。

34. 杜維運，《中國史學史》，1，臺北：三民書局，1993。

35. 杜維運，《史學方法論》，臺北：三民書局，1985。

36. 杜維運，《清代史學與史家》，臺北：東大圖書公司，1984。

37. 杜維運，《聽濤集》，臺北：弘文館出版社，1985。

38. 杜維運、陳錦忠(編)，《中國史學史論文選集》，3，臺北：華世出版社，1980。

39. 杜維運、黃進興(編)，《中國史學史論文選集》，1-2，臺北：華世出版社，1976。

40. 沈松僑，《學衡派與五四時期的反新文化運動》，臺北：臺灣大學文學院，1984。

41. 汪啓璋、顧連理、吳佩華(編譯)，《外國音樂辭典》，上海：上海音樂出版社，1993。

42. 汪榮祖(編)，《五四研究論文集》，臺北：聯經出版公司，1979。

43. 汪榮祖，《晚清變法思想論叢》，臺北：聯經出版公司，1983。

44. 周陽山、楊肅獻(編)，周策縱(等)，《五四與中國》，臺北：時報出版公司，1979。

45. 周陽山、楊肅獻(編)，張灝(等)，《近代中國思想人物論——晚清思想》，臺北：時報出版公司，1980。

46. 周樑楷，《高級中學世界文化(歷史篇)》，上、下，臺北：龍騰文化事業公司，2000-2001。

47. 周質平，《胡適叢論》，臺北：三民出版社，1992。

48. 東京帝國大學文學部(編)，《滿洲歷史地理》，第 1-15 卷，東京：東京帝國大學，1915-1937。

49. 林能士(主編),《高級中學世界文化(歷史篇)》,上、下,臺南:南一
    書局,2000-2001。

50. 林能士(主編),《高級中學歷史》,上、下,臺南:南一書局,1999-
    2000。

51. 林毓生,《思想與人物》,臺北:聯經出版公司,1983。

52. 邵銘煌,〈抗戰前北方學人與獨立評論〉,臺北:國立政治大學歷史
    研究所碩士論文,1979。

53. 金毓黻,《中國史學史》,臺北:鼎文書局,1983。

54. 青木富太郎,《東洋學の成立とその發展》,東京:螢雪書院株式會
    社,1940。

55. 侯健,《從文學革命到革命文學》,臺北:中外文學月刊社,1974。

56. 俞大維等,《談陳寅恪》,臺北:傳記文學出版社,1970。

57. 南一書局(主編),《國民小學社會科課本》,1-12,臺南:南一書局,
    1995-2001。

58. 政治大學社資中心,《全國博碩士論文分類目錄》,臺北:政治大學,
    1977。

59. 政治大學社資中心,《全國博碩士論文分類目錄》,臺北:政治大學,
    1985。

60. 政治大學社資中心,《全國博碩士論文分類目錄》,臺北:政治大學,
    1989。

61. 政治大學圖書館,《中文博碩士論文索引光碟資料庫》,臺北:政治
    大學,1998。

62. 施耐德(Schneider, Laurence A.)著,梅寅生(譯),《顧頡剛與中國新史
    學》(Ku Chieh-kang and China's New History),臺北:華世出版社,1984。

63. 柯保安(Paul A. Cohen), Discovering History in China: American
    Historical Writing on the Recent Chinese Past;中譯本見:李榮泰等
    (譯),《美國的中國近代史研究——回顧與前瞻》,臺北:聯經出版
    公司,1991。

64. 柳詒徵,《中國文化史》,臺北:正中書局,1954。

65. 胡昌智,《歷史知識與社會變遷》,臺北:聯經出版公司,1988。

66. 胡春惠(主編),《高中歷史——本國歷史》,上、下,臺北:正中書

局,1999-2000。

67. 胡春惠(主編),《高級中學世界文化(歷史篇)》,上、下,臺北:正中書局,2000-2001。

68. 胡逢祥、張文建,《中國近代史學思潮與流派》,上海:華東師範大學出版社,1991。

69. 胡頌平,《胡適之先生年譜長編初稿》,臺北:聯經出版公司,1984。

70. 胡適,《胡適口述自傳》,臺北:傳記文學出版社,1981。

71. 胡適,《胡適文選‧考據》,臺北:文星書店,1968。

72. 胡適,《胡適文選》,臺北:文星書店,1967。

73. 胡適,《胡適作品集》,第1-33冊,臺北:遠流出版公司,1986。

74. 胡繩武、金沖及,《從辛亥革命到五四運動》,長沙:湖南人民出版社,1983。

75. 孫中山先生與近代中國學術討論集編輯委員會(編),《孫中山先生與近代中國學術討論集》,臺北:孫中山先生與近代中國學術討論集編輯委員會,1985。

76. 袁英光、桂遵義,《中國近代史學史》,上、下,江蘇:江蘇古籍出版社,1989。

77. 馬金科、洪金陵,《近代中國史學發展敘論》,北京:中國人民大學出版社,1994。

78. 國史館清史稿校註編纂小組(編),《清史稿校註》,臺北:國史館清史稿校註編纂小組,1986-1989。

79. 國立中興大學歷史學系(主編),《第三屆史學史國際研討會論文集》,臺北:青峰出版社,1991。

80. 國立臺灣師範大學歷史系所(編),《國際歷史教育討論會論文集》(臺北:國立臺灣師範大學歷史系所,1986),267-284。

81. 國立編譯館(主編),《高級中學中國文化史》,上、下,臺北:國立編譯館,1997-1998。

82. 國立編譯館(主編),《高級中學世界文化史》,上、下,臺北:國立編譯館,1997-1998。

83. 國立編譯館(主編),《高級中學歷史》,1-4,臺北:國立編譯館,1997-1998。

84. 國立編譯館(主編)，《國民小學社會科課本》，1-12，臺北：國立編譯館，1995-2001。

85. 國立編譯館(主編)，《國民中學認識臺灣(社會篇)》，臺北：國立編譯館，2000-2001。

86. 國立編譯館(主編)，《國民中學認識臺灣(歷史篇)》，臺北：國立編譯館，2000-2001。

87. 國立編譯館(主編)，《國民中學歷史》，1-4，臺北：國立編譯館，2000-2001。

88. 康軒文教事業公司(主編)，《國民小學社會科課本》，1-12，臺北：康軒文教事業公司，1995-2001。

89. 康樂，黃進興(編)，《歷史學與社會科學》，臺北：華世出版社，1981。

90. 張元，《高級中學歷史》，上，臺北：龍騰文化事業公司，1999。

91. 張元、周樑楷，《方法論：歷史意識與歷史教科書的分析編寫國際學術研討會論文集》，新竹：清華大學歷史研究所，1996。

92. 張玉法(主編)，《中國現代史論集》，第 1-10 輯，臺北：聯經出版公司，1981。

93. 張玉法，《中國現代史》，上、下，臺北：東華書局，1980。

94. 張忠棟，《胡適五論》，臺北：允晨文化公司，1987。

95. 張朋園，《梁啓超與民國政治》，臺北：食貨出版社，1981。

96. 張朋園，《梁啓超與清季革命》，臺北：中央研究院近代史研究所，1972。

97. 張朋園等(訪問紀錄)，《郭廷以先生訪問錄》，臺北：中央研究院近代史研究所，1987。

98. 張哲郎(主編)，《歷史學系課程教學研討會論文集》，上、下，臺北：國立政治大學歷史系，1993。

99. 張崇山等(編)，《胡適來往書信選》，上、下，香港：中華書局香港分局，1983。

100. 張蔭麟，《張蔭麟先生文集》，上、下，臺北：九思出版公司，1977。

101. 教育部，《中學課程標準》，臺北：正中書局，1962。

102. 教育部，《中學課程標準》，臺北：教育與文化社，1952。

103. 教育部，《中學課程標準》，臺北：教育與文化社，1956。

104. 教育部，《高級中學課程標準》，臺北：正中書局，1971。

105.教育部,《高級中學課程標準》,臺北:正中書局,1983。

106.教育部,《高級中學課程標準》,臺北:教育部,1994。

107.教育部,《國民小學暫行課程標準》,臺北:正中書局,1968。

108.教育部,《國民小學課程標準》,臺北:正中書局,1975。

109.教育部,《國民小學課程標準》,臺北:教育部,1993。

110.教育部,《國民中小學九年一貫課程暫行綱要》,臺北:教育部,2000.
   12。

111.教育部,《國民中學課程標準》,臺北:教育部,1994。

112.教育部,《國民教育階段九年一貫課程總綱綱要》,臺北:教育部,1998.
   09。

113.教育部,《國民學中學課程標準》,臺北:正中書局,1972。

114.教育部,《國民學中學課程標準》,臺北:正中書局,1983。

115.教育部,《國民學中學課程標準草案》,臺北:教育部中等教育司,1967。

116.教育部,《國民學校課程標準》,臺北:正中書局,1962。

117.教育部,《國民學校課程標準》,臺北:商務印書館,1952。

118.教育部人文及社會學科教育指導委員會(主編),《歷史科教學研究》,
   臺北:幼獅文化事業公司,1993。

119.梁啓超,《中國歷史研究法》(內含〈新史學〉、《中國歷史研究法》
   《中國歷史研究法補編合刊本》),臺北:鼎文書局,1994。

120.許冠三,《新史學九十年 1900-》,上、下,香港:中文大學出版社,
   1986; 1988。

121.許南村,《認識臺灣教科書評析》,臺北:人間出版社,1999。

122.陳志明,《顧頡剛的疑古史學》,臺北:商鼎文化出版社,1993。

123.陳垣,《明季滇黔佛教考》,收入:陳垣,《中國佛教之歷史研究》,
   臺北:九思出版社,1977。

124.陳垣,《南宋初河北新道教考》,臺北:新文豐出版社,1977。

125.陳垣,《通鑑胡注表微‧小引》,收入:司馬光撰,胡三省注,章鈺
   校記,《新校資治通鑑注》,臺北:世界書局,1977。

126.陳寅恪,《陳寅恪先生全集‧補編》,臺北:九思出版公司,1977。

127.陳寅恪,《陳寅恪全先生全集》,上、下,臺北:九思出版公司,1977。

128.陳寅恪,《寒柳堂集》,臺北:里仁書局,1980。

129.陳樂素、陳智超(合編),《陳垣史學論著選》,上海:上海人民出版社,1981。

130.陳豐祥,《高級中學歷史》,上、下,臺北:建宏出版社,2000。

131.陸寶千,《清代思想史》,臺北:廣文書局,1983。

132.傅虹霖(著),王海晨、胥波(譯),《張學良的政治生涯》,瀋陽:遼寧大學出版社,1988。

133.傅斯年,《東北史綱‧古代之東北》,北平:國立中央研究院歷史語言研究所,1932。

134.傅斯年,《傅斯年全集》,1-7,臺北:聯經出版公司,1980。

135.傅樂成,《傅孟真先生年譜》,收入:《傅斯年全集》,7,臺北:聯經出版公司,1970。

136.彭明輝,《疑古思想與現代中國史學的發展》,臺北:商務印書館,1991。

137.彭明輝,《歷史地理學與現代中國史學》,臺北:東大圖書公司,1995。

138.湯一介(編),《論傳統與反傳統》,臺北:聯經出版公司,1989。

139.黃秀政,《歷史學科教育之趨勢》,臺北:教育部人文及社會學科教育指導委員會,1996。

140.逯耀東,《中共史學的發展與演變》,臺北:時報出版公司,1979。

141.逯耀東,《且做神州袖手人》,臺北:允晨文化出版公司,1989。

142.逯耀東,《史學危機的呼聲》,臺北:聯經出版公司,1987。

143.逯耀東,《胡適與當代史家》,臺北:東大圖書公司,1998。

144.新學友書店(主編),《國民小學社會科課本》,1-11,臺北:新學友書店,1995-2001。

145.楊奎松,《西安事變新探》,台北:東大圖書公司,1995。

146.雷家驥,《中古史學觀念史》,臺北:學生書局,1990。

147.雷海宗,《中國文化與中國的兵》,香港:龍門書店,1968。

148.滿鐵庶務課,《滿蒙歷史》,大連:南滿洲鐵道株式會社大連圖書館,1937。

149.趙令揚,《關於歷代正統問題之爭論》,香港:學津出版社,1977。

150.劉寅生、謝巍、房鑫亮(編校),《何炳松論文集》,北京:商務印書館,1990。

151.劉康,《對話的喧聲:巴赫汀文化理論述評》,臺北:麥田出版公司,

1995。

152.劉廣京，《經世思想與新興事業》，臺北：聯經出版公司，1991。

153.箭內亙等，《滿洲歷史地理》，東京：南滿鐵道株式會社，1913。

154.蔣天樞(編)，《陳寅恪先生編年事輯》，臺北：弘文館出版社，1985。

155.蔣廷黻，《中國近代史研究》，臺北：九思出版公司，1978。

156.蔣廷黻，《蔣廷黻回憶錄》，臺北：傳記文學出版社，1984。

157.蔣秉南，《陳寅恪編年事輯》，臺北：弘文館出版社，1985。

158.鄭學稼，《社會史論戰簡史》，臺北：黎明文化公司，1978。

159.翰林出版社(主編)，《國民小學社會科課本》1-12，臺南：翰林出版
   社，1995-2001。

160.錢穆，《國史大綱》，上、下 ，臺北：商務印書館，1980。

161.錢鍾書，《談藝錄》，香港：龍門書店，1965。

162.謝國楨，《明末清初的學風》，北京：人民出版社，1982。

163.魏格林(S. Weigelin-Schwiedrzik)、施耐德(Axel Schneider)(主編)，《中
   國史學史研討會：從比較觀點出發論文集》(*International Symposium:
   Chinese Historiography in Comparative Perspective*)，臺北：稻鄉出版社，
   1999。

164.嚴耕望，《治史答問》，臺北：商務印書館，1985。

165.饒宗頤，《中國歷史上之正統論》，臺北：宗青圖書公司，1979。

166.顧頡剛(主編)，《古史辨》，1-7，臺北：明倫出版社，1970，景印本。

167.顧頡剛，《秦漢的方士與儒生》，臺北：里仁書局，1985。

168.顧頡剛，《當代中國史學》，香港：龍門書店，1964。

## (二)論文

1.  方豪，〈略論張蔭麟先生在史學上之成就 〉，《書目季刊》，13. 4(臺
    北，1980. 03): 61-65。

2.  王仲孚，〈高中中國文化史教學的困難 〉，《中等教育》，22. 3(臺北，
    1971. 06): 15-20。

3.  王仲孚，〈國、高中歷史課程新標準簡介 〉，《人文及社會學科教學
    通訊》，5. 5=29(臺北，1995. 02): 6-10。

4.  王仲孚,〈國中歷史科的性質與歷史教學的基礎知識〉,《臺灣教育》,
    434(臺北,1987. 02): 19-21。

5.  王仲孚,〈略談本國歷史教學上的幾個問題〉,《中等教育》,32. 5(臺
    北,1981. 10): 11-14。

6.  王仲孚,〈最近六年臺灣地區歷史教育論文目錄〉,《中等教育》,46.
    1(臺北,1995. 02): 111-124。

7.  王仲孚,〈試論中學歷史教科書〉,中國近代史學會主辦,"歷史教科
    書與歷史教育學術研討會",臺北:中央研究院,2000. 11. 17-18。

8.  王仲孚,〈對於國一公民、歷史、地理合併為「社會科」的質疑〉,
    《人文及社會學科教學通訊》,2. 1(臺北,1991. 06): 207-213。

9.  王仲孚,〈談高中歷史的教學目標與教科書的編輯〉,《人文及社會
    學科教學通訊》,10. 5=59 (臺北,2000. 02): 10-14。

10. 王仲孚,〈談新編高中歷史第一冊的編寫經過〉,《中等教育》,36. 2(臺
    北,1985. 04): 11-17。

11. 王仲孚主持、林淑華紀錄整理,〈九年一貫社會科課程下的歷史教育
    座談會紀錄〉,《近代中國》,132(臺北,1999. 08): 197-224。

12. 王汎森,〈什麼可以成為歷史証據——近代中國新舊史料觀點的衝突〉,
    《新史學》,8. 2(臺北,1997. 06): 93-132。

13. 王汎森,〈傅斯年對胡適觀點的影響〉,《漢學研究》,14. 1(臺北,
    1996. 06): 177-193。

14. 王汎森,〈讀傅斯年檔案札記〉,《當代》,116(臺北,1995. 12): 30-53。

15. 王聿均,〈羅家倫對史學與文學的貢獻〉,上,《中外雜誌》,40. 1(總
    233)(臺北,1996. 07): 32-38。

16. 王聿均,〈羅家倫對史學與文學的貢獻下〉,下,《中外雜誌》,40. 2(總
    234)(臺北,1996. 08): 32-35。

17. 王明珂,〈臺灣青少年的社會歷史記憶〉,《臺灣師範大學歷史學報》,
    25(臺北,1997. 06): 149-182。

18. 王國維,〈最近二三十年中中國新發見之學問〉,《學衡》,45 (上
    海,1925. 09;本文所據為台北:台灣學生書局 1971 年景印本): 6151-
    6163。

19. 王晴佳,〈胡適與何松比較研究〉,《史學理論研究》,2(北京,1996):

62-78。

20. 王德毅，〈司馬光與《資治通鑑》〉，收入：杜維運、黃進興(編)，《中國史學史論文選集》，1(臺北：華世出版社，1976)，515-536 。

21. 王震邦，〈臺灣近三十年來的胡適研究(傳記類專著部分)〉，上，《國文天地》，6. 9=69(臺北，1991. 02): 108-111。

22. 王震邦，〈臺灣近三十年來的胡適研究(專論類專著部分)〉，下，《國文天地》，6. 10=70(臺北，1991. 03): 107-111。

23. 丘為君，〈清代思想史「研究典範」的形成、特質與義涵〉，《清華學報》，24. 4(新竹，1994. 12): 451-494。

24. 矢野仁一，〈滿蒙藏は支那の領土に非る論〉，《外交時報》，35. 412 (1931): 51-71。

25. 朱鴻召，〈文化與政治的岐途──胡適與五四新文化運動〉，《中國文化月刊》，203(臺北，1997. 02): 73-87。

26. 何炳棣，〈讀史閱世六十年──胡適之先生雜憶〉，《歷史月刊》，70(臺北，1993. 11): 68-76。

27. 余英時，〈五四運動與中國傳統〉，收入：汪榮祖(編)，《五四研究論文集》(臺北：聯經出版公司，1979)，113-124。

28. 吳文星，〈《認識臺灣(歷史篇)》對日本殖民統治時期社會變遷之編纂〉，《人文及社會學科教學通訊》10：5=59 (臺北，2000. 02): 35-43。

29. 吳文星，〈社會科七至九年級課程設計芻議(以日本為例)〉，中華民國教材發展學會，《邁向課程新紀元》，上(臺北：中華民國教材發展學會，1999)，224-230。

30. 吳秀玲，〈「羅家倫先生百年誕辰」口述歷史座談會紀實〉，《近代中國》，116(臺北，1996. 12): 64-85。

31. 吳瑞元，〈歷史科新教材各版本比較─掌握歷史學習新紀元：歷史科新教材各版本比較與評析，八十八學年度下學期社會科期初教學研究會書面報告〉，http://mypaper1.ttimes.com.tw/user/askwusir/index.html。

32. 呂實強，〈胡適的史學〉，收入：中央研究院近代史研究所，《近代中國歷史人物論文集》(臺北：中央研究院近代史研究所，1983)，581-616。

33. 宋晞，〈民國以來的史學──國八十五年九月十五日上午在中國歷史學會年會上講〉，《國史館館刊》，21(1996. 12): 1-26。

34. 李小兵，〈歷史的原罪與贖還：「五四」七十年祭〉，《中國論壇》，
    28. 2(臺北，1989. 04): 7-12。

35. 李永謀，〈國小教科書歷史教材內涵分析及國小高年級兒童歷史知識
    與歷史意識之研究〉，嘉義：嘉義師範學院教育研究所碩士論文，1997，
    未刊稿。

36. 李孝悌，〈我對高中歷史教科書的一些想法〉，《清華歷史教學》，9(新
    竹，200)；http://vm.nthu.edu.tw/history/histeach/9-1-1.html。

37. 李東華，〈一九四九年以後中華民國歷史學研究的發展〉，《中國論
    壇》，21. 1=241(1985. 10): 36-43。

38. 李東華，〈中華民國歷史學博士論文內容及方法之評析〉，《史學評
    論》，8(臺北，1984. 07): 21-149。

39. 李國祁，〈八十六年度國民中學歷史科教材精簡工作紀實〉，《人文
    及社會學科教學通訊》8. 5=47 (臺北，1996. 02): 24-33。

40. 李國祁，〈我國中學歷史課程及教材之檢討與建議〉，《臺灣教育》，
    445(臺北，1988. 01): 4-8。

41. 李國祁，〈談國中歷史科教科書編寫的理想與認知〉，《國立編譯館
    通訊》，10. 1=34(臺北，1997. 01): 18-22。

42. 李國祁，〈歷史教育的目的與使命〉，《近代中國》，3(臺北，1977. 09):
    41-46。

43. 李國祁，〈歷史教育的革新之道〉，《文訊月刊》，23=總號 62(臺北，
    1990. 12): 76-78。

44. 李雲漢，〈羅志希先生的新史學觀——紀念志希先生百年誕辰〉，《近
    代中國》，116(臺北，1996. 12): 86-107。

45. 李筱峰，〈近三十年來臺灣地區大學歷史研究所中有關臺灣史研究成
    果之分析〉，《臺灣風物》，34. 2(臺北，1984. 06): 84-97。

46. 李緒武，〈國中史地公民合科教學的商榷〉，《人文及社會學科教學
    通訊》，2. 1(臺北，1991. 06): 213-215。

47. 李緒武，〈國民小學社會科的教學功能〉《臺灣教育》，434(臺北，1987.
    02): 19-21。

48. 李慶西，〈國中歷史教科書教材內容疑難問題的歸類與對策〉，《中

學教育學報》，3(臺北，1996. 06): 135-155；http://isst.edu.tw/s61/home1.
htm。

49. 李慶西，〈國民中學歷史教科書相關問題的探討〉，《中學教育學報》，
2(臺北，1995. 06) :147- 168。

50. 李歐梵，〈五四文人的浪漫精神〉，收入：周陽山、楊肅獻(編)，周
策縱(等)，《五四與中國》(臺北：時報出版公司，1979)，295-315。

51. 杜正勝，〈中國史在臺灣研究的未來〉，《歷史月刊》，92(臺北，1995.
09): 79-85。

52. 杜正勝，〈中國社會史研究的探索——特從理論、方法與資料、課題
論〉，收入；國立中興大學歷史學系(主編)，《第二屆史學史國際研
討會論文集》(臺北：青峰出版社，1991)，25-76。

53. 杜正勝，〈從疑古到重建——傅斯年的史學革命及其與胡適、顧頡剛
的關係〉，《當代》，116(臺北，1995. 12): 10-29。

54. 杜正勝，〈發刊詞〉，《新史學》，1. 1(臺北，1990. 03): 1 -4。

55. 杜維運，〈史學方法的教與寫〉，收入：張哲郎(主編)，《歷史學系
課程教學研討會論文集》，上(臺北：政治大學歷史系，1993)，45-68。

56. 杜維運，〈民國史學與西方史學〉，收入：孫中山先生與近代中國學
術討論集編輯委員會(編)，《孫中山先生與近代中國學術討論集》，2(臺
北：孫中山先生與近代中國學術討論集編輯委員會，1985)，344-358。

57. 杜維運，〈梁(啓超)著《中國歷史研究法》探源〉，《中央研究院歷
史語言研究所集刊》，51. 2(臺北，1980. 06): 315-323。

58. 沈雲龍，〈五四愛國運動的歷史回顧與價值評估〉，《傳記文學》，34.
5(臺北，1979. 05): 11-18。

59. 汪榮祖，〈五四與民國史學之發展〉，杜維運、陳錦忠(編)，《中國
史學史論文選集》，3(臺北：華世出版社，1980)，509。

60. 汪榮祖，〈梁啓超新史學試論〉，《中央研究院近代史研究所集刊》，
2(臺北，1971. 06): 227-236。

61. 阮毅成，〈記何炳松先生〉，《傳記文學》，17. 2(臺北，1970. 08): 25-31。

62. 周玉山，〈五四的歷史與文學〉，《聯合文學》，12. 7(臺北，1996. 05):
55-57。

63. 周惠民，〈歷史教育與國家意識〉，中央研究院主辦，《中央研究院

第三屆國際漢學會議》，臺北：中央研究院，2000. 6. 29- 7. 1。

64. 周策縱(著)、蔡振念(譯)，〈五四前後的孔教與反孔教運動〉，《大陸雜誌》，76. 3(臺北，1988. 03): 21-32。

65. 周質平，〈胡適與梁漱溟〉，《漢學研究》，12. 1=23(臺北，1994. 06): 61-73。

66. 林一新，〈五四運動的歷史意義〉，《中華文化復興月刊》，10. 6(臺北，1977. 06): 14-22。

67. 林玉体，〈我國中學生歷史意識的調查報告〉，國立臺灣師範大學歷史系所(編)，《國際歷史教育討會論文集》(臺北：國立臺灣師範大學歷史系所，1986)，285-317。

68. 林慈淑，〈"學歷史"與"歷史學"之間——九年一貫"人與時間"領域規劃之商榷〉，中國近代史學會主辦，"歷史教科書與歷史教育學術研討會"，臺北：中央研究院，2000. 11. 17-18。

69. 林毓生，〈「問題與主義」論辯的歷史意義〉，收入：余英時(等)，《中國歷史轉型時期的知識分子》(臺北：聯經出版公司，1992)，63-71。

70. 林德政，〈梁啓超對傳統史學的態度及其新主張〉，《成大歷史學報》，16(臺南，1990. 03): 229-256。

71. 林德政，〈論梁啓超的治史方法〉，《歷史月刊》，14(臺北，1989. 03): 154-155。

72. 林麗月，〈以國史爲志業：張蔭麟的史學生平〉，《歷史月刊》，13(臺北，1989. 02): 9-13。

73. 林麗月，〈國中歷史第一冊的編寫與教學〉，《人文及社會學科教學通訊》，10. 5=59 (臺北，2000. 02): 45-51。

74. 林麗月，〈新編國中歷史第一冊的編寫構想〉，《國立編譯館通訊》，10. 1=34(臺北，1997. 01): 4-6。

75. 施添福，〈國中社會科分科與合科的論述〉，《人文及社會學科教學通訊》，2. 1(臺北，1991. 06): 215-226。

76. 胡昌智，〈呂祖謙的史學〉，收入：杜維運、陳錦忠(編)，《中國史學史論文選集》，3 (臺北：華世出版社，1980)，289-129。

77. 胡昌智，〈簡介《中國歷史研究法(附補編)》〉，《歷史月刊》，1(臺北，1988. 02): 154-155。

78. 孫同勛，〈談傅斯年先生的史學〉，《歷史月刊》，12(臺北，1989. 01): 8-13。

79. 徐雪霞，〈中學歷史教科書的歷史意識分析—以國初中本國史爲例〉，《教育研究資訊》，2. 3(臺北，1994. 05): 123-137。

80. 徐雪霞，〈光復以來初級中學歷史教科書變遷及歷史意識〉，《臺南師專學報》，20 下(臺南，1987. 04): 201-220。

81. 徐雪霞，〈我國國小歷史教育研究的回顧與展望〉，《人文及社會學科教學通訊》，2. 5(臺北，1992. 02): 42-58。

82. 徐雪霞，〈歷史不留白——試評國小新社會科實驗課程鄉土史教材〉，《國教之友》，17. 1-510(臺北，1996. 04). 5-10, http://www.ntntc.edu.tw/~gac500/book/540-1.Htm。

83. 秦賢次，〈梁啓超與五四運動〉，《傳記文學》，34. 5(臺北，1979. 05): 36-39。

84. 袁筱梅，〈"國中歷史教師對歷史教科書中秦漢時代人物的看法"問卷調查報告〉，《人文及社會學科教學通訊》，10. 5=59 (臺北，2000. 02): 53-82。

85. 康虹麗，〈論梁任公的新史學和柳翼謀的國史論〉，收入：杜維運、陳錦忠(編)，《中國史學史論文選集》，3(臺北：華世出版社，1980)，429-498。

86. 張中雲，〈整理國故運動的研究：以章太炎、胡適、顧頡剛爲例〉，臺北：東吳大學中國文學研究所碩士論文，1996，未刊稿。

87. 張其昀，〈吾師柳翼謀先生〉，收入：《張其昀先生文集》，9(臺北：國史館，中國國民黨中央黨史委員會，文化大學，1988)，4710-4718。

88. 張其昀，〈張蔭麟先先的史學〉，收入：張蔭麟，《張蔭麟先生文集》，上(臺北：九思出版公司，1977)，5-11。

89. 張明雄，〈四十年來臺灣地區高中歷史教育的回顧〉，收入：國立臺灣師範大學歷史學系所(編)，《國際歷史教育研討會論文集》(臺北：國立臺灣師範大學歷史系所，1986)，267-284。

90. 張朋園，〈胡適與梁啓超：兩代知識分子的親和與排拒〉，《中央研究院近代史研究所集刊》，15 下(臺北，1986. 12): 81-108。

91. 張朋園，〈梁啓超與五四時期的新文化運動〉，《國立中央圖書館館刊》，6. 1(臺北，1973. 03): 1-15。

92. 張效乾，〈懷念張蔭麟先生〉，《傳記文學》，39. 1(臺北，1981. 07): 115-116。

93. 張學良，〈西安事變懺悔錄〉，《明報月刊》，33(香港，1968. 9): 50-53。

94. 張灝，〈五四運動的批判與肯定〉，《當代》，1(臺北，1986. 05): 48-60。

95. 陳天民，〈國防部史政編譯局現藏國軍檔案概況〉，《近代中國史研究通訊》(臺北：中研院近史所，1995. 11): 65-78。

96. 陳木杉，〈大陸史學界對五四運動的曲解〉，《中國歷史學會史學集刊》，23(臺北，1991. 07): 265-283。

97. 陳以愛，〈北京大學研究所國學門早期的發展(1922-1927)兼論中國現代學術研究機構的興起〉，臺北：政治大學歷史研究所碩士論文，1997未刊稿。

98. 陳正茂，〈少年中國學會之研究〉，臺北：國立政治大學歷史研究所碩士論文，1988，未刊稿。

99. 陳明銶著，張榮芳(譯)，〈《資治通鑑》的史學〉，《食貨月刊》，12. 4-6 (臺北，1982. 08-09): 164-178。

100.陳芳明，〈宋代正統論的形成背景及其內容〉，《食貨月刊》，復刊1. 8(臺北，1971. 11): 16-28。

101.陳芳明，〈宋遼金史的纂修與正統之爭〉，《食貨月刊》，2. 8(臺北，1972. 11): 398-411。

102.陳春梅，〈新編高中本國史(初版)有關臺灣日治時期教材之分析比較及其與國中《認識臺灣(歷史篇)》之連貫性探討〉，中國近代史學會主辦，"歷史教科書與歷史教育學術研討會"，臺北：中央研究院，2000. 11. 17-18。

103.陳昭順，〈五四時期的反儒學思潮〉，臺北：國立政治大學歷史研究所碩士論文，1989，未刊稿。

104.陳紀瀅，〈五四人物的影響與貢獻——胡適、羅家倫、傅斯年〉，《文訊月刊》，4. 2=43(臺北，1989. 05): 27-30。

105.陳訓慈，〈清代浙東之史學〉，收入：杜維運、黃進興(編)，《中國史學史論文選集》，2(臺北：華世出版社，1976)，597-666。

106.陳坤淑，〈國民中學歷史教科書課程目標、教材編輯及實施現況之研究〉，高雄：國立高雄師範大學教育研究所碩士論文，1995，未刊稿。

107.陶英惠，吳大猷，〈關於羅家倫口述五四運動文〉，《傳記文學》，54.6=325(臺北，1989. 06): 49-50。

108.彭明輝，〈古史辨運動與五四反儒學思潮〉，《史學集刊》，20(臺北，1988. 05): 265-324。

109.彭明輝，〈顧頡剛與中國史學現代化的萌芽：以史料學為中心的探討〉，《國史館館刊》，復刊 12(臺北，1992): 9-24。

110.黃秀政，〈高中歷史教科書的開放與審查〉，《人文及社會學科教學通訊》，10. 5=59(臺北，2000. 02): 6-9。

111.黃秀政，〈國中"認識臺灣(歷史篇)"課程標準的研訂與特色〉，《人文及社會學科教學通訊》，5. 5=29(臺北，1995. 02): 11-16。

112.黃俊傑，〈近十年來國內史學方法論的研究及其新動向(民國六十年至民國七十年)〉，下，《漢學研究通訊》，2. 3 (臺北，1983. 07): 135- 145。

113.黃俊傑，〈近十年來國內史學方法論的研究及其新動向(民國六十年至民國七十年)〉，上，《漢學研究通訊》，2. 2 (1983. 04): 69-76。

114.黃俊傑，〈關於「史學方法論」教學工作的幾點思考〉，收入：張哲郎(主編)，《歷史學系課程教學研討會論文集》，上(臺北：政治大學歷史系，1993)，65-136。

115.黃進興，〈梁啟超的終極關懷〉，《史學評論》，2(臺北，1980. 07): 85-100。

116.黃進興，〈論「方法」及「方法論」：以近代中國史學意識為系絡〉，收入：康樂，黃進興(編)，《歷史學與社會科學》(臺北：華世出版社，1981)，21- 42。

117.逯耀東，〈《三國志注》與裴松之三國志自注〉，收入：《勞貞一先生八秩榮慶論文集》(臺北：聯經出版公司，1986)，257-272。

118.逯耀東，〈經史分途與史學評論的萌芽〉，《大陸雜誌》，71. 6(臺北，1985. 12): 1-7。

119.逯耀東，〈裴松之與《三國志注》研究〉，《國立編譯館館刊》，3. 1(臺北，1974. 3): 1-34。

120.逯耀東，〈裴松之與魏晉史學評論〉，《食貨月刊》，復刊 15. 3&4 (臺北，1985. 9): 93-107。

121.新史學主辦，〈歷史教科書與歷史教學座談會(記錄稿摘要)〉，《新史學》，11. 4(臺北，2000. 12): 139-194。

122. 葉憶如，〈顧頡剛古史神話觀研究〉，高雄：國立高雄師範大學國文研究所碩士論文，1993，未刊稿。

123. 齊思和，〈晚清史學的發展〉，《燕京社會科學》，2(北京，1949. 10): 1-35。

124. 劉子健，〈史學方法和社會科學：研究宋代的一些例證〉，《食貨月刊》，復刊，15. 9&10(1986. 04): 371 -374。

125. 劉紹唐(主編)，〈民國人物小傳(35)〉，《傳記文學》，28. 5(臺北，1976. 05): 119-124。

126. 劉德美，〈何炳松與新史學的提倡〉，《教學與研究》，4(臺北，1982. 06): 187-200。

127. 劉曉芬，〈我國中學歷史教科書中臺灣史教材之分析〉，臺北：國立政治大學教育研究所碩士論文，1991，未刊稿。

128. 劉龍心，〈史料學派與中國史學之科學化〉，臺北：國立政治大學歷史研究所碩士論文，1992，未刊稿。

129. 歐素瑛，〈銜接性課程的探討——以現行中學歷史教科書爲中心〉，《人文及社會學科教學通訊》，5. 5=29(臺北，1995. 02): 17-33。

130. 潘光哲，〈郭沫若與中國馬克思主義史學的起源〉(臺北：政治大學歷史研究所碩士論文，1992，未刊稿。

131. 蔡學海，〈胡適對史學方法論及文化史的見解和貢獻〉，《大陸雜誌》，67. 2(臺北，1983. 08): 3-26。

132. 鄭文芳，〈國中歷史教科書在教師教學歷程中使用情形之探討〉，臺南：國立成功大學教育研究所碩士論文，1996，未刊稿。

133. 盧紹慶，〈記何炳松先生的史學〉，《東方雜誌》，44(臺北：東方雜誌社，1973. 09): 52-60。

134. 聯合報，〈我們要教給孩子什麼樣的歷史〉，《聯合報》，1997. 3. 28。

135. 謝泳，〈三大史學家三條不同的道路——胡適、陳垣與陳寅恪〉，《傳記文學》，70. 5=420(臺北，1997. 05): 43-45。

136. 魏格林(S. Weigelin-Schwiedrzik)，〈"史"與"論"——中國史學類型學的研究〉，收入：魏格林(S. Weigelin-Schwiedrzik)、施耐德(Axel Schneider)(主編)，《中國史學史研討會：從比較觀點出發論文集》

(*International Symposium: Chinese Historiography in Comparative Perspective*)(臺北：稻鄉出版社，1999)，323-347。

137.羅炳錦，〈梁啓超對中國史學研究的創新〉，《新亞學報》，10. 1 上 (香港，1971. 12): 145-268。

138.羅家倫口述，馬星野筆記，〈蔡元培時代的北京大學與五四運動：「五四」領導人之一羅家倫自述，五十四年前舊作首度發表〉，《傳記文學》，54. 5=324(臺北，1989. 05): 13-21。

139.嚴佳芳，〈探討現行國、高中教科書的銜接性——以本國史爲例〉，中國近代史學會主辦，"歷史教科書與歷史教育學術研討會"，臺北：中央研究院，2000. 11. 17-18。

# 二、西文部分(依作者姓名英文字母排列)

1. Bahktin, M. M. *Problems of Dostoevsky's Poetics*. ed. and trans. by Emerson. Minneapolis: Minesota University press, 1984.

2. Bakhtin, M. M. *The Dialogic Imagination*. ed. by Michael Holguist, Trans. by Caryl Emerson & Michael Holguist. Austin: University of Texas press, 1981.

3. Bloch, Marc. *Strange Defeat*. New York: W.W Norton & Company Inc. 1968.

4. Chen, Joseph T. (陳曾燾) *The May Fourth Movement in Shanghai: The Making of a Social Movement in Modern China*. Leiden: 1972.

5. Chow, Tse-tsung. (周策縱) *The May Fourth Movement: Intellectual Revolution in Modern China*. Cambridge, Mass.: Harvard University, 1960.

6. Dirlik, Arif. *Revolution and History, The Origins of Marxist Historiography in China, 1919-1937*. Berkeley & L. A., California: University of California Press, 1978.

7. Grieder, Jerome B. *Hu Shih and the Chinese Renaissance: Liberalism in the Chinese Revolution, 1917--1937*. Cambridge, Mass.: President and Fellows of Harvard College, 1970.

8. Gunnar, Andersson J. *Children of the Yellow Earth: Studies in Prehistoric*

China. Cambridge, Mass.: The MIT Press, 1973.

9. Kwok, D. W. Y. (郭穎頤) *Scientism in Chinese Thought, 1900-1950.* New Haven: Yale University Press, 1965.

10. Lin, Yü-sheng. (林毓生) *The Crisis of Chinese Consciousness, Radical Antitraditionalism in the May Fourth Era.* Madison, Wisconsin: The University of Wisconsin Press, 1979.

11. Randel, Don Michael. *The New Harvard dictionary of music.* Cambridge, Mass.: Belknap press of Harvard University press, 1986.

12. Sadie, Stanley. *The New Grove dictionary of music and musicians.* Vol.15. London: Macmillan Publishers; Washington, D.C.: Grove dictionaries of music, 1995.

13. Schneider, Laurence A. *Ku Chieh-kang and China's New History.* California: University of California Press, 1971.

14. Schwartz, Benjamin I. *In Search of Wealth and Power: Yen Fu and The West.* Cambridge, Mass.: Havard University, 1964.

15. Teng, Ssu-yu. (鄧嗣禹) *China's Response to the West: A Documentary Survey, 1839-1923.* New York, 1971.

16. Wang, Fan-shen. (王汎森) "Fu Ssu-nien: History and Politics in Modern China," Princeton: Princeton University, Ph.D. Dissertation, 1993, Unpublished.

# 三、網站

1. 網站：中央研究院近代史研究所 www.sinica.edu.tw/imh/index.html。

2. 網站：中央研究院臺灣史研究所籌處 www.sinica.edu.tw/as/intro/ith_c.html。

3. 網站：中央研究院歷史語言研究所 www.ihp.sinica.edu.tw。

4. 網站：中國國民黨中央黨史委員會 www.kmt.org.tw。

5. 網站：私立中國文化大學史學系 www.pccu.edu.tw/pccu/pccu-depart/liberal-arts/014.html。

6. 網站：私立東吳大學歷史學系 www.scu.edu.tw/thi/index.htm。

7. 網站：私立東海大學歷史學系 www.thu.edu.tw/university/depart/arts/history.htm。

8. 網站：私立淡江大學歷史系所 www2.tku.edu.tw/~tahx/。

9. 網站：私立淡江大學歷史學系 www2.tku.edu.tw/~tahx。

10. 網站：國史館 www.drnh.gov.tw。

11. 網站：國立中央大學歷史研究所 www.ncu.edu.tw/~hi/

12. 網站：國立中正大學歷史學系 www.ccunix.ccu.edu.tw/~dep-his/。

13. 網站：國立中興大學歷史學系 www.nchu.edu.tw/nchuidx/ index.htm。

14. 網站：國立成功大學歷史學系 www.ncku.edu.tw/~history/chinese/index.html。

15. 網站：國立東華大學歷史學系 ws2-sun.ndhu.edu.tw/~dhist/。

16. 網站：國立政治大學歷史學系 ccntsr6.cc.nccu.edu.tw/nccucd/103/ORIGINAL.HTM。

17. 網站：國立清華大學歷史研究所 140.114.119.1/~hist/。

18. 網站：國立暨南國際大學歷史學系 www.his.ncnu.edu.tw/oldhomepage/。

19. 網站：國立臺北大學歷史學系 www.ntpu.edu.tw/history/index.htm。

20. 網站：國立臺灣大學歷史學系 www-ms.cc.ntu.edu.tw/~history/。

21. 網站：國立臺灣師範大學歷史學系 www.ntnu.edu.tw/his/index. html。

22. 網站：網站：私立輔仁大學歷史學系 www.lacc.fju.edu.tw/htm/lit03/totals。

# 索引

國家圖書館出版品預行編目資料

台灣史學的中國纏結 ／ 彭明輝著　－－初版.－－
臺北市：麥田出版：城邦文化發行，2001【民 90】
　　　面　；　公分.－－（歷史與文化叢書 ； 16）
參考書目：面
含索引
ISBN 957-469-914-5（平裝）

1.史學－中國－現代（1900-　　）
2.歷史－教育－台灣

601.9208　　　　　　　　　　　91000066

城邦文化事業(股)公司

100 台北市信義路二段 213 號 11 樓

請沿虛線摺下裝訂，謝謝！

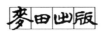

文 學 · 歷 史 · 人 文 · 軍 事 · 生 活

| 編號：RH5016　　書名：台灣史學的中國纏結 |
| --- |

 讀者回函卡

謝謝您購買我們出版的書。請將讀者回函卡填好寄回,我們將不定期寄上城邦集團最新的出版資訊。

姓名:—————————— 電子信箱:——————————
聯絡地址:☐ ☐ ☐ ——————————————
————————————————————————

電話:(公)—————————(宅)——————————
身分證字號:——————————(此即您的讀者編號)
生日:——年——月——日 性別: ☐ 男 ☐ 女
職業: ☐ 軍警 ☐公教 ☐ 學生 ☐ 傳播業
        ☐ 製造業 ☐ 金融業 ☐ 資訊業 ☐ 銷售業
        ☐ 其他 ——————
教育程度:☐ 碩士及以上 ☐大學 ☐專科 ☐ 高中
        ☐ 國中及以下
購買方式: ☐ 書店 ☐ 郵購 ☐ 其他 ——————
喜歡閱讀的種類: ☐ 文學 ☐ 商業 ☐ 軍事 ☐ 歷史
        ☐ 旅遊 ☐ 藝術 ☐ 科學 ☐ 推理 ☐ 傳記
        ☐ 生活、勵志 ☐ 教育、心理
        ☐ 其他 ——————

您從何處得知本書的消息?(可複選)
        ☐ 書店 ☐ 報章雜誌 ☐ 廣播 ☐ 電視
        ☐ 書訊 ☐ 親友 ☐ 其他 ——————
本書優點:☐ 內容符合期待 ☐ 文筆流暢 ☐ 具實用性
(可複選) ☐ 版面、圖片、字體安排適當 ☐ 其他 ——————
本書缺點:☐ 內容不符合期待 ☐ 文筆欠佳 ☐ 內容平平
(可複選) ☐ 觀念保守 ☐ 版面、圖片、字體安排不易閱讀
        ☐ 價格偏高 ☐ 其他 ——————
您對我們的建議:
————————————————————————